UNI-WISSEN

Bernhard Jahn

Grundkurs Drama

Klett Lerntraining

Bibliografische Information der Deutschen Nationalbibliothek
Die Deutsche Nationalbibliothek verzeichnet diese Publikation in der Deutschen Nationalbibliografie; detaillierte bibliografische Daten sind im Internet über http://dnb.d-nb.de abrufbar.

Auflage 4. 3. 2. 1. | 2012 2011 2010 2009
Die letzten Zahlen bezeichnen jeweils die Auflage und das Jahr des Druckes.
Dieses Werk folgt der reformierten Rechtschreibung und Zeichensetzung. Ausnahmen bilden Texte, bei denen künstlerische, philologische oder lizenzrechtliche oder andere Gründe einer Änderung entgegenstehen.

www.klett.de/uniwissen
Umschlagbild: Honoré Daumier
Satz: Kassler Grafik-Design, Leipzig
Druck: Druckerei Wirtz, Speyer
Printed in Germany
ISBN 978-3-12-939009-2

Inhalt

Vorwort

Dieses Buch ist für die Studentinnen und Studenten in den neuen Bachelor-Studiengängen der Germanistik konzipiert. Es versucht vom Umfang und von der Aufmachung her, der gedrängteren Studienkonzeption Rechnung zu tragen, möchte dabei jedoch nicht alle alten Ideale über Bord werfen. Aus germanistischer Perspektive soll das für das Studium notwendige Grundwissen im Bereich des Dramas vermittelt werden. Darüber hinaus werden gelegentlich nicht kanonisierte Pfade beschritten, um den Eindruck zu vermeiden, universitäres Wissen sei erstarrtes Wissen.

Das Buch ist so aufgebaut, dass zunächst in zehn Kapiteln die für die Dramenanalyse zentralen Aspekte angesprochen, problematisiert und an Beispielen verdeutlicht werden. Das elfte Kapitel bietet eine Zusammenfassung in Form eines Fragenkataloges mit einer Beispielanalyse. Das Glossar wichtiger Fachbegriffe in Kapitel 12 dient dem ersten Zugriff, die dort gebotenen Definitionen sollten anhand des Haupttextes vertieft werden. Insgesamt möchte dieses Buch dazu anleiten, eigene Wege bei der Interpretation von Dramen einzuschlagen. Es geht nicht so sehr darum, die immer gültigen Interpretations-Rezepte erneut vorzustellen, sondern zur Entwicklung eigener tragfähiger Interpretationsansätze anzuregen und so letztlich zu selbstständigem Denken zu ermutigen.

Zum Schluss sei all jenen gedankt, die zum Gelingen des Buches beigetragen haben: Gerhard Lauer, von dem die Initiative für diesen Band ausging, den Studenten an der LMU München, denen ich eine erste Fassung als Vorlesung präsentierte und die mich durch ihr beharrliches Nachfragen im Kolloquium auf die unklaren Passagen im Manuskript hinwiesen. Dank gebührt aber vor allem auch den kritischen Erstlesern Frieder von Ammon und Jan Standke, die hoffentlich nicht zu viele Opernaufführungen über der Lektüre ausfallen lassen mussten, Sigrid Habersaat für ihr konstruktives Lektorat und schließlich Bettina, die nicht nur Korrektur las, sondern darauf achtete, dass sich die bei der Entstehung eines Manuskriptes üblichen kleinen Dramen nicht zu Tragödien auswuchsen.

Bernhard Jahn
März 2009

1 Lesedrama oder Aufführung: die falsche Alternative

Vom Text zur Aufführung

In der Theaterwissenschaft hat sich eine Dreiteilung eingebürgert. Sie beschreibt den Weg vom Text bis zur Aufführung.

Theatertext = Drama

Die erste Stufe bildet der **Theatertext**, ein Text im engen Sinn des Wortes. Er besteht ausschließlich aus sprachlichen Zeichen, ist von einem Autor verfasst und relativ unveränderlich. Beweglich wird er allenfalls durch verschiedene Fassungen. In diesem Buch wird der Theatertext auch als **Drama** bezeichnet.

Inszenierungstext

Die zweite Stufe bildet der **Inszenierungstext**. In ihm legen der Regisseur und seine Mitarbeiter, die Schauspieler, Bühnenbildner, Maskenbildner usw. die Inszenierung fest, soweit sie sich festlegen lässt. Beim Inszenierungstext handelt es sich nicht mehr nur um einen Text im engeren Sinn, denn auch die hergestellten Bühnenbilder und Kostüme gehören zum Inszenierungstext.

Aufführungstext

Die dritte Stufe bildet der **Aufführungstext**, die **Performanz**, die tatsächliche, je einmalige Aufführung. Während Theatertext und Inszenierungstext relativ stabil sind, ist der Aufführungstext wesentlich instabiler. Die Aufführung ist jeweils einzigartig und vergeht mit ihrer Präsentation. Zwei Aufführungen eines Inszenierungstextes können niemals völlig identisch sein. Schon die Tagesform der Schauspieler ändert sich, die Reaktionen des Publikums können wechseln usw. Beim Aufführungstext finden wir außer den sprachlichen Zeichen eine Vielzahl anderer Zeichen, an den Körper der Schauspieler gebundene etwa, aber auch die des Bühnenbildes, der Beleuchtung und gegebenenfalls die der Musik.

Textbegriff

Es mag irritieren, dass alle drei Stufen als Texte bezeichnet werden, obwohl nur der Theatertext im engeren Sinne ein Text aus sprachlichen Zeichen ist. Das Wort „Text“ (lat. „textum“ = „Gewebe“) meint hier ganz allgemein ein Gewebe von Zeichen, seien es solche sprachlicher (linguistischer) oder nicht-sprachlicher Art.

Vervielfältigung der Zeichensysteme

Der Schritt vom Theatertext zum Aufführungstext bedeutet einen Sprung in eine Vielzahl von Zeichensystemen mit bestimmten Regeln (Codes). In der Semiotik, der Wissenschaft von den Zeichen, hat man versucht, diese Vielzahl der an der Aufführung beteiligten Zeichen zu systematisieren:

Geräusche	akustische	transitorisch	raumbezogen
Musik			
linguistische Zeichen			schauspielerbezogen
paralinguistische Zeichen			
mimische Zeichen	visuelle		
gestische Zeichen			
proxemische Zeichen			
Maske		länger andauernd	
Frisur			
Kostüm			
Raumkonzeption			raumbezogen
Dekoration			
Requisiten			
Beleuchtung			

Abb. 1.1: Die Zeichen des Theaters nach FISCHER-LICHTE

Nichtsprachliche Zeichen

In diesem Schaubild nehmen die linguistischen Zeichen nur eine bescheidene Rolle ein neben den vielen anderen Möglichkeiten des Theaters, Zeichen zu produzieren. Die linguistischen Zeichen lassen sich abgrenzen von den paralinguistischen Zeichen, worunter man Stimmhöhe und Stimmqualität (rau, leise, schrill) sowie die Art des Sprechens (schnell – langsam, deutlich – undeutlich) versteht. Neben den linguistischen Zeichen finden wir die an den Körper der Schauspieler gebundenen Zeichen, Mimik, Gestik, Proxemik (Bewegungen des Körpers im Raum), Frisur, Maske, Kostüm; wir finden ferner die Zeichen des Raums, die Dekorationen, die Requisiten, die Beleuchtung.

Theater ohne sprachliche Zeichen

All das macht sofort offensichtlich, dass die sprachlichen Zeichen hier nur ein Code neben anderen sind. Ganze Genres des Theaters kommen ohne sprachliche Zeichen aus: An erster Stelle ist das Ballett zu nennen, das seit der Mitte des 18. Jahrhunderts auf den Einsatz von Sprache verzichtet. Verschiedene Formen von Pantomimen verzichten ebenfalls auf die Sprache. Auch im postdramatischen Theater finden sich Beispiele für Stücke ohne Figurenrede, etwa *Wunschkonzert* von FRANZ XAVER KROETZ (1972).

Arbeitsteilung

Seit der Entstehung der Theaterwissenschaft als eigenständigem Fach zu Beginn des 20. Jahrhunderts hat sich an den Universitäten eine Art Arbeitsteilung durchgesetzt: Die Literaturwissenschaften beschäftigen sich mit dem Theatertext, die Theaterwissenschaft mit dem Inszenierungs- und dem Aufführungstext.

Theatertext steht im Zentrum

Da dieses Buch als Einführung für Germanisten gedacht ist, werden wir uns vorwiegend mit dem Theatertext beschäftigen, dabei jedoch gelegentlich das Gebiet der benachbarten Disziplin betreten. Zur Analyse des Inszenierungs- und Aufführungstextes vgl. BALME (2008), KOTTE (2005), HISS (1993), FISCHER-LICHTE (1988c).

Literaturtheater

Die genannte Arbeitsteilung zwischen Literaturwissenschaft und Theaterwissenschaft klingt unproblematisch, ist aber durch die Geschichte des Theaters ideologisch vorbelastet. Diese lässt sich (unter anderem) als ein permanentes Ringen um die Vormacht des Wortes beschreiben. Es gab immer wieder Phasen in der Theatergeschichte, in denen das Wort dominierte und Phasen, wo gerade gegen diese Dominanz des Wortes, gegen das sogenannte **Literatur-** oder **Text-Theater** angekämpft wurde. Ein ähnlicher Wechsel findet sich auch in der Geschichte des **Musiktheaters.** Auch hier gab es Phasen, in denen das Wort für wichtiger erachtet wurde als die Musik und umgekehrt. Im gegenwärtigen Theater, sofern es sich um ein postdramatisches Theater handelt, erleben wir wieder eine Phase der Abwertung des Wortes. Das postdramatische Theater versucht unter anderem, das Literaturtheater zu überwinden (vgl. Kap. 10).

Haupt- und Nebentext

Die Entscheidung, sich vorrangig mit dem Theatertext zu beschäftigen, mag pragmatisch motiviert sein, zieht aber bestimmte ideologische Konsequenzen nach sich, die man sich bewusst machen muss. In der Literaturwissenschaft – wenn sie sich nicht in das Gebiet der Theaterwissenschaft begibt – wird der Theatertext wie ein **Lesedrama** behandelt. Daraus ergibt sich zwangsläufig die Dominanz des Wortes, die sich schon in Bezeichnungen wie **Haupttext** und **Nebentext** äußert. Unter dem Haupttext versteht man die von Figuren gesprochenen Texte, die auch als **Figurenrede** bezeichnet werden, unter dem Nebentext die **Regieanweisungen** im weitesten Sinne, also etwa die Beschreibung des Bühnenbildes, der Kostüme, des Aussehens der Figuren, deren Gestik, Mimik und Proxemik, mindestens aber die Zuordnung von Figurennamen zur Figurenrede. Diese Bezeichnungen enthalten eine klare Hierarchisierung und übermitteln eine klare Wertung: Der Haupttext ist die Hauptsache, gegenüber der der Nebentext nebensächlich erscheint. Damit wird ein deutliches Plädoyer für die zentrale Stellung der sprachlichen Zeichen abgegeben.

Problematische Begriffe

Dass die Literaturwissenschaften überhaupt zu einer solchen Terminologie greifen konnten, liegt daran, dass sie nicht den Inszenierungs- und den Aufführungstext, sondern den Theatertext betrachteten. Erst im Verlauf des 19. Jahrhunderts dehnte sich der Nebentext in den gedruckten Dramen so stark aus, dass man die Bezeichnung Nebentext als unangemessen empfinden konnte. Vorher war der Nebentext teilweise gar nicht vorhanden. Dramen bis zum Ende des 18. Jahrhunderts kamen mit einem Minimum an Regieanweisungen und Schauplatzbeschreibungen aus. Wenn man nur den Textdruck eines Dramas betrachtet und nicht die Aufführung, dann ist die Bezeichnung Nebentext bis ins 19. Jahrhundert hinein durchaus gerechtfertigt. Betrachtet man hingegen die Aufführung, dann enthält die Bezeichnung in der Tat eine schwerwiegende ideologische Implikation in dem Sinne, dass die nichtsprachlichen Zeichen nebensächlich seien.

Jedes Drama auch Lesedrama

Sollten die Literaturwissenschaftler angesichts solcher Wertungen nicht lieber ganz von dramatischen Texten absehen und dieses Gebiet an die Theaterwissenschaftler abtreten? Dies wäre allerdings wieder eine ideologische Vereinseitigung, denn Dramen sind immer auch als Lesetexte rezipiert worden. Definieren wir das Lesedrama ganz pragmatisch als ein Drama, das gelesen werden kann, und nicht normativ als ein Drama, das nur gelesen werden soll (darf), dann werden wir feststellen, dass die Lektüre von Dramen einen Normalfall der Rezeption darstellt, seit im deutschen Sprachgebiet Dramen verfasst werden. Mit anderen Worten: Es gab schon immer zwei Arten (Modi), Dramen zu rezipieren – die Lektüre und die Aufführung. Jedes Drama ist auch ein Lesedrama. Dieser Befund wird durch die Rezeptionsgeschichte gestützt. Die ersten Dramen im deutschen Sprachgebiet, die um 960 entstandenen lateinischen *Comœdiae* der HROTSVIT (ROSWITHA) VON GANDERSHEIM, waren für eine bestimmte Art von Lektüre bestimmt. Für zahlreiche mittelalterliche Dramen-Handschriften konnte in der Forschung nachgewiesen werden, dass sie nicht (oder zumindest nicht nur) als Aufführungsvorlagen, sondern als Lesehandschriften angelegt waren. Es gab in der Theatergeschichte immer wieder Phasen, in denen Dramen hauptsächlich als Lesedramen konzipiert worden sind, so etwa in der Romantik. Das sagt nichts über ihre prinzipielle Aufführbarkeit aus, sondern nur etwas über die Art der Rezeption zu einem bestimmten historischen Zeitpunkt. Der Wunsch eines Autors, sein Drama als Lesedrama rezipiert zu sehen, kann mit den schlechten Bedingungen des zeitgenössischen Theaters zusammenhängen, aber auch mit anthropologischen Prämissen. Zu manchen Zeiten wurde die Einbildungskraft höher geschätzt, zu anderen Zeiten die Macht der sinnlichen Wahrnehmung. So liegt es im ersten Fall nahe, ein Theater für die inneren Sinne (Vorstellungsvermögen, Phantasie), im zweiten Fall eines für die äußeren Sinne (Sehen, Hören) zu entwerfen.

Dramen wurden immer auch gelesen

Das Lesen von Dramen, ja sogar von Opernlibretti, zählt zu einem sich durch die Theatergeschichte hindurchziehenden Rezeptionsmodus. Wenn das so ist, dann ist zumindest bei diesem Rezeptionsmodus die Dominanz des sprachlichen Zeichensystems absolut. Wir sollten uns allerdings mit dem ewigen Zweikampf zwischen Lektüre und Aufführung nicht zufrieden geben. Denn dieses Begriffspaar suggeriert einen Gegensatz, dessen Trennschärfe sich auflöst, wenn wir die Begriffe näher betrachten.

2 Das Kriterium der Performanz

Performanz kein hinreichendes Kriterium

Performativität oder **Performanz**, das Zauberwort, das den Theatertext in einen Aufführungstext verwandelt, kann nicht kategorisch von der Lektüre eines Dramas ferngehalten werden. Führe ich ein Drama nicht schon dann auf, wenn ich seinen Text lese? Zumal sich ja verschiedene Lektüremodi vorstellen lassen: Ich kann den Dramentext laut vorlesen, vielleicht sogar mit verteilten Rollen, während andere zuhören. In dieser Art sind wohl die *Comœdiae* HROTSVITS im 10. Jahrhundert im Speisesaal des Klosters in Gandersheim vorgetragen worden. Jeder Vortrag eines Textes mit begleitender Gestik und Mimik ist eine Aufführung. In der Rhetorik deutet die Bezeichnung **Actio** (für den Vortrag einer Rede) dies schon an. Große Bereiche des Schultheaters vom 16. bis zum 18. Jahrhundert bestanden aus den sogenannten **Redeactus**. Schüler trugen im Rahmen solcher Veranstaltungen Reden zu einem bestimmten Thema vor. Das konnte halbszenisch geschehen, unter Andeutung von Kulissen und Kostümen, auch konnte die monologische Einzelrede dialogische Elemente aufweisen.

Zwischenstufen

Zwischen der reinen stummen Lektüre eines Dramas als Lesedrama und seiner Aufführung auf einer prächtigen Theaterbühne unter Einsatz aller Zeichensysteme lassen sich demnach sehr viele Zwischenstufen denken, verschiedene Formen von Aufführung, die sich immer mehr der Voll-Aufführung annähern.

Inneres Theater

Es mag Geschmackssache bleiben, ob wir auch die stumme Lektüre als performativen Akt bezeichnen. Sowohl Techniken der Meditation in der Frühen Neuzeit wie auch ästhetische Konzepte der Romantik gehen von einem **inneren Theater** aus, einem imaginierten (innerlich vorgestellten) Theater, auf dem der Leser seine Gestalten wie ein Regisseur auftreten lässt. Er kann sie dabei mit Kostümen, Gesten usw. ausstatten. Auch wer eine solche stumme Lektüre nicht als Aufführung, als performativen Akt verstanden wissen möchte, wird jedoch Zwischenstufen zwischen der stummen Lektüre und der Voll-Aufführung annehmen.

Historische Beispiele

Weitet man das Performanzkriterium aus auf halbszenische Aufführungen wie etwa den Redeactus, dann taugt dieses Kriterium nicht mehr zur Abgrenzung der dramatischen Gattungen gegenüber den lyrischen und epischen Gattungen. Im Mittelalter, bis weit in die Frühe Neuzeit hinein, ist Performativität ein Merkmal von Literatur schlechthin. Deutschsprachige Lyrik zum Beispiel, wie etwa der mittelalterliche Minnesang, aber auch noch die Gedichte des 17. und 18. Jahrhunderts, waren nicht für die Lektüre bestimmt, sondern für den Vortrag, zu dem in der Regel Musik gehörte. Lyrik wurde also nicht gelesen, sondern gesungen. Die Rezeption von Lyrik war so immer eine Aufführung, Lyrik für die Aufführung konzipiert. Ebenso verhielt es sich mit mittelhochdeutscher Epik, sie wurde dem Publikum vorgetragen, eventuell sogar in gesungener Form. Ein Drama lässt sich also nicht schon dadurch hinreichend definieren, dass wir sagen, es sei zur Aufführung bestimmt.

Performanz im Alltag

Noch in anderer Hinsicht ist Performativität als Trennkategorie problematisch. Performanz gibt es ja nicht nur im Theater, sondern gesellschaftliches Handeln zeichnet sich generell durch Performativität aus. Eine Gesellschaft konstituiert sich über performative Akte, überall finden Aufführungen statt. Die Bundeskanzlerin empfängt den Präsidenten eines anderen Landes, in einer Kirche wird ein Gottesdienst gefeiert, ein Dozent hält eine Vorlesung, Eltern zeigen ihren Kindern, wie man sich bei Tisch benimmt, Kinder spielen Vater-Mutter-Kind-Rollen. Das Verhältnis des Theaters zur Gesellschaft lässt sich über das Performanzkriterium als Austauschprozess beschreiben. Es gibt nicht auf der einen Seite das Theater und auf der anderen Seite die Wirklichkeit, sondern beide Bereiche sind durch Performativität gekennzeichnet. Meist sind es dieselben performativen Akte, die vom Alltag auf die Bühne und von der Bühne wieder in den Alltag wandern. Schon ARISTOTELES hatte in seiner *Poetik* das Drama so definiert, dass in ihm Handelnde nachgeahmt werden (Mimesis).

Grenzen zwischen Alltag und Theater

Darin liegt bei aller Freude über die Gemeinsamkeiten aber auch ein gewisses Problem, und es ist wieder das der Abgrenzbarkeit. Zu manchen Zeiten waren die Grenzen zwischen Theater und Alltagsleben tatsächlich kaum auszumachen. Das Leben an den Höfen in der Frühen Neuzeit war von Rollenspiel und Intrige geprägt. Verstellung und Schauspielkünste waren gefragt, wollte man politisch zum Ziel gelangen. Aber wird unter dem Performanzbegriff dann nicht alles zum Theater, das ganze Leben? Diese sich aufdrängende Konsequenz zog man schon im 17. Jahrhundert. Sie wurde mit dem Begriff des **Theatrum mundi** bezeichnet. Die ganze Welt ist ein Theater, alle Menschen sind Schauspieler und Gott ist der Zuschauer, der die Rollen verteilt und das Spiel am Ende beurteilt.

Austauschprozesse

Das bedeutet aber, dass wir uns bei der Analyse eines Dramas nicht auf das Theater im engeren Sinn beschränken können. Gerade wenn wir Austauschprozesse beschreiben wollen, müssen wir die performativen Akte in den jeweiligen Gesellschaften, die Theater hervorbringen, mitbeschreiben. Wir müssen also die Rituale, Zeremonielle und Verhaltensweisen des Alltags mitberücksichtigen.

Unterschiede

Bei so viel Performanz sollten wir dennoch auf kategorialen Unterschieden bestehen. So gab es etwa in der Frühen Neuzeit das Schauspiel der öffentlichen Hinrichtung. Der Delinquent wurde auf dem Marktplatz auf einem Schaugerüst hingerichtet. Ringsum waren Tribünen für die Zuschauer aufgebaut. In gewissem Sinn also eine Freilichttheatersituation. Aber ein Unterschied dürfte sofort evident sein: Die Hinrichtung auf dem Marktplatz fand tatsächlich statt, nach der Hinrichtung war der Delinquent naturgemäß tot. Im Theater, wie wir es kennen, auf dem ja auch Hinrichtungen zu sehen sind, ist der Verurteilte am Ende nicht tot, denn es handelt sich um einen Schauspieler, der lediglich die Rolle eines Delinquenten spielt. Wir sollten das Performanzkriterium also enger definieren, damit dieser Unterschied erfasst werden kann.

3 Rolle und Rahmen

Unterscheidungskriterien

Zwei Unterscheidungskriterien bieten sich an, um die performativen Akte des Alltags von denen des Theaters zu unterscheiden: das Kriterium der **Rolle** und das des **Rahmens**.

DEFINITION

Den Aspekt des Rollenspiels hat man in der Theaterwissenschaft auf eine knappe Formel gebracht, mit deren Hilfe man Theater definieren kann: „Eine Person A, B oder C […] verkörpert eine andere als sich selbst, nämlich X, Y oder Z, und dies während eine oder mehrere Personen S zuschauen."
(Fischer-Lichte 1988, 16)

Mit dieser Definition bleibt das Performanzkriterium gewahrt, „verkörpern" beinhaltet Performanz, meint die Präsenz des Körpers, und wir haben das Hinrichtungstheater ausgeschlossen. Wir haben auch andere Formen des Spiels ausgeschlossen, etwa den Sport. Der Fußballspieler Klose verkörpert nur sich, keine andere Rolle, wenn er Fußball spielt. Er spielt auf dem Platz nicht den Fußballer Klose, er ist dieser Spieler. Auch die Gladiatoren in den römischen Zirkusspielen verkörperten nur sich selbst. Wenn sie vom Löwen gefressen wurden, waren sie tatsächlich tot. Diese Definition kann als tragfähig angesehen werden, auch wenn es im Alltag zu theaterartigem Rollenspiel kommt. Dies ist immer dann gegeben, wenn wir Rollen spielen müssen, die von unserem Selbstentwurf sehr weit abweichen.

Schauspieler und Rolle im Schultheater

Das Rollenspiel auf dem Theater bedeutet nicht, dass der Schauspieler ganz hinter seiner Rolle verschwinden muss und soll. Dies wird am Beispiel des Schultheaters deutlich. Das Gros des Theaters in der Frühen Neuzeit war Schultheater. Theaterspielend konnten die Schüler lernen, vor einem Publikum zu sprechen und sich vor einem Publikum elegant und angemessen zu bewegen. Meist zweimal pro Schuljahr wurden von den Schulen Theateraufführungen veranstaltet, zu denen die Eltern, die Honoratioren der Stadt und der regierende Adel eingeladen waren. Diese Zuschauergruppe, für die das Theater zunächst gedacht war, achtete nicht nur auf die Rollen, die die Schüler spielten, sondern vorab auf die

Schüler selbst. Das heißt, diese Zuschauer sahen durch die Rolle hindurch und beobachteten die Leistung des Schülers, ob er seinen Part auswendig gelernt hatte, ob er gut sprach, ob er sich gut bewegte.

Höfisches Ballett

Ein anderes Beispiel, das aber in dieselbe Richtung führt, ist das höfische Ballett im 17. Jahrhundert. Es wurde in der Regel nicht von professionellen Tänzern getanzt, sondern von den Mitgliedern eines Hofes. Das berühmteste Beispiel ist der französische Sonnenkönig LUDWIG XIV., der in zahlreichen Balletten die Hauptrolle tanzte, etwa den Sonnengott Apoll. Auch hier blendete das Publikum nicht die Person des Darstellers aus. Im Gegenteil, der Tänzer blieb für alle LUDWIG XIV., er sollte als König wahrgenommen werden, während er den Apoll verkörperte.

Schauspieler und Rolle in der *Performance*

Auch in bestimmten Formen des postdramatischen Theaters (vgl. Kap. 10) wie der *Performance* kann das Rollenspiel sehr stark zurückgenommen werden und sich einer Sport- oder Zirkusaufführung annähern, etwa wenn ein Schauspieler sich auf der Bühne „echte“ Verletzungen zufügt. Er spielt dann nicht mehr ausschließlich einen Verletzten, sondern er ist tatsächlich verletzt.

Rahmen

Hat sich auf diese Weise dann nicht doch wieder das Rollenspiel im Alltag dem des Theaters bis zur Ununterscheidbarkeit angenähert? Hier ist es hilfreich, zusätzlich zum Rollenbegriff den des **Rahmens** zu verwenden (GOFFMAN 1977). Wir beurteilen unsere Alltagserfahrungen anhand bestimmter vorgefertigter Muster, die wir im Laufe des Lebens erlernt haben. Wir ordnen bestimmten Ereignissen bestimmte Rahmen zu und bewerten sie innerhalb dieser Rahmen. Beobachten wir im Alltag, wie jemand auf einer Bananenschale ausrutscht und sich verletzt, eilen wir hinzu und helfen ihm. Erleben wir eine ähnliche Szene auf dem Theater, verharren wir in unserer Zuschauerposition und lachen vielleicht sogar über das Geschehen. Dass wir so unterschiedlich reagieren, liegt an der unterschiedlichen Rahmung, die wir vornehmen: Wir verwenden einen Alltagsrahmen und einen Theaterrahmen und haben gelernt, einem Schauspieler auf der Bühne nicht zu helfen, wenn er auf einer Bananenschale ausrutscht. Alltagshandeln und theatrales Handeln sind durch Rollenspiel und Performativität gekennzeichnet, aber durch eine je verschiedene Rahmung. Auch hier gibt es wieder Grenzfälle, bei denen wir uns nicht sicher sind, welche Rahmung wir vornehmen sollen. Der auf der Straße durch die Bananenschale verursachte Unfall kann sich als eine Szene aus einem Straßentheater erweisen. Dann müssen wir eine neue Rahmung vornehmen, den Alltagsrahmen durch einen leicht abgeänderten Theaterrahmen ersetzen.

4 (K)eine Definition von „Drama"

Gattungen als Rahmen

Das Verfahren der Rahmenanalyse kann auch auf literaturwissenschaftlicher Ebene dazu eingesetzt werden, um die dramatischen Gattungen von den nicht-dramatischen Gattungen der Lyrik und des Epos abzugrenzen. Wir waren bei der Diskussion des Performanzkriteriums auf das Problem gestoßen, dass dieses Kriterium zur Abgrenzung nicht hinreicht. Welche anderen Möglichkeiten bleiben dann aber, das Drama als solches zu definieren? Eine immer noch anzutreffende Möglichkeit stellt die normative Definition dar. Dem Drama werden bestimmte Eigenschaften zugeschrieben, von denen behauptet wird, sie seien für das Drama wesentlich, zum Beispiel:

- die Dialogform
- die Unterscheidung in Haupt- und Nebentext
- das Fehlen einer vermittelnden Erzählinstanz

Diese Merkmale reichen weder jedes für sich noch alle zusammengenommen aus, um eine befriedigende Definition von „Drama" zu erlangen. Sie sind entweder zu eng oder zu weit gefasst. Zu weit gefasst sind die ersten beiden Kriterien, denn sie umfassen auch Formen wie den Dialog, der vom Mittelalter bis ins 18. Jahrhundert hinein verbreitet war, und Formen wie den Dialogroman. Das dritte Kriterium schließt den Großteil der deutschen Dramenproduktion vor 1750 und nach 1920 aus, denn in dieser Zeit war der Einsatz vermittelnder Instanzen der Normalfall (vgl. Kap. 9).

Probleme normativer Definitionen

Meist hat sich der Autor einer normativen Definition vorher eine Textsammlung mit Dramen angelegt, die genau die in seiner Definition genannten Merkmale enthalten. Andere Dramen aber, die die behaupteten essentiellen Merkmale nicht aufweisen, müssen dann in bestimmter Hinsicht als mangelhaft, oder als Mischformen betrachtet werden. Sie entsprechen nicht der Norm und werden durch die Definition ausgegrenzt. Besitzt der Autor einer Dramendefinition genügend Autorität, können sich seine Definition und damit seine Sichtweise auf das Textmaterial (Dramencorpus) durchsetzen.

Verzicht auf normative Definition

Betrachten wir die Fülle der Dramen, die im deutschen Sprachgebiet seit dem 10. Jahrhundert entstanden sind, von Hrotswit von Gandersheim bis – sagen wir – Elfriede Jelinek, so ist eine überhistorische Definition des Dramas, die ohne Ausgrenzungen auskommt, nicht möglich. Deswegen soll hier auf eine normative Definition des Dramas im Allgemeinen verzichtet werden.

Gattungsbezeichnungen als Strukturierungshilfen

Damit wir nun aber nicht ganz hilflos in der Textflut untergehen, bietet sich wieder die Rahmen-Analyse an. Rahmen können nicht nur das Alltagshandeln strukturieren, sondern auch die Textflut. Als solche Rahmen wirken in der Literatur **Gattungsbezeichnungen**. Einige dieser Gattungsbezeichnungen sind traditionellerweise dem Theater zugeordnet: Spiel, Drama, Comœdia, Tragödie, Komödie, Tragikomödie, Oper, Operette, Singspiel, Farce, Posse, Schwank usw. Das zweite Kapitel wird sich mit diesen Gattungsbezeichnungen näher auseinandersetzen.

Oft ist es ausschließlich die Gattungszuweisung, die einen Text zu einem dramatischen Text macht. So wird etwa ELFRIEDE JELINEKS *Wolken.Heim* für den Leser primär dadurch zum Theatertext, dass er in einem Band veröffentlicht ist, der den Untertitel trägt „neue Theatertexte". Gattungsbezeichnungen sind eine Form von Paratexten, die andere Texte rahmen und so eine Deutung in einem bestimmten Sinne nahelegen.

DEFINITION

Ein Drama oder ein dramatischer Text wäre demnach zunächst jeder Text, der durch eine entsprechende Rahmung des Autors oder auch seiner Zeitgenossen als ein solcher bezeichnet wird. Salopp formuliert: Wo Drama draufsteht, sei für uns auch Drama drin.

Diese Auffassung ist weitgehend nicht-normativ und vermag die unterschiedlichsten Erscheinungsformen des Dramas zu erfassen. Der Nachteil unserer pragmatischen Definition ist eine starke Varianz der dramatischen Erscheinungsformen. Je nach Zeit und individuellem Text kann das, was als ein Drama bezeichnet wird, sehr unterschiedlich, ja gegensätzlich ausfallen. Das gleiche gilt für die einzelnen dramatischen Gattungen. Das, was etwa mit dem Wort ‚Komödie' bezeichnet wird, kann je nach Zeit, Ort und Autor sehr stark variieren.

5 Ein Leitfaden, um Dramen zu erkennen, wenn man nicht genau weiß, was ein Drama ist

Paratexte geben Hinweise

Da wir die Rahmung zum entscheidenden Kennzeichen eines dramatischen Textes erhoben haben, muss in einem ersten Analyseschritt, mit dem wir an einen Text herantreten, gefragt werden, ob eine Rahmung gegeben ist, durch die ein dramatischer Text entsteht. Um diese Frage beantworten zu können, ist zunächst der Paratext zu betrachten, in den unser mutmaßliches Drama eingebettet ist. Gibt es ein Vorwort oder Nachwort? Trägt der Text eine Gattungsbezeichnung, die auf eine dramatische Gattung verweist, müssen wir uns vergewissern, wie diese Gattungsbezeichnung im zeitgenössischen Kontext verstanden wurde. Wir müssen zu rekonstruieren suchen, wie die Zeitgenossen mit dem Text umgegangen sind und auf welche Art und Weise der Text aufgeführt wurde. Dabei kann man gegebenenfalls zwischen der tatsächlichen Praxis und der intendierten Praxis unterscheiden.

- War der Text für die private stille Lektüre gedacht und wurde er in dieser Weise rezipiert,
- war er als Rede für den öffentlichen Vortrag gedacht,
- als Rede mit verteilten Rollen,
- als halbszenisches Spiel,
- als szenisches Spiel?

Dabei ist zu bedenken, dass eine Art der Performanz die anderen Möglichkeiten nicht ausschließt.

Zwei Schritte, um einen Text als dramatischen Text zu bestimmen

Um auf all diese Fragen eine Antwort zu finden, ist erstens der Theatertext selbst mit dem dazugehörigen Paratext zu betrachten, zweitens sein Umfeld im weiteren Sinne.

1 Theatertext und Paratext

Die Beschäftigung mit dem Text selbst ist eine im engeren Sinne philologische Fragestellung. Wie ist der vorliegende Text zustande gekommen? Am verlässlichsten ist eine kritische Ausgabe, deren Apparat Auskunft darüber gibt, welche Textzeugen für die Edition verwendet und welche Veränderungen am Dramentext vorgenommen wurden. Die kritische Ausgabe präsentiert einen Überblick über die Überlieferungslage. Ist eine solche kritische Ausgabe nicht vorhanden, müssen wir uns selbst einen Überblick über die Textzeugen verschaffen.

Leseausgabe

Dabei ist besonders darauf zu achten, in welchem Bezug der Dramentext zur Theaterpraxis steht: Haben wir es mit einer **Leseausgabe** zu tun? Leseausgaben sind von den Dichtern in erster Linie für den Buchmarkt und für die Lektüre bestimmt. Oft enthalten sie zusätzlich zum Dramentext Paratexte, z.B. Vor- und Nachworte, auch Anmerkungen zum Text. Bei manchen barocken Dramen können die Paratexte den Dramentext an Umfang übersteigen.

Bühnenbearbeitung

Oder haben wir es mit einer Bühnenbearbeitung zu tun? Eine Bühnenbearbeitung kann vom Autor oder aber von jemand anderem für eine spezielle Aufführung vorgenommen worden sein. So hat SCHILLER etwa GOETHES *Egmont* für die Bühne bearbeitet, aber auch von seinen *Räubern* gibt es eine Bühnenfassung, die sich erheblich von der Lesefassung unterscheidet.

Soufflierbuch oder Regiebuch

Möglich ist auch, dass wir das Drama in der Fassung eines **Soufflierbuches** oder eines **Regiebuches** vorliegen haben, eventuell mit handschriftlichen Ergänzungen und Hinweisen für die Aufführung. Solche Text-Formen sind seit dem Mittelalter erhalten. Mit diesen beiden Textsorten betreten wir schon das Feld der Inszenierungsanalyse. Gelegentlich sind aber nur diese Textzeugen überliefert, so dass sie die Stelle des Theatertextes vertreten.

Verschiedene Fassungen eines Dramas

Haben wir mehrere Überlieferungszeugen, müssen wir sie zueinander in Relation setzen. Hierbei interessieren zunächst die unterschiedlichen Lesefassungen der Dramen. Hat der Autor im Lauf seines Lebens verschiedene Fassungen veröffentlicht? Wenn ja, wie unterscheiden sie sich? Von GOETHES *Stella* etwa existiert eine Schauspielfassung und eine Trauerspielfassung, die sich vor allem in der Schlusswendung deutlich unterscheiden.

2 Theatertext und Umfeld

Rezeptionsgeschichte

Die Erforschung des Umfelds, in das der Text eingebettet ist, weitet die philologische Fragestellung zu einer sozialgeschichtlichen und rezeptionsästhetischen Betrachtungsweise. Das Umfeld soll uns Antwort geben auf die Frage, wie die Zeitgenossen mit dem Text umgegangen sind. Vielleicht hat sich der Dramatiker selbst in Briefen, Tagebüchern und dramentheoretischen Abhandlungen zu seinem Text geäußert? Möglicherweise gibt es Kommentare von Zeitgenossen zu diesem Text, die die spezifische Art und Weise beschreiben, wie er aufgeführt worden ist. Eine solche Textsorte ist die **Theaterkritik** (Rezension). Theaterkritiken, oft auch in eigenen Theaterjournalen, werden seit dem 18. Jahrhundert üblich, um eine Aufführung zu beschreiben. Im 20. Jahrhundert treten neue Medien wie Tonband und Film hinzu, um Aufführungen zu dokumentieren. Nicht immer lassen sich auf diese Weise alle Fragen klären. Gerade bei älteren Texten bleibt deren Umfeld und damit die Art ihrer Performanz im Dunkeln.

Wichtigkeit der Aufführung

Die Beschäftigung mit der Aufführung eines Dramas, mit dem Aufführungstext zumindest zu seiner Entstehungszeit, ist auch dann notwendig, wenn wir uns auf den Theatertext beschränken wollen. Die Grenze zwischen Theaterwissenschaft und Literaturwissenschaft sollte in beiden Richtungen so durchlässig wie möglich bleiben und interdisziplinäres Arbeiten selbstverständlich sein.

1 Wie entsteht Theatergeschichtsschreibung?

Historische Gebundenheit des Dramas

Im ersten Kapitel hatten wir das Drama an eine bestimmte Art von Rahmung geknüpft. Drama wie auch Theater entsteht durch einen entsprechenden Rahmen. Dieser Rahmen, der eine Performanz zum Theater und einen Text zum Drama macht, ist im Laufe der Jahrhunderte Veränderungen unterworfen, er weist eine historische Dimension auf. Gerade weil es diese historische Dimension gibt, ist es wenig sinnvoll, das Drama transhistorisch zu definieren. Eine Auseinandersetzung mit der Geschichte des Dramas wie auch des Theaters ist daher unabdingbare Voraussetzung für jede Beschäftigung mit dem Drama.

Dramengeschichte als Konstruktion

Nun leugnen auch die Vertreter einer normativen Definition des Dramas die historische Dimension ihres Gegenstandes nicht. Auch sie verweisen auf die Geschichte des Dramas, um zu zeigen, dass zu bestimmten Zeiten Dramen verfasst wurden, die den Vorgaben der normativen Definition entsprachen, während dies zu anderen Zeiten nicht der Fall war. Die Geschichte des Dramas wird auf diese Weise auf ein bestimmtes Ziel hin ausgerichtet (teleologische Geschichtsschreibung; gr. „Telos“ = „Ziel“), Dramengeschichte wird zu einer Konstruktion. Diesem Phänomen der Konstruktion ist allerdings nicht zu entkommen, auch dann nicht, wenn wir die normative Sichtweise auf das Drama aufgeben. Ganz gleich, ob wir eine kurze Überblicksgeschichte schreiben oder uns auf ein vielbändiges Mammutunternehmen einlassen: Die Dokumente und Quellen, auch wenn sie zur Hand sind, müssen ausgewählt und in einer bestimmten Anordnung präsentiert werden. Denn eine vollständige, ungeordnete Präsentation aller vorhandenen Quellen, selbst wenn dies im Zeitalter des Internets möglich scheint, wäre nichts weiter als ein chaotischer Datenhaufen, der keinerlei Erkenntnisse vermittelt. Erst seine Strukturierung kann das leisten, und diese ist notwendigerweise gleichzeitig eine Konstruktion, die Konstruktion einer Struktur.

Konstruktionsprinzipien müssen erkennbar sein

Der Konstruktion ist demnach nicht zu entkommen. Wir müssen immer eine Strukturierung als Vorleistung erbringen, bevor das Material (die Quellen) uns Informationen mitteilt. Daher kann es nicht das Ziel sein, eine Geschichtsschreibung jenseits der Konstruktion anzustreben, sondern unsere Konstruktion einer Dramen- und Theatergeschichte muss ihre Konstruktionsprinzipien offen legen. Irreführend wird eine Dramengeschichte erst dann, wenn sie ihre Konstruktionsprinzipien verschleiert. Dies ist bei vielen normativen Dramengeschichten der Fall. Sie arbeiten mit Ausgrenzungen, ohne dem möglicherweise ahnungslosen Leser diese Ausgrenzungen deutlich zu machen. Solche Ausgrenzungen können zum Beispiel das Musiktheater betreffen. So ist häufig zu lesen, dass es in Deutschland im ersten Drittel des 18. Jahrhunderts kein Theater gegeben habe. Diese Aussage ist aber allenfalls richtig, wenn wir unter

Theater nur das Sprechtheater verstehen. Fasst man unter Theater jedoch auch das Musiktheater, dann bildet das erste Drittel des 18. Jahrhunderts eine Blütezeit im Theaterleben. Neben dem Musiktheater wird vor allem das sogenannte Unterhaltungstheater ausgegrenzt. Das Unterhaltungstheater ist auf Bühnenwirksamkeit hin angelegt, eine Eigenschaft, die bei der bloßen Lektüre nicht immer deutlich wird. Deswegen kann das Unterhaltungstheater bei einer auf den Theatertext konzentrierten Dramengeschichtsschreibung schnell als minderwertig eingeschätzt werden.

Verschiedene Arten von Dramen- und Theatergeschichte

Aus dem bisher Gesagten geht hervor, dass Theater- und Dramengeschichten sehr unterschiedliche Akzente setzen können. Eine Geschichte des Musiktheaters wird ganz anders ausfallen als eine Geschichte des Sprechtheaters, eine Geschichte des Unterhaltungstheaters wird sich unterscheiden von einer Geschichte des „hohen" Theaters, eine Geschichte des Theatertextes (= Dramengeschichte) wird anderes in den Blick gelangen als eine Geschichte des Inszenierungs- und Aufführungstextes (= Theatergeschichte). Eine Dramen- oder Theatergeschichte kann sich auf bestimmte Räume konzentrieren. So ergibt sich eine Weltgeschichte oder eine europäische Geschichte des Theaters, eine Geschichte des Theaters in einer bestimmten Stadt oder die Geschichte eines einzelnen Theaters in einer Stadt. Eine Theatergeschichte kann sich aber auch auf bestimmte Zeiträume konzentrieren, etwa auf die Romantik, oder auf bestimmte Gattungen.

Periodisierungen

Diese Verschiedenartigkeit der Geschichtsschreibungen geht einher mit unterschiedlichen Periodisierungen (Einteilungen in signifikante Zeitabschnitte), die je nach gewähltem Konstruktionsprinzip anders ausfallen können. Auch bei den Periodisierungen müssen die Begründungskriterien offengelegt werden.

TIPP

Ganz gleich, welche Theatergeschichte Sie lesen: Fragen Sie sich bei der Lektüre, ob die Konstruktionsprinzipien deutlich werden, die der Geschichtsschreibung zugrunde liegen. Fragen Sie sich, welche Bereiche nicht behandelt werden und warum.

Dramen- und Theatergeschichte hängen zusammen

Wie schon im ersten Kapitel bei der Frage nach einer brauchbaren Definition von Drama ist es auch beim Abfassen einer Theatergeschichte wenig sinnvoll, Theatertext und Inszenierungstext gegeneinander auszuspielen. Zwar lässt sich aufgrund des Konstruktionscharakters von Geschichte sowohl eine Geschichte des Lesedramas schreiben wie auch eine Geschichte der Aufführungspraxis. Doch anstatt eine strenge Trennung anzustreben, soll hier gefragt werden, wie eine Geschichte aussehen könnte, die diese Zweiteilung vermeidet und die die Wechselwirkungen und Übergänge zwischen Lesepraxis und theatraler Aufführungspraxis zu erfassen vermag.

Da wir außerdem das Drama über seine Rahmung definiert haben, müsste uns eine Geschichte des Dramas und Theaters an historischen Fallbeispielen veranschaulichen, wer Rahmungen vornimmt und wie sie funktionieren. Das soll anhand zweier Kategorien entwickelt und veranschaulicht werden. In der Gesellschaft sind es **Institutionen**, die Rahmen setzen und auf diese Weise Theater hervorbringen, auf der Ebene der Texte sind es die **Gattungen**, die rahmenbildend wirken.

Rahmungen

2 Institutionen als Rahmen für Theater

Institutionen

Theater und Drama entstehen nicht von selbst, sondern werden von gesellschaftlichen Gruppen hervorgebracht (Institutionen). Diese Institutionen pflegen und überwachen das Theater. Solche Institutionen können beispielsweise Schulen, Universitäten, Verlage und natürlich die Theater selbst sein. In einer Institution verständigen sich die ihr angehörenden Menschen darüber, welches Theater für wichtig angesehen wird und welches nicht (Kanonbildung). Das nach dem Verständnis der Gruppe richtige und wichtige Theater wird in der Schule als Drama gelesen und aufgeführt, auf den Universitäten interpretiert, von den Verlagen herausgegeben und in den Theatern gespielt.

Vielfalt der Kanones

Meist sind die Kanones der einzelnen Institutionen nicht identisch. So können etwa in den Theatern andere Dramen gespielt als in der Schule gelesen werden. Durch diese Nicht-Identität ergeben sich Abweichungen, so dass wir den einzelnen Institutionen verschiedene Kanones mit einem ausgeprägten Profil zuordnen können. Bei der Konstruktion einer an Institutionen gebundenen Theatergeschichte wäre demnach gerade auch auf das Gegeneinander der Institutionen zu achten. Die institutionengeschichtliche Perspektive hat den Vorteil, dass wir uns nicht vorab auf eine Lese- oder Aufführungsgeschichte festlegen müssen. Denn es wird sich zeigen, dass ein und dieselbe Institution sowohl Dramendrucke wie auch Aufführungen hervorbringen konnte.

Leitfrage

Die Leitfrage bei unserer Theatergeschichtsschreibung lautet nun: Welche Institutionen brachten zu welcher Zeit Drama/Theater hervor? Im Zeitalter der subventionierten Staatstheater mag diese Frage vielleicht überflüssig erscheinen, aber es sind im Verlauf der Geschichte die unterschiedlichsten Institutionen gewesen, die das Theaterspielen gefördert haben.

Historisches Beispiel

Im deutschsprachigen Raum ist die erste Institution, die Theater hervorbringt, das Kloster. In einem Stift in Gandersheim verfasste Hrotsvit von Gandersheim sechs an die antiken Komödien des Terenz angelehnte *Comœdiae*, die genau den Erfordernissen der Institution, in der Hrotsvit lebte, einem Stift für adlige Frauen, gemäß waren. Hrotsvits

Comœdiae sind frei von den obszönen Elementen des Vorbilds Terenz. Sie sind christliche Komödien, in denen Frauen als Heldinnen auftreten, die ihren Glauben gegenüber den Männern verteidigen. Es spielt eine untergeordnete Rolle, dass diese *Comœdiae* wohl nicht szenisch präsentiert, sondern „nur" vorgetragen wurden. Die spezifische Art und Weise ihrer Präsentation in der Mitte zwischen vollszenischer Aufführung und stummer Lektüre lässt die Zweiteilung von Lesedrama versus Aufführung in diesem Fall unangemessen erscheinen.

In der Tabelle am Ende dieses Kapitels (vgl. S. 29) befindet sich in der zweiten Spalte überblicksartig eine Auflistung der wichtigsten Institutionen, die im deutschen Sprachraum Theater hervorgebracht haben, in der dritten Spalte dann die jeweiligen dramatischen Gattungen, die durch die Institution gefördert und überwacht worden sind. Meist, und das wird in der Tabelle nicht deutlich, fördert eine Institution sowohl die Textproduktion wie die Aufführungen. Ein Kloster kann ein geistliches Spiel aufführen lassen wie auch eine Handschrift davon herstellen. Diese Handschrift kann speziell für eine Aufführung konzipiert sein (Regiebuch) oder aber auch unabhängig von einer Aufführung oder sie kann als Aufführungs- und Lesehandschrift gedacht sein.

Das Gymnasium als zentrale theaterfördernde Institution des 16. Jahrhunderts brachte Dramendrucke und Aufführungen hervor. Auch hier wieder konnten die Drucke als eigenständige Lesetexte konzipiert sein und gleichzeitig für eine Aufführung herangezogen werden. Im 16. Jahrhundert finden wir erstmals deutlich ausgeprägt den Buchmarkt mit seinen Druckern und Verlegern, auf dem Dramendrucke primär als Lesedramen verkauft wurden, ohne notwendige Bindung an eine gymnasiale Aufführung.

Buchmarkt

Im Verlauf der nachfolgenden Jahrhunderte gab es immer wieder Phasen, in denen der Buchmarkt zur einzigen Institution wurde, die das Drama förderte. Dies konnte, wie im Vormärz, politische Gründe haben (Zensur), es konnte aber auch, wie beim Theater der Romantik, auf ästhetische Ursachen zurückzuführen sein. Umgekehrt finden wir auch Formen von Theater, die nicht oder nur sporadisch von der Institution des Buchmarktes gestützt wurden. So haben sich nur wenige Drucke erhalten, die das Theater-Repertoire der Wanderbühnen wiedergeben. Auch vom Theater der Unterschichten, etwa dem Handwerkertheater und dem Theater der deutschen Schulen vom 16. bis zum 18. Jahrhundert, sind wenig Dramentexte überliefert.

Institutionen als Gedächtnis

Dieser Aspekt führt uns zu einer weiteren Funktion von Institutionen, ihrer **Gedächtnisfunktion**. Institutionen können als **Speicher** aufgefasst werden. Sie pflegen und tradieren die von ihnen für wertvoll erachteten Texte. Durch Textdrucke und Aufführungen halten Institutionen die ihnen wichtigen Dramen im Bewusstsein der Gesellschaft präsent.

Mit dem Kanon beginnen

Wer ein Germanistikstudium beginnt, wird sich zunächst einmal den Kanones einzelner Institutionen anvertrauen. In der Germanistik hat sich ein Kanon herausgebildet, der die wichtigen Dramatiker etwa des 18. Jahrhunderts enthält: GOTTSCHED, GELLERT, LESSING, GOETHE, SCHILLER, LENZ. Die vierte Spalte der Tabelle am Ende dieses Kapitels enthält einen Überblick über Dramatiker, die in der Germanistik derzeit zum Kanon gerechnet werden (es sind allerdings auch einige unbekannte Autoren beigemischt, um die prinzipielle Unabschließbarkeit eines Kanons zu veranschaulichen!). Aus arbeitsökonomischen Gründen ist es zunächst sinnvoll, sich mit den Dramatikern eines solchen Kanons zu beschäftigen. Ihre Werke sind meist leicht greifbar und umfassend interpretiert (vgl. Lektüreliste in Kap. 12.1).

Über den Kanon hinausgehen

Im Fortgang des Studiums bietet der institutionengeschichtliche Zugang allerdings die Möglichkeit zu Tiefenbohrungen, die unbedingt genutzt werden sollte. Dabei ist es sinnvoll, sich auf einen kleinen regionalgeschichtlichen Ausschnitt zu beschränken, etwa auf eine Schule oder ein Theater in der Heimatstadt. Hier werden wir nach einigen Nachforschungen, die meist sehr viel Entdeckerfreude bereiten, feststellen, dass der Spielplan der Schule oder des Theaters sehr stark vom aktuellen germanistischen Kanon abweicht. Auch wenn wir die in einer Stadt bei einem bestimmten Drucker gedruckten dramatischen Texte sammeln, gelangen wir zu einem ähnlichen Ergebnis.

> **TIPP**
>
> *Für das 18. Jahrhundert stellt die* Bibliographia Dramatica et Dramaticorum *von* REINHART MEYER *ein wichtiges Orientierungs- und Hilfsmittel bereit. In diesem inzwischen auf über dreißig Bände angewachsenen Werk wird für jedes Jahr und jeden Spiel- bzw. Druckort aufgelistet, welche dramatischen Werke produziert worden sind. Zu weiteren Bibliographien, die Dramendrucke und Aufführungen verzeichnen, vgl. Kap. 12, Abschnitt 3.*

Differenzerfahrung

Die Differenzerfahrung zwischen dem Kanon einer historischen Institution und einem der aktuellen germanistischen Kanones kann zu einer zentralen Erfahrung des Studiums werden, nicht weil es darum ginge, den aktuellen Kanon als „falsch" zu überführen, sondern weil so deutlich wird, welche Wechselwirkung zwischen einer Institution und ihrer dramatischen Produktion besteht. Eine Institution fördert in der Regel diejenigen Dramen, die sie benötigt. Dabei können auch negative Bindungsverhältnisse bestehen: Ein staatstheaterkritisches Stück kann in einem Staatstheater aufgeführt werden.

> **TIPP**
>
> *Für welchen institutionellen Rahmen wurde ein Theaterstück geschrieben? Hinweise auf institutionelle Gebundenheit finden sich im Stück selbst, in seinem paratextuellen Rahmen oder in den Rezeptionszeugnissen.*

3 Gattungen als Rahmen für dramatische Texte

Gattungen als Rahmen

So, wie eine Institution einen Rahmen für Theater bereitstellt, indem sie festlegt, was Theater ist, so bewirken auch Gattungsbezeichnungen eine Rahmung: Durch eine entsprechende Gattungsbezeichnung wird ein Text zu einem dramatischen Text. Durch die Zuweisung einer Gattungsbezeichnung wird ein Text in eine bestimmte Reihe eingeordnet, in die Reihe all jener Texte, die dieselbe Gattungsbezeichnung tragen. Um auf unser Beispiel Hrotsvit zurückzukommen: Die Gandersheimerin bezeichnete sechs ihrer Texte als *Comœdia*. Durch die Gattungsbezeichnung *Comœdia* findet eine entsprechende Rahmung statt, die die sechs Texte zu Theatertexten werden lässt. Durch ein Vorwort (Paratext) stellt Hrotsvit den Bezug noch deutlicher heraus, indem sie darin explizit auf den römischen Komödienautor Terenz als ihr Vorbild verweist.

Historisches Beispiel

Diese durch die Gattungszuweisung und die Paratexte vorgenommene Rahmung ist für uns als Pragmatiker das ausschlaggebende Kriterium für einen dramatischen Text, gerade auch, wenn der Text Merkmale enthält, die durch eine normative Definition als nicht-dramatisch zurückgewiesen würden. Die Forschung konnte zeigen, dass Hrotsvit in mehrere ihrer Dramen Lehrgespräche einbaute. Das Lehrgespräch (**Dialogus**) ist eine Gattung in Dialogform, bei der ein Lehrer seine Schüler über ein Thema informiert. Zu Beginn des *Pafnutius,* einer *Comœdia*, in der es um die Bekehrung einer Prostituierten geht, unterhält sich der Einsiedler Pafnutius mit seinen Schülern. Bevor das Gespräch auf das eigentliche Thema kommt, das unsittliche Treiben der Hetäre Thais, gibt Pafnutius seinen Schülern eine kleine Einführung in die *septem artes liberales*, die sieben freien Künste, die die Basis des mittelalterlichen Schulwissens bildeten, wobei er sich besonders auf die Musik konzentriert. Hrotsvit übernimmt den Text aus einem spätantiken Lehrbuch fast wortwörtlich, aber durch die Rahmung wird aus dem Lehrbuchgespräch ein dramatischer Text.

Gattungsbezeichnungen sind Signalwörter

Gattungsbezeichnungen funktionieren wie Signalwörter. Sie zeigen dem Leser an, dass er es mit einem dramatischen Text zu tun hat. Ob und wie dieser Text dann aufgeführt wurde, ist erst an zweiter Stelle von Bedeutung. Hier hängt vieles vom Zufall ab oder ist im Nachhinein nicht mehr zu rekonstruieren. Solche Signalwörter, die eine Gattung anzeigen, können allgemeinerer oder speziellerer Art sein, außerdem je nach Zeit und Ort wechseln. Die wichtigsten Gattungsbezeichnungen, die im Allgemeinen auf eine dramatische Gattung verweisen, sind in chronologischer Reihenfolge:
Spiel (spil, ludus), Comœdia, Tragödie (Trauerspiel), Komödie (Lustspiel), Schauspiel, Drama, Stück.

Die wichtigsten Gattungsbezeichnungen für dramatische Texte

Diese als Oberbegriffe aufzufassenden Bezeichnungen können zeittypisch spezifiziert werden. So kann die Bezeichnung „Spiel" im Spätmittelalter und in der Frühen Neuzeit folgendermaßen präzisiert werden: ein geistliches Spiel, ein schönes Spiel, ein lustiges Spiel, ein schröckliches Spiel, eine Fastnacht-Spiel usw. Die Bezeichnung „Drama" kann sich im 19. Jahrhundert auffächern in: historisches Drama, soziales Drama, Schicksalsdrama, Musikdrama.

Untergliederung der Oberbegriffe

Durch Binnendifferenzierungen wird noch stärker als durch den Oberbegriff eine Erwartungshaltung aufgebaut. Bei einem „lustigen Spiel" etwa deutet die Gattungsbezeichnung schon auf die zu erwartende Komik. Solche durch die Gattungsbezeichnung aufgebauten Erwartungen können erfüllt, sie können aber auch enttäuscht werden. Dies ist besonders oft bei modernen Stücken der Fall.

Dramentheorie als Zugang zur Gattungstheorie

Einen Zugang zum Gattungsspektrum einer Zeit bieten auch die meist in Poetiken integrierten Dramentheorien (vgl. Kap. 3). Dramentheorien sind jedoch in der Regel normativ, so dass wir auf die in ihnen vorgenommenen Ausgrenzungen achten müssen. Betrachten wir das erste Beispiel einer solchen Dramentheorie in deutscher Sprache, das epochemachende *Buch von der Deutschen Poeterey* (1624) des Martin Opitz hinsichtlich seiner Aussagen zu den dramatischen Gattungen. Bei Opitz finden sich knappe Definitionen, was eine Tragödie und was eine Komödie sei:

Beispiel Martin Opitz (1624) Definition der Tragödie

„Die Tragedie ist an der maiestet dem Heroischen getichte gemeße / ohne das sie selten leidet/ das man geringen standes personen vnd schlechte [=niedrige] sachen einführe." (Opitz 1983, 27)

Der erste Satz der Definition enthält die sogenannte **Ständeklausel:** Eine Tragödie muss auf sozial höchster Ebene spielen, also unter Herrschern, und darf nur hohe Gegenstände zum Thema haben. Dies ist notwendig, weil nur so die für das Tragische notwendige **Fallhöhe** aufgebaut werden kann. Die hohen Themen werden nun inhaltlich genauer spezifiziert:
„weil sie [die Tragödie] nur von Königlichem willen, Todtschlägen, verzweiffelungen / Kinder- vnd Vätermörden/ brande / blutschanden / kriege und auffruhr/ klagen / heulen / seuffzen / vnd dergleichen handelt." (Opitz 1983, 27)
In dieser Passage zeigt sich, dass die Aufzählung im Großen und Ganzen die Stoffe der griechischen Tragödie abdeckt: Kinder- und Vatermörder bezieht sich auf Medea und Ödipus, die Blutschande ebenfalls auf Ödipus. Opitz verzichtet auf eine nähere Beschreibung der Form. Seine äußerst knapp gehaltene Definition der Tragödie verbleibt im Inhaltlichen.

Definition der Komödie

Die Bestimmung der Komödie beginnt wieder mit dem Verweis auf die Ständeklausel: „Die Comedie besteht in schlechtem wesen vnnd personen." Die Komödie hat „schlechte", das bedeutet: ‚einfache / niedrige',

Themen und Personen zum Inhalt. Dies wird anhand der Komödienstoffe näher erläutert. Die Komödie

„redet von hochzeiten / gastgeboten [Gastmählern] / spielen / betrug vnd schalckheit der knechte [Diener], ruhmrätigen Landtsknechten [prahlenden Soldaten = miles gloriosus; vgl. Kap. 8] / buhlersachen / leichtfertigkeit der jugend / geitze des alters / kupplerey vnd solchen sachen / die täglich vnter gemeinen Leuten vorlauffen. Haben derowegen die / welche heutiges tages Comedien geschrieben / weit geirret / die Keyser vnd Potentaten eingeführet; weil solches den regeln der Comedien schnurstracks zuewieder laufft." (Opitz 1983, 27f.)

Am Schluss tadelt Opitz die Vermischung von hohem und niederem Personal, von ernster Haupt- und komischer Nebenhandlung, wie wir sie in zahlreichen Beispielen im Reformationsdrama und im Drama der Humanisten finden. Die Poetik Opitz' möchte Normen vorschreiben. Sie orientiert sich dabei an der griechischen Antike. Über die um 1624 im Theater des deutschen Sprachraums tatsächlich verwendeten Gattungen gibt die Poetik des Opitz keine Auskunft. Die meisten Formen des Schultheaters stellen im Sinne der opitzschen Kriterien Mischformen dar, sie wären als Tragikomödien zu bezeichnen. Den Gattungsbereich des damals in Deutschland noch nicht ausgeprägten Schäferspiels und den der Oper übergeht Opitz in seiner Definition. Die zahlreichen in den Gymnasien praktizierten Zwischenformen zwischen Rede und Drama gelangen ebenfalls nicht in den Blick.

Komödienbegriff in der Praxis

Aber auch wenn wir das, was die Zeitgenossen von Opitz als „Comedie" bezeichnen, mit der Definition im *Buch von der teutschen Poeterey* vergleichen, stellen wir fest, dass der Komödienbegriff in der Theaterpraxis wesentlich weiter gefasst wurde. „Comedie" diente fast noch als Synonym für Drama überhaupt und bezeichnete Theaterstücke mit nicht allzu schlechtem Ausgang.

Normative Definitionen unzulänglich

Das Beispiel der opitzschen Definitionen zeigt, dass die tatsächlich in einer Zeit existierenden Gattungen über normative Definitionen, und seien sie aus der Zeit selbst, meist nur unvollständig zu erfassen sind und die in den Theorien definierten Gattungen unter Umständen in der Praxis ein ganz anderes Aussehen haben. Gleichwohl sind Dramentheorien nicht wertlos. Es muss allerdings bestimmt werden, für welche Dramen sie einen Bezugsrahmen abgeben können und für welche nicht (vgl. Kap. 3).

Stoffgeschichte

Meist geben die Binnendifferenzierungen einer Gattung schon einen brauchbaren Überblick über die Vielfalt der dramatischen Formen zu einem bestimmten Zeitpunkt. Allerdings stellen die von den Texten selbst präsentierten Gattungsbezeichnungen nicht die Ultima Ratio der Literaturwissenschaft dar, über die es kein Hinaus gäbe. In der Literaturwissenschaft sind verschiedene von traditionellen Gattungsbezeichnungen unabhängige Einteilungen gebräuchlich, die in unterschiedlichem Maße überzeugen. Meist liegen diesen Einteilungen inhaltlich-stoffliche Kriterien zugrunde: So lassen sich die Dramen, in denen etwa die Gestalt Fausts auftritt, zur Gruppe der Faust-Dramen ordnen. Einen ersten Zugriff auf diese stoff- oder motivgeschichtliche Betrachtung bietet FRENZEL (1999 und 2005). Solche inhaltlichen Aspekte können die Gestalt des Künstlers umfassen (Künstlerdramen, vgl. JAPP 2004), oder, sofern den Dramen historische Stoffe zugrunde liegen und diese Stoffe auf eine bestimmte Weise präsentiert werden, lässt sich aus ihnen eine Gruppe der historischen Dramen bilden (vgl. NIEFANGER 2005). Am Beispiel des historischen Dramas soll eine solche stoffgeschichtliche Gruppenbildung im Folgenden näher erläutert werden.

Beispiel Geschichtsdrama

Zunächst stellt sich das Problem der Definition. Das Geschichtsdrama wird über den historischen Stoff bestimmt, nicht über formale Gattungskriterien, denn ein Geschichtsdrama kann sich quasi in jeder dramatischen Form als Tragödie, Komödie, Schauspiel oder Stück präsentieren. Ein historisches Drama bringt im weitesten Sinne ein vergangenes Geschehen auf die Bühne. Aber dies trifft eigentlich auf jedes Drama zu. *Der zerbrochne Krug* von KLEIST (1777–1811) beispielsweise behandelt vergangene Ereignisse in einem niederländischen Dorf, dieses Lustspiel ist aber wohl noch kein Geschichtsdrama, nur weil seine Handlung in der Vergangenheit liegt. Für ein Geschichtsdrama ist mehr erforderlich. Die dargestellten Ereignisse müssen nach den Vorstellungen der Zeit, in der das Drama verfasst wurde, als historisch authentisch aufgefasst werden oder zumindest um einen historisch-authentischen Kern kreisen. Das heißt, das Geschichtsdrama muss Zeichen setzen, an denen die Zuschauer oder Leser erkennen, dass es sich um historische Ereignisse handelt. Entweder werden verwendete Quellen in den Paratexten genannt, in den Fußnoten, Vorreden etc., oder sie werden direkt in den Haupttext eingebaut. Am deutlichsten greifbar ist dieses Verfahren beim sogenannten Dokumentartheater der 1950er und 60er Jahre, das dokumentarisches Material als Textbausteine verwendet.

Geschichtskonzepte

Was man unter historischen Ereignissen versteht, ist wiederum von den Geschichtstheorien und Geschichtsauffassungen der Entstehungszeit abhängig. Für das Verständnis eines Geschichtsdramas ist es notwendig, das jeweils zugrunde liegende Konzept von Geschichte zu rekonstruieren. Welche Geschichtskonzepte finden sich bei den Zeitgenossen, werden sie in das Drama übernommen oder weicht das Geschichtskonzept des untersuchten Dramas signifikant davon ab? Vor allem im modernen Drama kann die Frage nach der Geschichte und ihrer Darstellbarkeit selbst zum Thema des Dramas werden (= Metatheater, vgl. Kap. 10).

Historische Ereignisse

Ferner müssen die historischen Ereignisse in der Auffassung der Zeit eine nachhaltige Bedeutung haben. Sie müssen als wichtige Elemente verstanden werden, die auf bestimmte Weise wirksam waren und längere Zeit wirksam blieben: Geschichtlich wichtige Figuren, wichtige Ereignisse, Konstellationen, Einstellungen.

Goethes *Götz*

Die ältere Forschung zum Geschichtsdrama übertrug unbesehen das moderne, seit der zweiten Hälfte des 18. Jahrhunderts aufkommende Geschichtsverständnis oder das historistische Verständnis des 19. Jahrhunderts auf das Drama und kam dann zwangsläufig zu dem Ergebnis, dass man in Deutschland den Beginn des Geschichtsdramas erst mit Goethes *Götz von Berlichingen* (1773) ansetzen könne. Goethes *Götz* behandelt eine der zentralen Umbruchphasen in der Frühen Neuzeit am Beispiel eines großen Individuums: Den Wechsel in der Rechtspraxis vom Fehderecht zum römischen Recht, den Übergang von der Naturalienwirtschaft hin zur modernen Geldwirtschaft und den Wechsel vom mittelalterlichen Ritter zum frühneuzeitlichen Höfling, der letztlich ein Verwaltungsbeamter ist. Diese sich im 16. Jahrhundert vollziehende Umbruchphase ist 1773 längst abgeschlossen. Goethe stellt Götz als den Vertreter einer untergehenden Epoche dar, der aber gerade im Untergang seine ganze Größe entfalten kann.

Geschichtsdrama in der Frühen Neuzeit

Es stellt sich die Frage, wie es vor 1773 mit dem Geschichtsdrama aussah. Konnte es vor Goethe kein Geschichtsdrama geben, weil es keine moderne Geschichtstheorie gab? Die neuere Forschung (vgl. Niefanger 2005) hat gezeigt, dass das Geschichtsdrama keineswegs eine Erfindung des Sturm und Drang darstellt, sondern in Deutschland schon mit dem Humanismus aufkommt, das heißt, am Ende des 15. Jahrhunderts (vgl. Dietl 2005). Auch die Geschichte des Geschichtsdramas erweist sich somit, wie die Dramengeschichte insgesamt, als Konstruktionsleistung. Das Ergebnis hängt von den Ausgangsprämissen ab.

Formale Kriterien

Auch nach formalen Kriterien lassen sich Gruppen bilden, so etwa Dramen der offenen oder der geschlossenen Form (vgl. Kap. 5), Dramen, die vermittelnde Kommunikationsinstanzen einsetzen (vgl. Kap. 9), Dramen, die nur aus einem, aus drei oder fünf Akten bestehen, in Versen oder Prosa abgefasst sind usw. Der Erkenntnisgewinn solcher Gruppenbildungen lässt sich nicht vorab angeben, er hängt von der Art der Durchführung ab.

TIPP

Wenn Sie bei Ihrer Lektüre auf Binnendifferenzierungen eines dramatischen Textcorpus stoßen, prüfen Sie die Kriterien, die die Einheit des Textcorpus garantieren sollen. Fragen Sie sich, welchen Erkenntnisgewinn die Gruppenbildung bringt und ob sie möglicherweise den Blick auf andere Dramen verhindert.

4 Übersichtstabelle zur deutschen Dramengeschichte

Die folgende Tabelle dient einer ersten Übersicht über die Dramenproduktion im deutschen Sprachraum. Sie kann nicht mehr als ein Notbehelf sein und enthält in der zweiten Spalte Institutionen, die Dramen hervorbrachten, in der dritten Spalte die damit zusammenhängenden dramatischen Gattungen und nennt in der vierten Spalte die Namen einiger mehr oder weniger wichtiger Dramatiker.

Zeit	Institutionen	Gattungen	Autoren
um 960	Klöster	*Comœdia*	Hrotsvit von Gandersheim
spätes 12. Jh.	(kath.) Kirche Klöster Pfarrgemeinden	geistliches Spiel (Oster, Passions-, Weihnachts-, Weltgerichtsspiele, später auch Legenden- und Mirakelspiele; *ludus, spil*	
ab Mitte 15. Jh.	städtische Gemeinschaften Zünfte; Kirche	*Fastnachtsspiel*	Hans Folz, Hans Rosenblüt, Hans Sachs
spätes 15. Jh.	Universitäten, aber auch Adelshöfe und der Kaiserhof Verleger, Buchmarkt	humanistisches Drama *comoedia, tragoedia* *tragicomoedia*	Johannes Reuchlin, Jacob Locher, Nicodemus Frischlin
ab Mitte des 16. Jh. bis Mitte 18. Jh.	Schulen, Orden Verleger, Buchmarkt	protestant. Schuldrama kath. (vor allem jesuitisches) Schuldrama *comoedia, tragoedia* *tragicomoedia*	Thomas Naogeorg, Paul Rebhun, Georg Rollenhagen Jacob Bidermann
ab spätes 16. Jh. bis Ende 18. Jh.	Wandertruppen	Theater der Wanderbühnen *comoedia, tragoedia* *tragicomoedia*	Jacob Ayrer, Heinrich Julius von Braunschweig
16. Jh.	Handwerkerzünfte	Meistersinger-theater	Hans Sachs

Zeit	Institutionen	Gattungen	Autoren
17. Jh. bis 1918	Hof	höfisches Theater vor allem Musiktheater *dramma per musica, Opera, Singspiel, Serenata, Operette (=kleine Oper)*	
1620er Jahre	Verleger, Buchmarkt	Opitzsche Reform *Trauerspiel, Lustspiel, Scherzspiel, Singspiel, Schauspiel*	Martin Opitz, Andreas Gryphius, Daniel Caspar von Lohenstein, Christian Weise
17. Jh.	städtische Kommunen	städtisches Theater Wanderbühnentheater, stehende Opernhäuser	Barthold Feind, Christian Postel
1730er Jahre	Hoftheater, städt. Theater, Wandertruppen	Gottschedsche Theaterreform *Trauerspiel, Lustspiel*	Johann Christoph Gottsched, Luise Adelgunde Victorie Gottsched
1740er Jahre	Hoftheater, städt. Theater, Wandertruppen	Theater der Empfindsamkeit *weinerliches Lustspiel, Bürgerliches Trauerspiel*	Gellert, Lessing, Goethe
1770er Jahre	Verleger, Buchmarkt-Nationaltheater-Konzept	Theater des Sturm und Drang *Trauerspiel, Komödie, Schauspiel*	Klinger, Gerstenberg, Schiller, Goethe
ab 1780er Jahre	Hoftheater, städt. Theater, Wandertruppen	Theater der deutschen Klassik *Tragödie, Trauerspiel, Komödie, Schauspiel*	Schiller, Goethe, Kleist, Hölderlin
ab Mitte 18. Jh. bis ins 20. Jh.	Vorstadttheater, meist als Privatunternehmen	Formen von Unterhaltungstheater sogen. Volkstheater, *Volksstück, Posse, Lokalposse, Farce, Schwank, Singspiel, Operette, Revue, Kabarett*	Iffland, Schroeder, Kotzebue, Raimund, Nestroy, Anzengruber

Zeit	Institutionen	Gattungen	Autoren
um 1800	Verleger, Buchmarkt	Theater der Romantik *Lustspiel, Schauspiel, Tragödie*	Tieck, Brentano, von Arnim, Eichendorff
ab 1815	Hoftheater, städt. Theater Privatunternehmen	Theater des Biedermeier und des Realismus, *Lustspiel, Schauspiel, Tragödie*	Iffland, Schroeder, Kotzebue, Hebbel, Grillparzer, Grabbe, Freytag
ab 1830er Jahre	Verleger, Buchmarkt	Theater des Vormärz	Büchner, Gutzkow
ab 1880er Jahre	Theatervereine Privattheater	Theater des Naturalismus *Komödie, Tragödie, Tragikomödie, Schauspiel*	Hauptmann, Halbe, Sudermann, Holz/Schlaf
um 1900	Verleger, Buchmarkt	Theater des Fin de Siècle *Szenen, Komödie, Tragödie, Trauerspiel, Tragikomödie*	Hofmannsthal, Schnitzler, Wedekind
um 1910-1920	Verleger, Buchmarkt	Theater des Expressionismus *(Bühnen)spiel; Mysterium, Stück, Tragödie, Komödie*	Toller, Sternheim, Kaiser, Hasenclever
ab den 1920er Jahren	Staatstheater, städt. Theater, Privattheater Theatervereine Verleger, Buchmarkt	Theater der 20er Jahre: epische Konzepte, Regietheater, experimentelles Theater *Stück, Lehrstück, Zeitstück, Schauspiel, Komödie*	Kaiser, Bruckner, Brecht, Hasenclever, Horváth, Fleißer, Wolf
ab den 1950er Jahren	Staatstheater, städt. Theater, Privattheater Verleger, Buchmarkt	absurdes Theater, experimentelles Theater, Dokumentartheater, neues Volksstück, postdramatisches Theater *Stück, Sprechstück*	Dürrenmatt, Frisch, Kipphardt, Strauß, Bernhard, Handke, Jelinek, Weiss, Müller, Hacks, Braun, Kroetz

1 Wozu Dramentheorien?

Was wollen Dramentheorien?

Dramenproduktion und Theaterspiel vollziehen sich als Praxis. Doch schon seit den Anfängen des abendländischen Theaters in Athen wird diese Praxis von theoretischer Reflexion begleitet, die die Praxis zu beschreiben, vor allem aber auch normativ zu lenken versucht. Der älteste erhaltene dramentheoretische Text, die um 335 v. Chr. entstandene *Poetik* des ARISTOTELES, ist auch gleichzeitig der einflussreichste. Die Theorie des Dramas ist damit fast so alt wie das Drama selbst.

Was leisten Dramentheorien?

Allerdings ist der Status einer Dramen- oder einer Theatertheorie nicht vorab schon festgelegt. Gerade in der Germanistik war lange die Auffassung verbreitet, Dramentexte und Theaterpraxis seien am zuverlässigsten über die zeitgenössische Dramentheorie zu erschließen. Dabei muss aber vorab immer geklärt werden, ob ein Bezug der Theorie zur Dramenproduktion und zur Theaterpraxis überhaupt besteht. Oft erweist sich, dass Dramen- wie Theatertheorien quasi in einem luftleeren Raum existieren. Die Dramentheorie als Gattung gewinnt dann eine Eigendynamik und reagiert nicht so sehr auf die Dramenproduktion und die Theaterpraxis, sondern vor allem auf die jeweils vorhergehenden Dramentheorien. Einige dramentheoretische Texte lassen sich eher als Kommentar zur *Poetik* des ARISTOTELES lesen, denn als Kommentar zur Dramenproduktion oder zum Theater ihrer eigenen Entstehungszeit.

Dramentheorien wollen das Theater verbessern

Die meisten Dramentheorien sind normativ. Sie schreiben vor, wie das Drama und die Theaterpraxis aussehen sollten, sie beschreiben aber nicht, wie sie sind. Wir dürfen Dramentheorien also nicht mit der Praxis verwechseln, und vor allem nicht das Negativbild, das sie von der zeitgenössischen Praxis zeichnen, für tatsächlich gegeben halten. Meist wird hier sehr schwarz gemalt, damit die eigenen Reformvorschläge um so heller leuchten.

Grenzen

Leider ist es so, dass gerade die bedeutendsten Dramatiker, wie etwa Shakespeare, keine Dramentheorie hervorgebracht haben. Andere wiederum, die als Dramatiker durchaus in der zweiten Liga spielen, glänzen durch umfangreiche Dramentheorien. Auch wenn ein Autor sein dramatisches Œuvre mit einer Dramentheorie begleitet, bedeutet dies noch nicht, dass wir seine Dramen nur über diese Dramentheorie verstehen und deuten können. Wichtige Aspekte sind dem Autor vielleicht entgangen oder er hat sie als selbstverständlich vorausgesetzt. Die seinem dramatischen Schaffen gemäße Theorie hat er vielleicht gar nicht aufgestellt, so dass wir selbst sie durch eine Interpretation seiner Dramen rekonstruieren müssen.

Bedenken wir diese Vorsichtsregeln, dann sind Dramen- und Theatertheorien als zeitgenössische Rahmungen oder Rahmungsversuche ein probates Mittel, um zu einer ersten Annäherung an die Auffassungen einer Zeit über Theater und Drama zu gelangen. In einem zweiten Schritt müssen die Aussagen der theoretischen Texte dann mit den Strukturen der Dramen und den Bedingungen der Aufführungspraxis konfrontiert werden. Dabei auftretende Unterschiede sollten nicht ignoriert, sondern thematisiert werden.

Trotzdem: keine Angst vor Dramentheorien

2 Inhaltliche Aspekte von dramen- und theatertheoretischen Schriften

Die folgende Liste gibt einen Überblick über die wichtigsten Aspekte, die in dramen- und theatertheoretischen Schriften angesprochen werden.

Was ist Theater?

1. Meist finden wir in einer dramen- oder theatertheoretischen Schrift generelle Überlegungen über das Wesen des Theaters, warum und weshalb es Theater gibt, oder aber auch, warum es Theater nicht geben sollte. ARISTOTELES leitete das Theater aus dem den Menschen angeborenen Trieb zur Nachahmung, der **Mimesis**, ab. TERTULLIAN folgerte in seiner kurz vor dem Jahr 200 n. Chr. entstandenen Schrift *De spectaculis* aus dem mimetischen Charakter des Theaters sein Verbot. Das Handeln auf der Bühne wird in dieser Auffassung zur bloßen Kopie, die gegenüber dem Original, dem Handeln im Alltag, den Status des Unechten trägt. TERTULLIANS Schrift bildete den Beginn einer Tradition theaterfeindlicher Schriften, die bis weit ins 18. Jahrhundert reicht.

Dramatische Gattungen

2. Die theoretischen Schriften enthalten immer eine Übersicht über die einzelnen theatralen Gattungen, deren kurze Beschreibung und Abgrenzung voneinander: Komödie versus Tragödie bzw. zusätzlich diverse Mischformen (vgl. Kap. 2 mit dem Beispiel von MARTIN OPITZ).

Wirkungsabsichten des Theaters

3. Dramentheoretische Schriften erörtern, wie das Theater auf die Zuschauer wirkt oder nach Vorstellung des Theoretikers wirken sollte. Dieser Punkt wird weiter unten in diesem Kapitel anhand einzelner Beispiele näher ausgeführt.

Aufbau eines Dramas

4. Meist enthalten dramentheoretische Schriften nähere Hinweise zum Aufbau der Dramen, ihrer Gliederung in Akte und Szenen, Angaben zu den Figuren, die in den Dramen auftreten, und zur Sprache, derer sie sich bedienen sollen (vgl. Kap. 5).

Hinweise zur Aufführungspraxis

5. Schließlich finden sich Bemerkungen zur Aufführungspraxis. Wie sollen die Dramen auf der Bühne inszeniert werden, wie sollen die Schau-

spieler auftreten und sich bewegen? Dieser Aspekt einer Theatertheorie verselbständigt sich ab dem 18. Jahrhundert und wird zu einer eigenen Gattung, der **Schauspielschule.** Ein frühes Beispiel dafür ist die *Dissertatio de actione scenica* des Münchner Jesuitenpaters FRANZISKUS LANG aus dem Jahre 1727. Sie enthält eine Einführung in die Schauspielkunst für die Schüler der Jesuitengymnasien mit Kupferstichen, die beispielsweise falsche und richtige Körperhaltungen auf der Bühne zeigen.

Theatergeschichte

6. Schließlich enthalten die Dramentheorien oft auch einen Überblick über die Theatergeschichte, meist aus der Perspektive der entsprechenden Theorie formuliert. Auch dieser Aspekt trennt sich im 18. Jahrhundert von der Dramentheorie ab und wird zu einer eigenen Gattung, der Dramen- oder Theatergeschichte.

Im nun folgenden Teil dieses Kapitels soll die Leistung von Dramentheorien am Beispiel der Frage nach den Wirkungsabsichten veranschaulicht werden. In der Form eines knappen Überblicks werden einige folgenreiche wirkungsästhetische Debatten vorgestellt. Dabei wird es uns auch um die Frage gehen, wie stark Dramentheorien die Praxis der Dramenproduktion und des Theaterspielens beeinflusst haben oder in wie weit ihre Wirkung begrenzt ist. Eine Liste einflussreicher Dramentheorien finden Sie in Kapitel 12.2.

3 Die Wirkungsabsichten von Theater in den Dramentheorien

1 Aristoteles

Zentrale Rolle der aristotelischen Poetik

Auch bei der Frage nach der Wirkung von Theater steht ARISTOTELES an erster Stelle. Denn er ist der erste, der sich in seiner *Poetik*, wenn auch reichlich dunkel, zur Wirkungsweise von Tragödien äußert. Die Tragödie solle **Phobos** und **Eleos** hervorrufen, schreibt er an mehreren Stellen, dies sei ihr Zweck, außerdem solle der Zuschauer von diesen Affekten gereinigt werden. Was aber sind Eleos und Phobos? Jede Dramentheorie deutet diese beiden Schlüsselbegriffe anders. Seit LESSING kennen wir sie in der Übersetzung als Mitleid und Furcht. Doch diese Übersetzung ist sehr auf das Argumentationsziel Lessings hin zugeschnitten. „Eleos“ bedeutet im Griechischen ‚Jammer‘, auch ‚Rührung‘. In seiner Rhetorik bestimmt ARISTOTELES den Begriff Eleos noch genauer: Eleos sei Verdruss über ein großes Übel, das jemand treffe, der dies nicht verdient habe.

Phobos und Eleos im Griechischen

Phobos meint im Griechischen mehr als Furcht. Phobos ist ein heftiger Affekt: Ursprünglich, bei HOMER, bezeichnet Phobos eine Fluchtbewegung, die durch Erschrecken ausgelöst wird. Bei ARISTOTELES bedeutet das Wort ‚Schrecken' oder ‚Schaudern'. Also nicht Mitleid und Furcht, sondern Jammer und Schrecken. Von diesen beiden Affekten soll die Tragödie den Menschen durch Katharsis befreien. Die Katharsis besitzt eine religiöse und eine medizinische Bedeutung. Religiös betrachtet meint das Wort eine Reinigung von Sünde, medizinisch eine Ausscheidung schädlicher Substanzen. So, wie der Körper durch den Arzt von schädlichen Substanzen gereinigt wurde, so reinigte die Tragödie die Seele von schädlichen Affekten (ARISTOTELES 1982, 161ff.). In der Summe zielt damit das Theater auf die **Eudaimonia**, die Glückseligkeit.

2 17. Jahrhundert

Neudeutung bei OPITZ

Von Aristoteles können wir einen Sprung ins 17. Jahrhundert machen, denn erst hier finden wir wieder Dramentheorien, die sich über die Wirkungsabsicht des Theaters Gedanken machen. MARTIN OPITZ (1597–1639) äußert sich in seinem *Buch von der deutschen Poeterey* nur sehr knapp zum Theater, zur Wirkungsabsicht sagt er dort nichts. In der Vorrede zu einer seiner Dramenübersetzungen, den *Trojanerinnen* von 1625, gibt er indes kurze Hinweise zur Wirkungsabsicht (vgl. NIEFANGER 2006, 143).

Funktion des Schreckens

Im Mittelpunkt steht bei der Tragödie zunächst der Schrecken, während Eleos, das zweite Element des ARISTOTELES, kaum eine Rolle spielt. Der Schrecken im barocken Trauerspiel wird durch **Atrocitas** hervorgerufen, eine Anhäufung von Greuelszenen, wie sie etwa Folterungen und Hinrichtungen darstellen. Die grausamen Szenen dienen dazu, den Zuschauer an das in der Welt auftretende Fürchterliche zu gewöhnen. Hat er sich daran gewöhnt, kann er es leichter ertragen. Für diese Wirkungsabsicht ist das Märtyrerdrama besonders gut geeignet. Im Mittelpunkt steht ein Märtyrer oder eine Märtyrerin, und die Zuschauer müssen mit ansehen, wie diese vorbildlichen Christen auf grausame Weise langsam zu Tode gefoltert werden.

Tragödie soll trösten

Das, was den frühneuzeitlichen Zuschauer als frommen Christen am meisten schreckt, ist die Macht der Fortuna. Die Guten werden auf der Welt nicht immer belohnt, die Bösen nicht immer bestraft. Die Bösen haben Glück, die Guten erleiden Unglück. Ziel der Tragödie ist es nicht, im Sinne einer Katharsis von Affekten zu reinigen, sondern zu trösten (Consolatio tragœdiae) und eine Haltung einzuüben, die das Ertragen von Schicksalsschlägen ermöglicht. Diese Haltung wird in der neustoischen Terminologie als **Constantia** bezeichnet.

Tragödie soll den Zuschauer abhärten

Die antike Katharsis wird christlich umgedeutet. Sie ist keine Reinigung, sondern eine Belehrung: Im irdischen Dasein regiert die blinde Fortuna, das irdische Dasein ist aber auf das Jenseits bezogen. Und hier regiert die göttliche **Providentia** (das Verhängnüs), die alles ordnet und regelt und alle Ungerechtigkeiten wieder beseitigt. Constantia ist also die Gewöhnung an die Schrecken der Fortuna und ermöglicht Trost (SCHINGS 1980). Diese Interpretation der aristotelischen Begriffstrias ist für die erste Phase des schlesischen Dramas wichtig, also für OPITZ und vor allem für ANDREAS GRYPHIUS (1616–1664).

Tragödie soll zum politischen Handeln anleiten

In der zweiten Phase, bei Autoren wie DANIEL CASPAR VON LOHENSTEIN (1635–1683) und JOHANN CHRISTIAN HALLMANN (1640–?1716), findet eine Verschiebung statt. In den Dramen, die nun vor allem in der höfisch-politischen Welt spielen, fällt die Constantia als zentraler Wert weitgehend weg. Aber wie soll man nun die Schläge der Fortuna aushalten, wie soll man die Atrocitas der Welt ertragen? Das Verhalten, das nun der bösen Welt entgegengestellt wird, ist ein implizit machiavellistisches, wie es NICCOLÒ MACHIAVELLI erstmals 1532 in seiner Schrift *Il principe* vorgeschlagen hatte. MACHIAVELLI, der offiziell von allen abgelehnt wurde, fand gleichwohl zahlreiche Nachfolger, die seine Ratschläge unter anderem Namen verbreiteten. Den Schlägen der Fortuna muss man mit Klugheit und List begegnen. **Prudentia** (Klugheit) lautet der Terminus, der dieses Bestreben zusammenfasst. Prudentia wird dabei als weitgehend amoralische Klugheit verstanden. Mit Hilfe von **Simulatio** (Vortäuschen von falschen Tatsachen) und **Dissimulatio** (Zurückhalten von Wahrheit) muss der Mensch versuchen, den Schicksalsschlägen standzuhalten. Es geht nicht mehr darum, durch Atrocitas die Affekte abzustumpfen. Nun sollen die Affekte perfekt im politischen Spiel eingesetzt werden. Der politische Mensch muss Affekte wie Liebe, Trauer und Wut vorspielen können, damit er in jeder Situation über sie verfügen kann. Der politischen Macht wird alles untergeordnet. Wer an der Macht bleiben oder sie erlangen möchte, darf niemals seine wahren Gefühle zeigen, sondern muss sich gänzlich verstellen. Die Staatsraison hat Vorrang vor der Religion. In den Trauerspielen LOHENSTEINS wird erstmals eine Welt entworfen, die nicht-christlichen Maßstäben folgt. Theaterspiel ist dabei die Elementarschule der Prudentia. Nur wer das Theaterspielen perfekt beherrscht, kann am politischen Leben teilnehmen und seine Interessen durchsetzen.

Wirkungsabsichten des Jesuitentheaters

Das von OPITZ angeregte Theater der Schlesier ist nun allerdings keineswegs das einzige Theaterkonzept im 17. Jahrhundert, es ist nicht einmal das verbreitetste. So finden wir im süddeutschen Raum im 17. Jahrhundert das jesuitische Schultheater. Das Jesuitentheater ist neben der Oper eines der wenigen Beispiele für ein dezidiert anti-aristotelisches Theater. Die jesuitischen Theoretiker lehnten die aristotelische Poetik in wesentlichen Punkten ab. Zentrales Anliegen eines Jesuitendramas ist es, den Zuschauer zur **Conversio** zu bewegen. Er soll sein sündiges Leben aufgeben, um zu einem gottgefälligen Leben zurückzufinden. Zu diesem Zweck werden die Qualen der Hölle mit den bühnentechnisch modernsten Mitteln in Szene gesetzt. Es geht um wirksame Präsentation höllischer Schrecken, die eine Conversio bei den Zuschauern bewirken soll, eine Conversio, die die Titelfigur der Dramen vermissen lässt oder immer wieder aufschiebt.

Schockästhetik

Die Jesuiten setzten das Mittel der Atrocitas nicht wie Gryphius ein, um eine Haltung der Constantia einzuüben, sondern zur maximalen Affekterregung. Sie gingen davon aus, dass die Schrecken, je effektvoller sie dargestellt werden, einen um so größeren Schock auslösen, einen heilsamen Schock, der zur moralischen Besserung führt. Furcht und Schrecken, die die jesuitischen Dramen beim Zuschauer hervorrufen wollen, haben dabei nichts Tragisches an sich. Es gibt keinen tragischen Konflikt, denn der sündigende Mensch ist als freier Mensch für sein Schicksal selbst verantwortlich. Als freier Mensch hätte er anders handeln können.

3 18. Jahrhundert

Komödie der Aufklärung

In seiner *Critischen Dichtkunst* von 1730 äußert sich Johann Christoph Gottsched (1700–1766) eingehend zur Wirkung von Tragödie und Komödie. Es sei hier nur die Wirkung der Komödie als Beispiel für eine aufklärerische Wirkungsabsicht herausgegriffen. Gottsched definiert sie wie folgt:
„Die Comödie ist nichts anders als ein[e] Nachahmung einer lasterhaften Handlung, die durch ihr lächerliches Wesen den Zuschauer belustigen, aber auch zugleich erbauen kann." (Gottsched 1973, II, 348)
Komik ist bei Gottsched keineswegs um ihrer selbst willen da. Wer ins Theater geht, nur um zu lachen, ist kein aufgeklärter Bürger. Gottscheds ganzer Zorn richtet sich denn auch gegen ein reines Lachtheater.

Komödie soll moralisch nutzen

Mit dem Theaterbesuch muss ein moralischer Nutzen verbunden sein, das, was Gottsched als „Erbauung" bezeichnet. Indem wir lachen, so Gottsched, verlachen wir jemanden, der ein lächerliches Laster hat. Mit „Laster" meint Gottsched keinen gravierenden moralischen Defekt – es darf sich also nicht um einen Mörder handeln –, sondern kleine Schwächen, Marotten oder Modetorheiten sollen den Kern des Lasters in der Komödie ausmachen. Diese Alltagsdefekte liegen im Charakter der zu verlachenden Person begründet. Die sogenannte **sächsische Typenkomödie** (vgl. Kap. 8) nennt meist im Titel schon mit der Hauptfigur auch das Laster, das es zu verlachen gilt, zum Beispiel den Geiz (der Geizige). Noch die frühen Dramen Lessings folgen diesem Konstruktionsprinzip. Der lasterhafte Typus wird im Verlauf der Handlung von seinen vernünftigen Mitmenschen in die Enge getrieben und entsagt am Schluss seinem Laster – oder aber auch nicht. In beiden Fällen kann der Zuschauer lachen, weil er das Unvernünftige des Handelns einsieht und selbst nicht so handelt. An den von Gottsched und seiner Frau bearbeiteten und herausgegebenen Komödien lässt sich hingegen zeigen, dass viele dieser

Komödien GOTTSCHEDS mit seiner eigenen Komödiendefinition nicht hinreichend zu erfassen sind (vgl. STEINMETZ 1978).

Furcht und Mitleid

Einen Einschnitt in der Geschichte der Dramentheorie stellt in der Mitte des 18. Jahrhunderts sicherlich GOTTHOLD EPHRAIM LESSING (1729–1781) dar. Er deutet die aristotelischen Begriffe Phobos und Eleos auf neue Weise im Hinblick auf die von ihm anvisierte Gattung des **bürgerlichen Trauerspieles.** LESSING übersetzt diese beiden Begriffe mit **Furcht** und **Mitleid.** In einem berühmten Brief an den Berliner Aufklärer FRIEDRICH NICOLAI schreibt LESSING, die Tragödie solle
„unsere Fähigkeit, Mitleid zu fühlen, erweitern. Sie soll uns nicht bloß lehren, gegen diesen oder jenen Unglücklichen Mitleid zu fühlen, sondern sie soll uns weit fühlbar machen, daß uns der Unglückliche zu allen Zeiten, und unter allen Gestalten, rühren und für sich einnehmen muß [...] Der mitleidigste Mensch ist der beste Mensch [...] Wer uns also mitleidig macht, macht uns besser und tugendhafter, und das Trauerspiel das jenes tut, tut auch dieses, oder – es tut jenes, um dieses tun zu können." (LESSING 1973, IV, 163)

Mittlere Charaktere

Diese Forderung an die Wirksamkeit des Theaters ist ganz auf Lessings eigene Arbeiten für das Theater in den 1750er Jahren zugeschnitten, etwa auf *Miß Sara Sampson*. LESSING wendet sich mit seiner Neukonzeption der Wirkungsabsicht von Theater zum einen gegen das Barocktheater mit dem Märtyrerdrama, das er hauptsächlich aus französischen Beispielen kannte. Diese Märtyrer sind für ihn Übermenschen, denen das Martyrium und der Tod so viel bedeuten, wie anderen Menschen ein Glas Wasser zu trinken. Solche Figuren, so LESSING, bleiben dem Zuschauer fremd. Man soll und kann sie bewundern, aber nicht bemitleiden, weil sie zu groß sind. Werden wir tatsächlich in ein mitleidiges Verhältnis zu ihnen gesetzt, dann wird uns eine Religion zum Abscheu, die solches Handeln fordert und hervorbringt. Notwendig sind also die **mittleren Charaktere** (vgl. Kap. 8), die auch ARISTOTELES schon forderte. Mit zu guten und zu bösen Menschen kann man kein Mitleid haben.

Leidenschaften ansprechen

LESSING wendet sich aber nicht nur gegen das barocke Märtyrerdrama, sondern auch gegen GOTTSCHED. Denn er kombiniert das Trauerspiel nun wieder mit der Funktion, Leidenschaften bei den Zuschauern zu erwecken, eben mindestens Furcht und Mitleid. Das Trauerspiel möchte den ganzen Menschen ansprechen, nicht nur die Vernunft.

LESSINGS Umdeutung der aristotelischen Begriffe

In der *Hamburgischen Dramaturgie*, einer ab 1767 erscheinenden Zeitschrift, mit der LESSING das Unternehmen eines neu gegründeten Hamburger Nationaltheaters publizistisch begleitete, äußerte er sich dann ausführlicher zu den Funktionen Furcht und Mitleid für die Tragödie. Im 74. bis zum 80. Stück geht es LESSING um die Auseinandersetzung mit den beiden Begriffen des ARISTOTELES, den er hauptsächlich über die französische Tradition wahrnimmt. Das Trauerspiel soll bei den Zuschauern Furcht und Mitleid hervorrufen, und diese beiden Leidenschaften, aber eben nur diese beiden, reinigen. Das ist LESSINGS Interpretation der aristotelischen Katharsis. Reinigen bedeutet bei LESSING aber nicht auslöschen, gerade die Mitleidsfähigkeit soll erhalten bleiben, ja mehr noch, sie soll sensibilisiert werden. „Der mitleidigste Mensch ist der beste Mensch", meint in diesem Sinne, dass der Mensch durch das Mitleid erst human und damit im eigentlichen Sinne Mensch wird. Die ausschließlich durch die Tragödie erweckte und veredelte Leidenschaft tritt neben die Rechte der Vernunft und kann sich behaupten.

Theater soll die Empfindungen verfeinern

LESSINGS Plädoyer für das Mitleid wird durch die französische und deutschsprachige Dramaturgie der Empfindsamkeit vorbereitet. Die empfindsame Komödie, auch **Comedie larmoyante** oder **weinerliche Komödie** genannt, will nicht mehr bewirken, dass der Zuschauer das Laster verlacht, sondern dass er als zärtlicher Zuschauer mitempfindet. Dieses Empfindsamkeitskonzept, das von einer regen Tränenproduktion auf der Bühne und im Zuschauerraum begleitet wird, ist auch für die Oper in der ersten Hälfte des 18. Jahrhunderts zentral und kann dann leicht modifiziert ins bürgerliche Trauerspiel übernommen werden. In bestimmten Formen des Unterhaltungstheaters wie dem Rührstück spielt es bis ins 19. Jahrhundert hinein eine wichtige Rolle.

Lessings Theorie von begrenzter Geltung

Da LESSING sich sehr ausführlich und auch sehr sprachmächtig zu Fragen der Dramentheorie geäußert hat, ist er in der Forschung zum Cheftheoretiker der im 18. Jahrhundert entstehenden neuen Dramengattung des **bürgerlichen Trauerspiels** gemacht worden. Man ging davon aus, dass die bürgerlichen Trauerspiele LESSINGS und seine damit verbundenen dramentheoretischen Äußerungen den Normalfall der Gattung beschreiben. Neuere Forschungen konnten indes zeigen, dass das Gros der bürgerlichen Trauerspiele in der zweiten Hälfte des 18. Jahrhunderts – in Deutschland sind in diesem Zeitraum etwa 260 solcher bürgerlichen Trauerspiele entstanden – einer anderen Wirkungsästhetik gehorcht: An die Stelle der LESSINGSCHEN Mitleidspoetik tritt bei den allermeisten Dramen das Konzept der Abschreckung (vgl. MÖNCH 1993).

SCHILLER als Dramentheoretiker

FRIEDRICH SCHILLER (1759–1805) hat sich Zeit seines Lebens in theoretischen Schriften mit der Wirkung von Theater beschäftigt. Es gibt daher nicht nur eine Aussage SCHILLERS zur Wirkungsabsicht von Theater, sondern er modifiziert seine Gedanken immer wieder. Dies wird deutlich, wenn wir einen frühen Text aus der Sturm-und-Drang-Phase des Autors und einen späteren aus der klassischen Phase heranziehen. Der erste Text „Was kann eine gute stehende Schaubühne eigentlich wirken" ist eine Rede, die SCHILLER 1784 in Mannheim hielt. Sie ist 1785 unter dem bekannteren, aber auch missverständlichen Titel *Die Schaubühne als moralische Anstalt betrachtet* veröffentlicht worden.

Der junge Schiller

Dem Theater wird in diesem frühen Schiller-Text eine eminent gesellschaftliche, das meint politische Funktion zugewiesen. Es soll im absolutistischen Staat, der als marode und dekadent vorgestellt wird, die fehlende Gerechtigkeit ersetzen. Schiller formuliert bündig: „Die Gerichtsbarkeit der Bühne fängt an, wo das Gebiet der weltlichen Gesetze sich endigt." (Schiller 1992, 190). Das heißt, wenn in einem Staat vor Gericht kein Recht gesprochen wird, keine Gerechtigkeit zu erlangen ist, dann ist es Aufgabe des Theaters, dieses verlorene Recht wenigstens auf der Bühne zu präsentieren und damit den staatlichen Organen ihre Fehlerhaftigkeit vorzuhalten. Damit erhält das Theater die Aufgabe, die politischen Verhältnisse zu kritisieren und den Zuschauern die Augen für Missstände zu öffnen. Theater hat also eine genuin aufklärerische Funktion.

Neue Möglichkeiten des Theaters

Moralisch im umgangssprachlichen Sinne des Wortes ist die Schaubühne aber noch in anderer Hinsicht nicht. Weit davon entfernt, die Verbrecher zu verdammen, ist das Theater dazu da, im Verbrecher den Menschen zu sehen. Nach Schiller bietet das Theater nämlich die Möglichkeit, die Seele der Menschen, wie er an anderer Stelle sagt, „bei ihren geheimsten Operationen zu beobachten". Wenn wir einem Theaterstück zuschauen, können wir erfahren, warum ein Mensch zum Verbrecher wird. Wir entschuldigen damit nicht die Tat, aber lernen den Menschen verstehen, der so handelt. Und drittens schließlich soll das Theater eine nationale Wirkung entfalten. Es soll das Publikum zu einer Nation werden lassen, indem es den Nationalgeist eines Volkes ausbildet. Damit huldigt Schiller dem in der zweiten Hälfte des 18. Jahrhunderts virulenten **Nationaltheater-Konzept**. Ein solches noch zu schaffendes Nationaltheater für alle Deutschen sollte die fehlende politische Einheit durch die Einheit eines gemeinsamen Theaters und damit letztlich einer Kultur ersetzen.

Der klassische Schiller

Sechs Jahre später, 1792, inzwischen hat Schiller sich ausgiebig mit der Philosophie Kants auseinandergesetzt, publiziert er den Aufsatz *Über den Grund des Vergnügens an tragischen Gegenständen*. Wie kommt es, dass wir an den Schrecken und Grausamkeiten einer Tragödie Gefallen finden? Schiller argumentiert hier mit dem Erhabenen, einer Kategorie, die im 18. Jahrhundert zentral ist. Das Erhabene, zum Beispiel hohe Berge oder die Unendlichkeit des Weltalls, ruft zunächst einmal Schrecken hervor, wenn wir es mit unseren Sinnen wahrnehmen. Für die nur sinnliche Wahrnehmung sind solche Phänomene schrecklich. Sie verweisen uns aber auf ein anderes Vermögen im Menschen, seine Vernunft. Die Vernunft bändigt das Erhabene insoweit, dass es ästhetisch genossen werden kann.

Das Erhabene in der Tragödie

Genauso verhält es sich nach Schiller mit der Wirkung der Tragödie. Sinnlich wahrgenommen ruft die Tragödie Furcht und Mitleid hervor.

Wenn in LESSINGS Trauerspiel *Emilia Galotti* Odoardo seine Tochter Emilia tötet, ist das für die Sinne schrecklich. Für die Vernunft hingegen entsteht daraus, quasi aus dem körperlichen Schmerz, eine, wie SCHILLER es nennt, „moralische Lust". Denn die Vernunft erkennt den höheren Zweck in Odoardos Handeln. Letztlich, auch wenn SCHILLER da ein wenig laviert und es nicht so klar ausspricht, ist bei ihm der Endzweck der Tragödie nicht mehr das Hervorrufen von Mitleid und Furcht, sondern die Distanzierung von diesen Affekten. Erst, indem ich Furcht und Mitleid beim Betrachten einer Tragödie überwinde, werde ich frei für den wahren Genuss einer Tragödie.

Neue Impulse aus Frankreich

Überhaupt entstehen im 18. Jahrhundert verschiedene **Distanzierungskonzepte**. Das bekannteste und für das 19. Jahrhundert folgenreichste wurde von DENIS DIDEROT entwickelt. LESSING hatte schon 1760 unter dem Titel *Das Theater des Herrn Diderot* die zwei wichtigen Dramen DIDEROTS *Der Hausvater* und *Der natürliche Sohn* zusammen mit zwei von DIDEROTS Theaterschriften ins Deutsche übersetzt. Darin heißt es: „Man denke also, sowohl während dem Schreiben, als während dem Spielen, an den Zuschauer eben so wenig, als ob keiner da wäre. Man stelle sich an dem äußersten Rand der Bühne eine große Mauer vor, durch die das Parterr abgesondert wird. Man spiele, als ob der Vorhang nicht aufgezogen würde." (LESSING 1990, 171)

Konzept der vierten Wand

Was DIDEROT hier fordert, ist später mit dem Begriff der vierten Wand belegt worden. Es ist die Geburt der Guckkastenbühne. Die Zuschauer werden zu Voyeuren, die das Geschehen auf der Bühne heimlich beobachten. Wird dieses Konzept konsequent zu Ende gedacht, bedeutet es einen radikalen Bruch mit der bisherigen Wirkungsästhetik. Bevor das Konzept der vierten Wand aufkam, waren die Zuschauer weniger Beobachter, als vielmehr Dialogpartner. Ganz im rhetorischen Sinne waren sie die Adressaten einer Rede. Die Zuschauer sollten nicht beobachten, sondern von der aufgeführten Rede, der Actio, mitgerissen und überzeugt werden. Letztlich sprachen die Schauspieler auf der Bühne auch in den Dialogen nie zu ihren Mitspielern, sondern immer zum Publikum, und dies auch in ganz äußerlichem Sinne, dass sie das Publikum anschauten, während sie mit dem Dialogpartner auf der Bühne redeten.

Ende des rhetorischen Wirkungskonzeptes

In Diderots Konzept wird mit dieser rhetorischen Tradition radikal gebrochen. Die zentrale Kommunikationsachse verläuft nun nicht mehr zwischen Publikum und Schauspielern, sondern ausschließlich zwischen den Schauspielern. Der Zuschauer wird zu einem kalten Beobachter. Er beobachtet eine Versuchsanordnung auf der Bühne und zieht daraus seine Schlüsse, lässt aber die Leidenschaften der Figuren nicht auf sich überspringen. Von der Theorie her ist das Konzept der vierten Wand, mit dem das Illusionstheater geboren wird, also eigentlich ein Distanzierungskonzept, auch wenn ihm gerade diese Funktion später abgesprochen wird. Es möchte die Zuschauer keineswegs in die Handlung hineinziehen, sondern im Gegenteil räumt es den Zuschauern eine emotional neutrale Beobachterposition ein. Wenn daher Bertolt Brecht 170 Jahre später dieses Konzept kritisiert, dann hat er es, zumindest was die Theorie betrifft, letztlich missverstanden. Sein episches Theater steht, was die Distanzerzeugung betrifft, dem Konzept Diderots sehr nahe. Brecht hat allerdings dennoch Recht. Denn die Umsetzung von Diderots Konzept in die Praxis des Theaters scheiterte. Oder genauer gesagt: Die Umsetzung blieb auf halbem Wege stecken. In zahlreichen Reformversuchen in der Zeit um 1800 bemühten sich die Theaterdirektoren, das Publikum zu disziplinieren. Zwar versuchte man im Theater ab 1800 stärker als bisher, den Zuschauerraum von der Bühne abzutrennen. Die Guckkastenbühne etablierte sich, aber die um 1800 aufgeführten Stücke sind noch ganz im Sinne des rhetorischen Konzeptes auf maximale **emotionale Wirkung** beim Zuschauer hin angelegt. Dies wird besonders beim Unterhaltungstheater deutlich.

4 19. Jahrhundert

Emotionalität

Das sich im 19. Jahrhundert endgültig etablierende Unterhaltungstheater wird kaum von dramentheoretischen Reflexionen begleitet. Da es in den Dramentheorien der Zeit fast vollständig ausgeblendet wird, ist es notwendig, dass wir uns den Stücken und Aufführungsberichten selbst zuwenden, wenn wir etwas über seine Wirkungsweise erfahren wollen (Birgfeld 2007, Klotz 2007). Im Unterhaltungstheater des 19. Jahrhunderts werden vor allem folgende Emotionen beim Zuschauer hervorgerufen:

Familie

An oberster Stelle stehen jene Gefühle, die an die Familie gebunden sind. Da die Mutterfunktion im Unterhaltungstheater um 1800 nur als signifikante Leerstelle vorhanden ist, sind es vor allem die Beziehungen der Väter zu ihren Kindern sowie die der Geschwister untereinander, die die familiären Emotionen erzeugen. Das Unterhaltungstheater greift hier auf Modelle der Gefühlsproduktion zurück, die in der zweiten Hälfte des 18. Jahrhunderts im bürgerlichen Trauerspiel entwickelt worden waren.

Horror

Die zweite große Gruppe bilden die Emotionen des Schreckens und Schauderns, jenen Bereich der Gefühle, den wir heute als Horror bezeichnen. Die unheimlichen Emotionen bilden das Komplement zu den Emotionen im Familienkreis.

Liebe

Die dritte Gruppe ist gegenüber den ersten beiden schon weniger relevant, es sind die Emotionen zwischen Liebespartnern.

Lokalpatriotismus

In der vierten Gruppe finden wir schließlich den Lokalpatriotismus, der sich zur Vaterlandsliebe ausweiten kann. Dies führt zu gemeinschaftsbildenden Emotionen.

Spannung

Nicht an Figuren gebunden, sondern durch die Handlungslogik erzeugt ist die fünfte Art, Emotionen zu produzieren, die Spannung. Die meisten Unterhaltungsdramen um 1800 sind sehr spannend. Schon von der ersten Szene an entsteht eine Was-Spannung, die den Zuschauer in das Stück hineinzieht.

Lachen

Gattungen wie Posse, Farce und Komödie wollen den Zuschauer zum Lachen bringen. Die moralische Funktionalisierung des Lachens im Sinne GOTTSCHEDS fällt im Unterhaltungstheater des 19. Jahrhunderts aber weitgehend fort. Lachen wird zu einer nicht weiter begründungsbedürftigen primären Emotion.

Naturalistisches Theater

Auch für das ab den 1890er Jahren in Deutschland fußfassende naturalistische Theater fehlt eine einheitliche zeitgenössische Dramentheorie. Wir sind auf verstreute Äußerungen einzelner Autoren angewiesen, deren Gültigkeit für die Praxis der Dramenproduktion schwer zu bestimmen ist. Zunächst ist festzuhalten, dass die Naturalisten das Konzept von der vierten Wand perfektionieren. Bestimmte Theaterkonventionen, die vorher in der Guckkastenbühne noch üblich waren, aber eigentlich hätten verbannt werden müssen, verschwinden nun tatsächlich von der Bühne, zum Beispiel der Monolog. Er wird als unrealistisch angesehen und kann nur noch zur Charakterisierung eines verhaltensgestörten Menschen eingesetzt werden. An die Stelle des Monologs tritt die stumme Handlung. Auch die Ausstattung der Bühne gewinnt nun höheren Stellenwert, gerade das ärmliche Milieu wird mit einem maximalen Ausstattungsaufwand auf der Bühne reproduziert. All das führt zu einer Perfektionierung der Illusionswirkung. Aber versetzt es den Zuschauer auch in die Lage, distanziert zu beobachten?

Distanz des Zuschauers

Die distanzierte Beobachterhaltung wird in diversen theoretischen Texten für das naturalistische Theater als die angemessene Haltung eingefordert. Der Naturalismus war stark von naturwissenschaftlichen Konzepten, wie sie die Milieutheorie und Vererbungslehre bereitstellten, beeinflusst, was vor allem Auswirkungen auf die Figurenkonzeption hatte. Es konnte keinen traditionell konzipierten Helden mehr geben, denn zum Helden gehört die Freiheit des Handelns, die sich gerade auch im tragischen Konflikt manifestiert. Einer der Theoretiker, CONRAD ALBERTI (1862–1918), bezeichnete das Tragische denn auch als die Selbsttäuschung des Individuums über sein eigenes Ich. Es konnte also nicht darum gehen, das Handeln freier Menschen zu zeigen, sondern darum, wie das die Menschen umgebende Milieu ihr Handeln bestimmt. Nicht der große Einzelne, sondern Menschen in einem bestimmten sozialen Gefüge stehen im Zentrum.

Naturwissenschaftlicher Blick

Vorausgesetzt wird beim Zuschauer der kalte Blick des Naturwissenschaftlers. RICHARD DEHMEL (1863–1920), der vor allem als Lyriker in Erscheinung getreten ist, lehnte die beiden Wirkungskategorien des ARISTOTELES, so wie sie LESSING reformuliert hatte, für das Theater ab. Es gehe nicht darum, Furcht und Mitleid zu erleben, sondern sich von diesen beiden Leidenschaften gerade zu befreien (SCHULZ 1981).

Sinn durch die Hintertür

Die naturalistischen Theoretiker ummanteln ihre Theorie, die eigentlich in einen radikalen Nihilismus in der Prägung Nietzsches münden müsste, dann allerdings doch wieder mit Sinnkonzepten. Durch die Hintertür wird ein traditionell konzipierter Held oder eine sittliche Idee eingeführt, der oder die einen transzendenten Effekt mit sich bringt. Der idealistische Held und seine sittliche Idee, auch wenn sie notwendigerweise scheitern, verweisen über das Milieu hinaus auf etwas Transzendentes. Je nach Vorstellung des Autors ist das der Weltgeist oder die Ausnahmestellung des Menschen im Kosmos. Indem dieses Transzendente aufscheint, empfinde der Zuschauer, so DEHMEL, Befriedigung. Und das ähnelt dann doch schon sehr dem barocken Consolatio-Konzept.

Praxis des naturalistischen Theaters

Wie sieht es mit der Praxis des naturalistischen Theaters aus? Viele der Dramen exponieren Heldinnen oder Helden aus den Unterschichten, die als Sympathieträger aufgebaut werden. Auch HAUPTMANN hat in den meisten seiner Dramen die Figuren so angelegt, dass wir mit ihnen mitleiden können. Die radikale Distanzierung, der kalte Blick, stellte sich in der Theaterpraxis nicht ein. Außerdem erzeugte das dargestellte Elend der sozialen Verhältnisse, auch wenn die Dramatiker das nicht beabsichtigt haben sollten, die Frage nach dem Woher und Warum. Eine politische Sprengkraft war allemal vorhanden, was zumindest die zeitgenössische Zensur so gesehen hat. Die meisten der naturalistischen Dramen durften auf den öffentlichen Theatern des Kaiserreichs nicht gespielt werden. Um diese Verbote zu umgehen, wurden private Vereinigungen gegründet, sogenannte Theatervereine. In solchen, als Privatveranstaltungen deklarierten, nicht öffentlichen Aufführungen konnten die Dramen gezeigt werden.

5 20. Jahrhundert

Wegfall der Zensur

Die Wirkung des Theaters ab 1918 ist in Deutschland durch eine starke Politisierung bestimmt. Dies hing vor allem mit der Aufhebung der Theaterzensur zusammen. Nach dem Ende des Kaiserreiches gab es keine Vorab-Zensur mehr, prinzipiell konnte zunächst alles auf die Bühne gelangen. Zensurmaßnahmen griffen allenfalls nach der ersten Aufführung. Das Zuschauerverhalten in der Weimarer Republik wurde aktiver, man kann sagen, dass der Theaterskandal zu einem wesentlichen Merkmal des Theaters in der Weimarer Republik wurde.

Politisierung des Theaters

Theater war grundsätzlich immer schon ein politisch gestimmtes Theater, das mit einem aktiven Publikum rechnete. Diese Aktivität des Publikums wurde durch neue Regiekonzepte (vor allem ERWIN PISCATOR wäre hier zu nennen) und durch neue Dramenformen wie das **epische Theater** zusätzlich gefördert. Zur Wirkungsästhetik des epischen Theaters vgl. Kapitel 9, zur Wirkungsästhetik des postdramatischen Theaters vgl. Kap. 10.

Weg mit dem passiven Zuschauer!

Das Theater seit dem 20. Jahrhundert ist darum bemüht, die vermeintliche oder tatsächliche Passivität des Publikums zu beseitigen. Die durch das Illusionstheater begünstigte Haltung des bloß passiven Schauens soll durch verschiedene Formen von **Mitmach-** und **Mitspieltheater** abgelöst werden. Beim Mitspieltheater kann das Publikum unterschiedlich stark in die Bühnenaktionen einbezogen werden. Schon im traditionellen Theater spielt das Publikum in gewisser Hinsicht mit, etwa, indem es Beifall spendet oder verweigert. Über diese traditionelle Rolle hinausgehend können die Zuschauer in improvisierte Dialoge mit den Schauspielern verwickelt werden – eine vor allem im Kindertheater beliebte Form –, sie können Statistenrollen auf der Bühne übernehmen oder Schauspieler und Publikum können gemeinsam eine Aufführung erarbeiten. Da sich die Guckkastenbühne mit ihrer Trennung von Zuschauer- und Bühnenraum für das Mitspieltheater als ungeeignet erwiesen hat, wird Mitspieltheater bevorzugt außerhalb traditioneller Theatergebäude gespielt, etwa in Werkhallen oder auf Straßen.

Zusammenfassung

Wie der knappe Überblick über die in den Dramentheorien dargelegten Wirkungsabsichten des Theaters zeigt, müssen die Äußerungen in den Dramentheorien immer mit der Praxis der Dramenproduktion und der Praxis des Theaterbetriebs verglichen werden. Zahlreiche wirkungsästhetische Programme blieben Theorie. Aber auch wenn sie beim Abfassen eines Dramas vom Autor beherzigt wurden, konnte die Aufführungspraxis auf der Bühne so beschaffen sein, dass die Wirkungsziele sich nicht umsetzen ließen. Im 18. Jahrhundert war es beispielsweise üblich, den Theaterabend mit einem lustigen Nachspiel oder einem Ballett zu beschließen, auch wenn vorher eine Tragödie gegeben worden war. Durch die Komik des Nachspiels konnte die Wirkung der Tragödie abgeschwächt oder sogar ausgelöscht werden.

TIPP

Überprüfen Sie die dramentheoretischen Forderungen an der zeitgenössischen Praxis! Fragen Sie sich, ob diese in die Praxis einfließen und ob sie von der zeitgenössischen Aufführungspraxis konterkariert werden.

1 Wechselwirkungen zwischen Raum und Drama

Raum als Rahmen für Theater

In zweifacher Hinsicht ist der Raum von zentraler Bedeutung für das Theater. Theaterspielen vollzieht sich im Raum. Der Raum eines Theatergebäudes etwa erzeugt den Rahmen, der uns die Deutung einer Handlung als Theaterspiel ermöglicht. Indem eine Handlung in einem bestimmten **räumlichen Rahmen** stattfindet, wird sie überhaupt erst zum Theater. Fehlt eine solche räumliche Rahmung, wird es schwieriger oder sogar unmöglich zu entscheiden, ob Theaterspiel vorliegt oder nicht.

Raum im Drama

Der Raum ist aber auch von Bedeutung, weil das Drama selbst Räume schafft. Dramen bauen einen Spielraum auf, den **Ort der Handlung**. Der Ort der Handlung ist immer zeichenhaft, er bringt Bedeutung hervor. Eine solche Bedeutungskonstitution soll in diesem Kapitel an zwei Beispielen erläutert werden.

Geschauter oder vorgestellter Raum

Der Ort der Handlung kann dabei als gesehener oder als vorgestellter Raum konzipiert werden. Beim gelesenen Drama muss der Leser sich den Raum immer vorstellen. Bei der Aufführung gibt es sowohl die Möglichkeit, dass das Theater als wirkliche **Schaubühne** genutzt wird, die den Raum zeigt, wie auch die Möglichkeit des **Imaginationstheaters**, bei dem der Zuschauer sich den Raum vorstellen muss.

Einheit des Handlungsortes

Der Ort der Handlung kann dabei aus einem einzigen Ort bestehen, der während des ganzen Dramas nicht wechselt (= Einheit des Orts; vgl. Kap. 5), er kann aber auch häufiger wechseln. Dies ist vor allem im Musiktheater des 17. und 18. Jahrhunderts der Fall, generell im Drama der offenen Form (vgl. Kap. 5).

Wechselwirkung von Raum und Theater

Der Raum des Theaters und der durch das Drama hervorgebrachte Raum stehen in Wechselwirkung miteinander. Der Ort, an dem Theater gespielt wird, setzt mit seinen Möglichkeiten dem Ort der Spielhandlung Grenzen, kann den Ort der Handlung jedoch auch erweitern.

2 Drama im Raum

Historischer Überblick

Theatergebäude, das heißt Gebäude, die eigens zum Zweck des Theaterspielens errichtet worden sind, gibt es in Deutschland erst seit dem 17. Jahrhundert. Vorher wurde Theater entweder im Freien gespielt, auf dem Marktplatz, gelegentlich auch über die ganze Stadt verteilt. Oder aber in Gebäuden, deren Hauptfunktion eine andere war, meist in großen Sälen, die auch zum Tanzen, als Gaststätten oder für Versammlungen genutzt wurden.

Theater in der Stadt

Ein solcher Ort des Theaterspiels außerhalb des Theatergebäudes ist als Raum vorab schon semantisiert, noch bevor mit dem Theaterspielen begonnen wird. Wird, was bis zum 16. Jahrhundert häufig geschah, auf dem zentralen Marktplatz einer Stadt gespielt, so bedeutet dies, dass der wichtigste Platz der Stadt bespielt wird. An ihm befinden sich das Rathaus und meist auch die Stadtkirche. Außerdem fließen hier die Waren- und Geldströme zusammen. Der Marktplatz ist das wichtigste öffentliche Kommunikationszentrum. Das hier stattfindende Theater ist immer ein Stadttheater im emphatischen Sinne. Es ist ein Theater der Stadt, das die Stadt veranstaltet und das die Stadt repräsentiert. Die Stadt ist das Theater, könnte man sagen.

Institutionen

Ab dem 16. Jahrhundert beginnt sich die Theaterlandschaft innerhalb einer Stadt zu differenzieren. Wir finden das konfessionell gebundene Schultheater, das in den Schulgebäuden (Aulae) der entsprechenden Gymnasien aufgeführt wird. Aber auch die deutschen Schulen (der Unterricht an den Gymnasien fand auf Latein statt) spielten Theater, ebenso die Handwerkerzünfte (Meistersingertheater) und die Truppen der Wanderbühnen. Ihnen wurden zu diesem Zweck Spielstätten zugewiesen.

Veränderungen im 18. Jahrhundert

Im 18. Jahrhundert schwinden die konfessionellen Gegensätze immer mehr, das Schultheater büßt seine zentrale Rolle ein. Berufsschauspieler setzten sich durch. Die im 16. Jahrhundert beginnende Differenzierung nach Spielorten verstärkt sich und ist dann im 19. Jahrhundert abgeschlossen. Musik und Sprechtheater sind nun getrennt. Wer in ein Schauspielhaus geht, weiß seit dem 19. Jahrhundert, dass ihn Sprechtheater erwartet. Im 18. Jahrhundert konnte hier durchaus auch Musiktheater geboten werden.

Ausdifferenzierung

Wir treffen nun verstärkt auf eine soziale Differenzierung der Theater. Sowohl im Musik- wie im Sprechtheater setzen sich sogenannte hohe Formen vom Unterhaltungstheater ab. Noch im 18. Jahrhundert war diese Trennung nicht deutlich auszumachen. In der Musiktheatersparte trennen sich Singspiel und Operette von der Oper, in der Sprechtheatersparte haben wir die Trennung zwischen dem hohen Schauspiel wie etwa der Tragödie, und den Unterhaltungsformen Komödie, Posse, Revue, Volksstück. Diese Trennung kommt gerade auch räumlich zum Ausdruck, in je verschiedenen Theatergebäuden.

Lage des Theaters in der Stadt

Meist wird die Wertigkeit eines Theaters schon durch seine Lage innerhalb der Stadt angezeigt. Die mit hohem sozialen Ansehen verbundenen Theater – im 19. Jahrhundert waren das meist die Hoftheater – befinden sich im Stadtzentrum an repräsentativen Plätzen, die sozial niederen Theater befinden sich in den Vorstädten oder an sozial nicht so stark herausgehobenen Plätzen der Stadt.

Theater und Spielplan

Durch die Lage im Raum entsteht eine Semantik der Theater, eine soziale Wertigkeit, die sich auch auf die zu spielenden Stücke überträgt. Die Vorstadttheater tendieren zu Stücken, die meist in einem sozialen Milieu unterhalb des Mittelstandes angesiedelt sind. Allerdings bedeutet dies nicht, dass auch die Zuschauer der auf der Bühne dargestellten Gesellschaftsschicht angehören müssen. In Wien waren zeitweise die Vorstadttheater bei der oberen Gesellschaftsschicht sehr in Mode. Der Ort des Theaters bestimmt weitgehend das **Decorum** des Stückes, also das, was als schicklich gilt und aufgeführt werden kann. Freizügige erotische Szenen können eher im Vorstadttheater präsentiert werden als auf der Hofbühne.

Bühnenform und Drama

Die spezifische Art eines Theatergebäudes und seiner Bühne bedingt bis zu einem gewissen Grad schon den Theatertext, vor allem aber den Aufführungstext. Es ist daher aufschlussreich, die wichtigsten Typen von Theaterräumen kurz vorzustellen. Der amerikanische Theaterwissenschaftler MARVIN CARLSON hat folgende Typologie entwickelt:

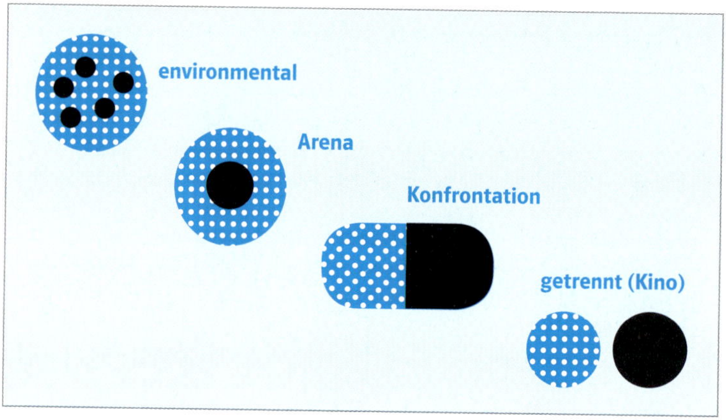

Abb. 4.1: Typologie der Theaterräume nach CARLSON

Environmentaler Typ

Der erste Bühnentypus ist der sogenannte **environmentale**; er ist ringsum von Zuschauern umgeben. Meist wird der environmentale Typ mit mehreren Spielorten kombiniert, so dass auf verschiedenen Bühnen gleichzeitig gespielt werden kann. Man bezeichnet die Verwendung mehrerer Bühnen als **Simultanbühne**. Die Simultanbühne ist besonders für das mittelalterliche Theater bis zum 16. Jahrhundert von Bedeutung. Da auf allen Bühnen gleichzeitig gespielt wird, kann der einzelne Zuschauer das Geschehen als Ganzes nicht verfolgen. Das hat Konsequenzen für den Aufbau der Stücke. Die Stücke arbeiten mit Wiederholungsstrukturen und müssen aus kleinen in sich abgeschlossenen Szenen bestehen, die für sich genommen eine Einheit bilden. Nach diesem Prinzip sind auch viele der Theaterstücke bis ins 16. Jahrhundert hinein aufgebaut. Immer wieder treten Redner auf, die Inhaltsangaben des ganzen Stückes und einzelner Szenen präsentieren, einzelne Szenen kommen doppelt vor, oder in analogen Handlungen. Die ganze Stadt kann dabei als Simultanbühne benutzt werden. So hat sich etwa für das *Donaueschinger Passionsspiel* ein Spielplan erhalten, aus dem hervorgeht, dass der ganze Innenraum der Stadt Villingen von einem Stadttor bis zum gegenüberliegenden Tor und darüber hinaus bespielt worden ist.

Historische Differenzierung

Hinsichtlich der Bezeichnung evironmental ist ein Einschränkung zu machen: Im mittelalterlichen Theater waren die Bühnengerüste meist nicht von allen Seiten einsehbar, sondern nur von vorn und den Seiten. Auf den Gerüsten konnten kleine Häuschen (Mansiones) errichtet werden, die an der Vorderseite einen Vorhang besaßen, der geöffnet oder zugezogen werden konnte. So konnten Szenen im Innern des Hauses spielen oder vor dem Haus.

Weitere Typen nach Carlson

Der Bühnentyp **Arena** in Carlsons Schema ist heute vor allem für Sportveranstaltungen gebräuchlich, kaum für Theaterdarbietungen, der Typus **Konfrontation** entspricht dem heute bekanntesten Typus, und schließlich gibt es bei Carlson zur Verdeutlichung der Unterschiede zwischen Theater und Film den **Kino-Typus**. Hier sind Zuschauer und Schauspieler räumlich und zeitlich voneinander getrennt. Da der Bühnentypus Konfrontation seit der Frühen Neuzeit zur wichtigsten Bühnenform geworden ist, soll er im Folgenden durch ein Schema von Manfred Pfister differenzierend ergänzt werden:

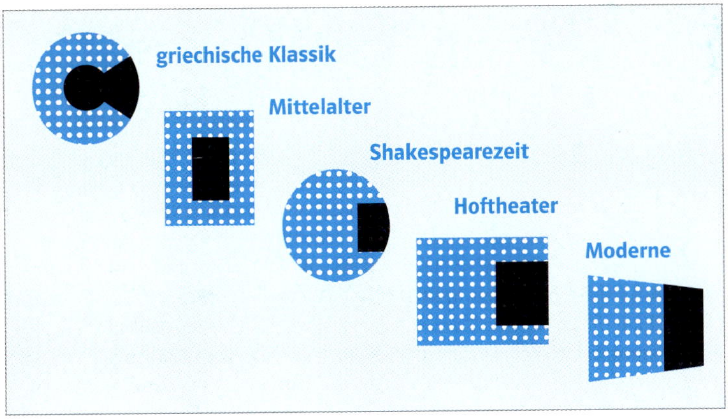

Abb. 4.2: Typologie der Theaterformen nach Pfister

Theaterformen nach Pfister

Pfister beginnt mit den Theaterbauten der griechischen Antike, die sich dem Arena-Typus nähern, im Mittelalter finden wir dann den environmentalen Typ. Der Konfrontationstyp beginnt mit dem Shakespearetheater und seiner in den Zuschauerraum hineinragenden Bühne, die zu beiden Seiten hin offen ist. Diese Bühnenform spielte in Deutschland allerdings keine Rolle. Der Typus Konfrontation setzt sich fort im Hoftheater, bei dem die Trennung von Bühne und Zuschauerraum schon deutlicher ausgeprägt ist. Die Trennung von Zuschauern und Bühne ist im Hoftheater architektonisch zwar angelegt, wird aber spielerisch noch nicht realisiert, sondern permanent überspielt. So sitzen die fürstlichen Personen nicht in den Logen, sondern in der ersten Reihe. Sie bilden einen Teil der Bühne. Wer auf die Bühne blickt, sieht immer auch den Fürsten. Ferner ist der Bühnenraum an den Seiten für das Publikum zugänglich. Noch zu Zeiten Händels musste das Londoner Publikum in Zeitungsannoncen davor gewarnt werden, während der Aufführung die Bühne zu betreten! Und dies nicht aus ästhetischen, sondern aus Sicherheitsgründen. Das Hoftheater ist ein Beispiel dafür, dass der Bühnenraum die Form des Dramas nicht dominiert, jedenfalls, was die Grenze zwischen Bühne und Zuschauern betrifft. In anderer Hinsicht freilich setzt das barocke Drama die Gegebenheiten der Hoftheater voraus. Besonders die Oper fordert den extensiven Einsatz einer Bühnenmaschinerie. Flugmaschinen für vom Himmel kommende Götter, Versenkungen im Boden, um Ungeheuer auftauchen zu lassen, vor allem aber Kulissen, die eine schnelle Verwandlung zulassen.

Trennung von Schauspielern und Zuschauern

Erst in der zweiten Hälfte des 18. Jahrhunderts beginnt sich die strikte Trennung zwischen Publikum und Bühne durchzusetzen. Die moderne Guckkastenbühne entsteht, die den Zuschauer auf seinem Sitzplatz festbannt. Die durch den Raum vorgegebene starre Trennung von Zuschauern und Schauspielern wird im 20. Jahrhundert zunehmend als problematisch empfunden und durch Rückgriff auf ältere Formen des Theaters ersetzt, wie im Falle des **Straßentheaters**.

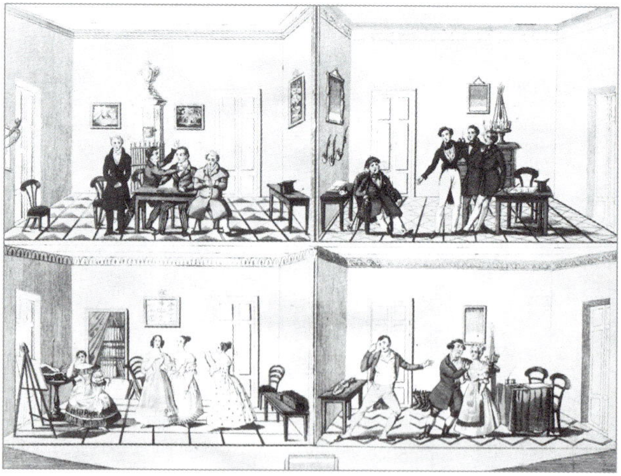

Abb. 4.3: Viergeteilte Bühne zu Nestroys *Das Haus der Temperamente* (Wiener Theaterzeitung 1838)

Möglichkeiten der Guckkastenbühne

Mit der traditionellen Guckkastenbühne lässt sich einiges an Raumexperimenten anstellen. Schon im 19. Jahrhundert präsentiert JOHANN NESTROY (1801–1862) in seiner Posse mit Gesang *Das Haus der Temperamente* (1837) eine zweistöckige Bühne, wobei jedes Stockwerk zwei Zimmer aufweist. So ergeben sich vier Zimmer, in denen vier Menschen wohnen, denen jeweils eines der vier Temperamente (cholerisch, phlegmatisch, melancholisch und sanguinisch) zugeordnet wird.

In NESTROYS Posse *Zu ebener Erde und erster Stock oder die Launen des Glücks* (1835) wird ebenfalls von der zweistöckigen Bühne Gebrauch gemacht. Im ersten Stock wohnt ein reicher Millionär, unten im Parterre ein armer Schlucker mit seiner vielköpfigen Familie. Beide Ebenen werden gleichzeitig bespielt, so dass die starken sozialen Kontraste deutlich werden. Auf diese Weise wird das Prinzip der Simultanbühne in die Guckkastenbühne integriert.
Ähnlich aufgebaut, aber komplexer, ist die Raumaufteilung der Bühne in ERNST TOLLERS (1893–1939) Stück *Hoppla, wir leben* (1927).

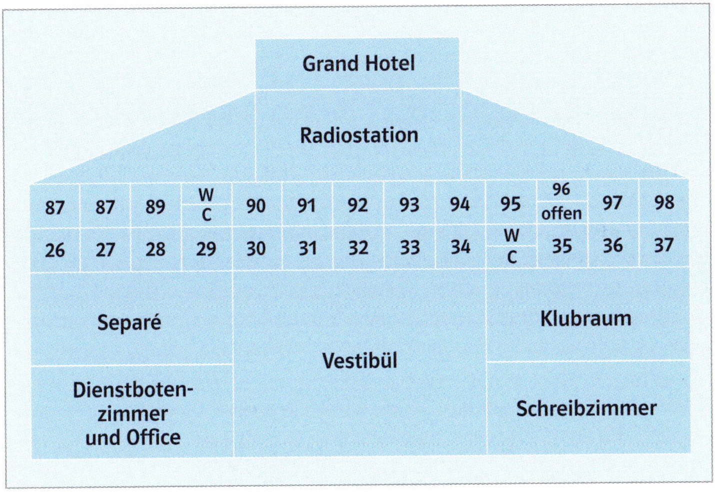

Abb. 4.4: Schema des Bühnenaufbaus für den 3. Akt von TOLLERS *Hoppla, wir leben*

TOLLERS *Hoppla, wir leben*

Es handelt sich um den Querschnitt durch ein großstädtisches Grand Hotel. Wir blicken in verschiedene Zimmer hinein. Ganz oben auf dem Dach befindet sich eine Radiostation, darunter dann zwei Stockwerke mit Apartments, wiederum darunter in der Mitte ein großer Speisesaal, links und rechts davon einzelne Zimmer. ERWIN PISCATOR (1893–1966), dessen Inszenierung 1927 für Furore sorgte, ließ für das Stück ein über elf Meter hohes Gerüst bauen. Dieses Gerüst bestand aus verschraubbaren Stahlrohren und war links und rechts über Treppen begehbar.

Es war auf Rädern montiert und konnte vor- und zurückgeschoben werden. Außerdem stand es auf einer Drehbühne, so dass es 360 Grad um die eigene Achse gedreht werden konnte. Die einzelnen Zimmer des Gerüstes waren mit Gazewänden verhängt und konnten sowohl von hinten und von vorne, aber auch von innen beleuchtet werden. Von hinten oder von vorne wurden Bilder oder Filme auf die Gazewände projiziert. Wurde die Innenbeleuchtung in den einzelnen Zimmern eingeschaltet, dann war diese so hell, das man die Photo- oder Filmprojektionen vor dem Zimmer nicht mehr wahrnahm. Wurde das Zimmer hingegen nur schwach erleuchtet, dann verschwammen das Innere des Zimmers und die projizierten Filmszenen (SCHWIND 1995).

3 Raum im Drama

Der Raum, wie er durch das Theatergebäude oder durch andere bauliche Gegebenheiten für die Aufführung bereitgestellt wird, bildet den einen Pol des Aufführungstextes. Der andere Pol entsteht durch den Raum, der durch den Theatertext entworfen wird. Der Raum des Aufführungstextes stellt meist eine Kombination aus den Möglichkeiten des Theaterraums und den Angaben des Theatertextes dar. Der Raum der Bühne mit dem Bühnenbild ist eines der Elemente im semiotischen System des Theaters. Der Raum ist nicht einfach nur da, sondern präsentiert sich immer als bedeutsamer, zeichenhafter Raum. Dabei spielt es keine Rolle, ob die Bühne leer ist oder vollgestellt mit Requisiten, ob die Bühne ein naturalistisch eingerichtetes Zimmer zeigt oder eine hochabstrakte Szenerie: Immer ist der Raum in seiner Beschaffenheit zeichenhaft.

Gattungstypische Räume

Bis in das 19. Jahrhundert hinein bestimmte die dramatische Gattung, der ein Drama zugehörte, auch weitgehend den im Drama entworfenen und geforderten Raum. Es gab gattungstypische Räume, deren Gestaltung sich am rhetorischen Prinzip des Decorums orientierte. Die Tragödie erforderte prächtige, architektonisch ausgestaltete Palastarchitekturen, die Komödie bürgerlich urbane Räume.

Ein frühes Beispiel vom Anfang des 16. Jahrhunderts mag die Forderungen des Decorums veranschaulichen. SEBASTIANO SERLIO (1475–1554), einer der wichtigsten Architekturtheoretiker und Architekten der Renaissance, schuf für die Gattungen Tragödie, Komödie und Hirtenspiel je einen idealtypischen Bühnenbildentwurf. Serlios Entwürfe fester Kulissen für Tragödie, Komödie und Hirtenspiel berücksichtigen die Bedingungen des Theaters seiner Zeit. Anfang des 16. Jahrhunderts waren die schon in der Antike verwendeten beweglichen Kulissen noch nicht wieder entdeckt. Das Bühnenbild konnte also nicht, wie bei späteren Theateraufführungen, in jeder Szene gewechselt werden, sondern musste das ganze Spiel über beibehalten werden.

Hirtenspiel | Komödie | Tragödie

Abb. 4.5: Sebastiano Serlio: Bühnenbildentwürfe für eine Tragödie, Komödie und ein Hirtenspiel

Die Ständeklausel (vgl. S. 25) wird bei Serlio architektonisch umgesetzt, wenn er für die Tragödie hohe Elemente wie antikisierende Säulen, Bögen und Giebel wählt und die perspektivische Konstruktion auf einen Triumphbogen und einen Obelisken zulaufen lässt. Sowohl das Zitat antiker Architektur wie auch die strenge Gliederung der Gebäude und der Einsatz hoher Elemente korrespondieren mit der Gattung Tragödie, die von Serlio wohl als antike Tragödie mit hohem Personal gedacht wird. Sein Bühnenbildentwurf für die Komödie zeigt hingegen eine perspektivisch auf eine Kirche zulaufende Straße mit weniger streng gegliederten mittelalterlich-neuzeitlichen Gebäuden, die Läden und Schenken enthalten. Dem entspricht die in der Gegenwart spielende Renaissance-Komödie mit städtischem, mittleren oder niederem Personal. Für das Hirtenspiel wählt Serlio eine ländliche Kulisse. Wir sehen einen nach hinten links verlaufenden Waldweg, gesäumt von hohen Bäumen. Im Wald befinden sich Holzhütten, die Wohnungen der Schäfer.

Raum im Drama ist zeichenhaft

Diese Zeichenhaftigkeit des Raumes gilt gleichermaßen für den Theater- wie für den Aufführungstext. Anhand zweier vermeintlich gegensätzlicher, aber recht ähnlich funktionierender Beispiele aus Theatertexten sei dies erläutert, zum einen an einem hochsymbolischen Raum aus einem barocken Trauerspiel, zum anderen an einem realistisch konzipierten Raum aus einem naturalistischen Schauspiel.

Der Raum bei Andreas Gryphius

Andreas Gryphius' Trauerspiel *Catharina von Georgien oder Bewährete Beständigkeit* (1657) eröffnet mit folgendem Bühnenbild:
„Der Schauplatz lieget voller Leichen-Bilder / Cronen / Zepter / Schwerdter etc. Vber dem Schau-Platz öffnet sich der Himmel / vnter dem Schau-Platz die Helle. Die Ewigkeit kommet von dem Himmel / vnd bleibet auff dem Schau-Platz stehen".
(Gryphius 1975, 13)

Abb. 4.6: „Die Ewigkeit kommet von dem Himmel": GRYPHIUS, *Catharina von Georgien*, Szenenkupfer von Johann Using, 1655

Schon in der Eröffnungsszene wird deutlich gemacht, dass der Schauplatz, das heißt die Welt, in der das Stück spielen wird, eine vertikale Ausdehnung aufweist. Es gibt ein Oben und ein Unten. Der Raum ist dreigeteilt, wie wir das vor allem von den spanischen Fronleichnamsstücken CALDERONS DE LA BARCA (1600–1681) her kennen. Diese Dreiteilung veranschaulicht räumlich die metaphysische Bezogenheit allen menschlichen Handelns. Der irdische Raum kann nicht für sich genommen Geltung beanspruchen, sondern bleibt auf Himmel und Hölle ausgerichtet. Wenn sich die Handlung des Trauerspiels dann vollzieht, sind Himmel und Hölle als Räume über und unter der Schaubühne zwar nicht mehr sichtbar, bleiben aber für den Zuschauer und die Hauptfigur Catherina als Bezugspunkte des Handelns präsent.

Raum als Sinnbild

Der zweite Aspekt nach der metaphysischen Dimensionierung des Raumes ist seine Symbolbeladenheit. Auf der Bühne verstreut liegen Leichen, Kronen, Szepter und Schwerter. Durch dieses Arrangement von **Sinnbildern** wird die Welt als Schauplatz der Handlung semantisiert. Sie ist nicht nur vertikal in ein metaphysisches Sinngefüge eingebunden, sondern zudem horizontal zeichenhaft besetzt. Der Schauplatz allen menschlichen Handelns ist ein Raum maximaler Vergänglichkeit (Vanitas). Die Herrscherattribute Krone und Szepter liegen am Boden, dic Herrscher sind gestürzt und besitzen keine Macht mehr. Die „Leichen-Bilder" gemahnen an die Vergänglichkeit des Menschen.

Emblematische Struktur

Dem Menschen und der Welt als Paradigmen für das Vergängliche schlechthin wird die Ewigkeit gegenüber gestellt. Vom Himmel kommend betritt die Ewigkeit als allegorische Figur die Bühne und kommentiert aus ihrer Sicht das Verhalten der Menschen. Was sie in ihrem Monolog beschreibt, ist nichts anderes als das, was das Bühnenbild mit seinen Mitteln veranschaulicht. Figurenrede und Bühnenbild ergänzen sich hier und erklären sich wechselseitig. Da sich ähnlich aufgebaute Bild-Text-Bezüge auch in der barocken Form des Emblems finden, spricht man von der **emblematischen Struktur der barocken Bühne** (vgl. SCHÖNE 1993).

Der Raum bei GERHARD HAUPTMANN

Während die barocken Dramen jeden Realismus vermeiden und den Höhepunkt einer virtuos eingesetzten Raumsymbolik darstellen, könnte man beim naturalistischen Theater zunächst vermuten, dass das Gegenteil der Fall sei. Das naturalistische Theater möchte ja gerade keine symbolischen, sondern realistische Räume auf die Bühne bringen. Dabei ist der Raum für die naturalistischen Dramatiker von besonderer Bedeutung, weil er neue Funktionen gegenüber dem Theater des Realismus zugewiesen bekommt. Der Raum verdeutlicht das Milieu, aus dem die Figuren stammen, er muss die Figuren und ihren Charakter motivieren und erklären. Da im naturalistischen Theater Monologe als unrealistisch abgelehnt werden, muss der Raum sprechen, wenn die Figuren schweigen. GERHART HAUPTMANNS (1862–1946) Drama *Vor Sonnenuntergang* (nicht zu verwechseln mit HAUPTMANNS erstem Drama *Vor Sonnenaufgang*!) aus dem Jahre 1932 setzt mit folgender Bühnenbildbeschreibung ein:
„Das Bibliotheks- und Arbeitszimmer des Geheimrats Matthias Clausen in dessen Stadthaus. Über dem Kamin links das Bildnis eines schönen jungen Mädchens, von Fritz August Kaulbach gemalt. An den Wänden bis zur Decke hinauf Bücher. In einer Ecke Bronzeabguß einer Büste des Kaisers Marc Aurel. Zwei gegenüberliegende Türen zu den übrigen Räumen stehen offen, ebenso die Flügel einer breiten Glastür vor einem steinernen Balkon in der Hinterwand. Einige große Globen stehen auf der Erde, auf einem der Tische ein Mikroskop. Hinter dem Balkon sind die Wipfel eines Parks sichtbar, von dort dringt Jazzmusik herauf. Heißer Julitag, mittags gegen ein Uhr." (HAUPTMANN 1996, 7).

Raum im naturalistischen Drama

Diese Bühnenbildbeschreibung enthält räumlich verknappt die ganze nachfolgende Tragödie. Im Arbeitszimmer spiegelt sich die Existenz von Geheimrat Clausen. Es ist wie ein Abbild von Clausens Psyche. Noch ist Clausen der Besitzer eines gutgehenden Verlagsunternehmens, mehr noch, er ist Gelehrter. Er verkörpert ein umfassendes Bildungsideal, wie es im Deutschland des 19. Jahrhunderts ausgeprägt worden war: eine Verbindung von Naturwissenschaft (darauf deuten die Globen und das Mikroskop) und Humanismus (darauf deutet die Marc-Aurel-Büste). Das 19. Jahrhundert ist außerdem durch ein Gemälde vertreten, das von Kaulbach, einem der berühmtesten Salonmaler seiner Zeit, gemalt worden ist. Das Bild, so erfahren wir später, stellt Clausens vor drei Jahren verstorbene Gattin dar, und zwar in jungen Jahren. Der alte Clausen besitzt ein Faible für junge Frauen. Im Stück verliebt er sich in die siebzehnjährige Inken Peters, eine aus der unteren Schicht stammende Kindergärtnerin, und möchte sie heiraten. Seine Familie – er hat vier Kinder aus erster Ehe – fürchtet um ihr Erbe und lässt den Vater daraufhin entmündigen. Der Geheimrat tötet sich, als er keinen Ausweg mehr sieht, durch Tabletten. Sein Freund, Professor Geiger, bringt dies in der Schlussszene mit Clausens Liebe für Marc Aurel in Verbindung: Der römische Stoiker hatte die Selbsttötung als Mittel, um die Freiheit zu wahren, propagiert. Die Marc-Aurel-Büste verweist also von Beginn an auf das tragische Ende des Stückes.

Innenraum und Außenraum

Während das Zimmer die Psyche des Geheimrats darstellt, bildet der Raum außerhalb des Zimmers die Außenwelt Clausens ab. Es sind in der Bühnenbeschreibung zwei Phänomene, durch die die Welt außerhalb des Zimmers charakterisiert wird, zum einen die Wipfel eines Parks, zum anderen die Jazzmusik. Der Park bzw. überhaupt die Natur sind Inken zugeordnet. Sie lebt mit ihrer Mutter und ihrem Onkel, der Gärtner ist, in einem Gartenhäuschen im Park von Schloss Broich, dem repräsentativen Landsitz von Clausen. Die von draußen eindringende Jazzmusik ist der erste konkrete Hinweis auf die Zeit der Handlung. Jazzmusik wird zur Signatur des Lebensgefühls der 20er Jahre, jener Zeit, in der das Drama spielt. Durch die Jazzmusik deutet sich ein Konflikt zwischen zwei Lebensformen an: Eine alte, umfassend gebildete Lebensweise des 19. Jahrhunderts steht einem neuen Lebensgefühl der 20er Jahre gegenüber, das in der Bühnenbeschreibung zum ersten Akt aber noch nicht näher profiliert wird.

Symbolkraft des naturalistischen Theaterraumes

Die Bühnenbildbeschreibung zum ersten Akt ist wie eine Miniatur angelegt, ist wie ein gründerzeitliches Wohnzimmer vollgestellt mit bedeutenden, und das meint auch bedeutsamen Dingen. Obwohl HAUPTMANNS Bühnenbildbeschreibung ganz der naturalistischen Konvention entspricht (das dargestellte Zimmer des Geheimrats Clausen könnte man sich ohne Schwierigkeiten als reales Arbeitszimmer denken), ist dieser Naturalismus doch so angelegt, dass er durch und durch symbolisch ist und damit wieder wie ein barockes Bühnenbild funktioniert. Auch bei HAUPTMANN ist der Raum vollkommen semantisiert. Die Marc-Aurel-Büste ist nicht nur ein dekorativer Kunstgegenstand, sondern so wie die zu Boden gefallenen Kronen bei Gryphius ein Symbol.

Raum im postdramatischen Theater

Wenden wir im Zusammenhang mit der Semantik von Räumen kurz einen Blick auf ein Theater, das vorgibt, einen bedeutungslosen Raum zu präsentieren. Dies ist gelegentlich beim postdramatischen Theater der Fall. In PETER HANDKES (1942) Sprechstück *Publikumsbeschimpfung* (1966) heißt es: „Die Bühne ist leer." Einer der vier Sprecher thematisiert

diese leere Bühne:
„Die Leere dieser Bühne ist kein Bild von einer anderen Leere. Die Leere dieser Bühne bedeutet nichts. Diese Bühne ist leer, weil Gegenstände uns im Weg wären. Sie ist leer, weil wir keine Gegenstände brauchen. Diese Bühne stellt nichts dar. Sie stellt keine andere Leere dar. Die Bühne **ist** leer." (HANDKE 1966, 18)

Bedeutung der leeren Bühne

Auch wenn die Sprecher beteuern, die Bühne bedeute nichts, verweise auf nichts, sei ein referenzloser leerer Raum, so ist auch dieser Raum semantisiert. Er hat in diesem Fall die Bedeutung, eine typische leere Bühne eines Sprechstückes zu sein, eines Sprechstückes, das radikal mit den Räumen des Illusionstheaters wie auch des epischen Theaters brechen möchte. Bei HANDKE wird die Bühne als leeres Behältnis für illusionserzeugende Theaterstücke gezeigt. Aber trotzdem bleibt sie als semantisierter leerer Raum, als Anti-Illusionsbühne bedeutsam. Es kann auf dem Theater keine nicht-semantisierten Räume geben. Jeder Raum bedeutet hier zwangsläufig etwas, weil auch eine leere Bühne während der Aufführung durch die Rahmung des Theaters zu einem bedeutsamen Raum wird.

4 Sichtbarer und vorgestellter Raum

DEFINITION

Das Wort ‚Theater' ist vom griechischen Wort „theatron" = ‚Schauplatz' hergeleitet und enthält das Wort „thea", ‚die Schau, das Anschauen'. Theater in der abendländischen Konzeption ist zunächst also wesentlich durch das Sehen, Zuschauen bestimmt.

Der Besucher soll tatsächlich eine Handlung sehen, und sie sich nicht lediglich vor seinem inneren Auge vorstellen. Dieses Anschauen bezieht sich im griechischen Theater vor allem auf die Handlung, nicht auf den Raum. Den Raum musste sich der Zuschauer bis zum 17. Jahrhundert in seiner Phantasie zur Handlung hinzudenken. Er bekam Stichpunkte geliefert durch die Raumbeschreibungen der Figurenreden, und diese Stichpunkte dienten dazu, den Raum vor dem inneren Auge des Zuschauers erstehen zu lassen. Erst die Illusionsbühne reduzierte die Imaginationsleistung des Zuschauers auf ein Minimum. Das moderne Regietheater wie auch das epische Theater haben die ältere Form des imaginierten Raumes wieder aufgegriffen.

Teichoskopie

Das Gegensatzpaar von sichtbarem und imaginiertem Raum gilt auch für die Figurenrede innerhalb eines Dramas. Im Spielkontext können diese Figuren einen Raum, bzw. eine Handlung in diesem Raum sehen und für die Zuschauer beschreiben, die diesen Raum bzw. diese Handlung nicht sehen. Dieses Phänomen kommt schon im griechischen Theater vor und wird **Teichoskopie** genannt. Wörtlich übersetzt bedeutet dies ‚Mauerschau'. Eine Figur berichtet, zum Bühnenhintergrund gewendet, von einer Mauer hinabblickend über ein Ereignis, das sich gerade vollzieht. Bühnentechnisch wurde die Teichoskopie vor allem dann eingesetzt, wenn Räume und die dazugehörigen Handlungen sich nicht auf der Bühne darstellen ließen, wie etwa Seeschlachten, oder aus ethischen Gründen nicht auf der Bühne dargestellt werden sollten, wie etwa Hinrichtungen. Wichtig in unserem Zusammenhang ist, dass mit der vorgestellten Handlung immer auch ein imaginierter Handlungsort mittransportiert wird.

Botenbericht

Mit der Teichoskopie verwandt ist der **Botenbericht**. Hier wie dort wird eine Handlung mit dem Handlungsraum imaginiert, nur ist beim Botenbericht die Handlung schon vergangen, während bei der Teichoskopie die Handlung gleichzeitig mit ihrer Beschreibung stattfindet.

Traum und Vision

Eine dritte Form von imaginiertem Raum neben Teichoskopie und Botenbericht bilden Traum und Vision. Eine Figur auf der Bühne gibt vor, einen Raum zu sehen bzw. gesehen zu haben, so zum Beispiel Franz Moor im 5. Akt von SCHILLERS *Räubern*, als er von seinem Traum berichtet: Der Traum, den Franz sich berichtend vergegenwärtigt, stellt nichts geringeres dar als eine Vision des Jüngsten Gerichtes. Vor dem inneren Auge der Zuschauer entsteht die Szenerie des Weltgerichts, wie wir sie von Gemälden der Frühen Neuzeit her kennen.

Mischungen

Die meisten Dramen präsentieren eine Mischung aus sichtbaren und nur mit der Einbildungskraft wahrnehmbaren Räumen. Während das Architekturtheater der Barockzeit oder das Illusionstheater des 19. Jahrhunderts mit Schauräumen operieren, die den Gesichtssinn derart fesseln, dass die Einbildungskraft im Moment des Schauens nicht aktiv zu werden braucht, sind andere Theaterkonzepte auf ein inneres Schauen angelegt: vor allem das Theater vor dem 17. Jahrhundert, aber auch das moderne Theater.

Funktion des imaginierten Raums

Im postdramatischen wie schon vorher im epischen Theater dient die Verweigerung eines Schauraumes allerdings nicht so sehr dazu, die Einbildungskraft des Zuschauers zu aktivieren, sondern eher dazu, dem Zuschauer eine distanzierte Haltung zu ermöglichen. Er soll nicht in den Raum der Handlung hineingezogen werden, sondern kritisch betrachtend draußen bleiben.

Körperraum

Im Mitspieltheater, etwa bestimmten Formen des Straßentheaters, entsteht der Raum nicht mehr durch die Imaginationsleistung des Zuschauers, sondern durch sein Handeln, sein Mitmachen. Es ist der Bewegungsraum des Körpers, wie er beim Sport oder beim Tanzen entsteht. Gerade das Straßentheater lebt nicht von einem imaginierten Raum. Der Zuschauer soll sich hier keinen Raum vorstellen, sondern den Raum durch sein eigenes Handeln, sein Mitmachen herstellen. Indem die Schauspieler tanzen, akrobatische Kunststücke vorführen oder aber nur Alltagshandlungen bewusst vorstellen, erzeugen sie den Raum der Bühne um sich her. Mit dieser Art von **Körperraum** greift das Straßentheater auf die Anfänge des Theaterspielens zurück. Raum wird hier, wie in bestimmten Richtungen der phänomenologischen Philosophie, an die Präsenz des Körpers gebunden. Der Körper räumt sich dem Raume ein, er erschafft sich den Raum. Handeln bedeutet immer auch Raum erschaffen. Wir sprechen von Spielräumen, die wir beim Handeln besitzen oder nicht besitzen.

1 Aufbau und Funktion der Handlung in der klassischen Dramentheorie

Die zentrale Rolle, die der Handlung im Drama zugeschrieben wird, lässt sich schon aus der Wortbedeutung ableiten.

DEFINITION

Das aus dem Griechischen stammende Wort „Drama" bedeutet ‚Tat, Handlung', vom Verb „dran", ‚etwas körperlich tun'. Die einzelnen Teile eines Dramas werden seit der römischen Antike ***Akte*** *genannt. Das Wort „Akt" leitet sich vom lateinischen „agere" her und bedeutet ‚handeln' oder ‚Handlung'. Im 17. Jahrhundert wird die Bezeichnung „Actus" durch „Handelung" übersetzt. Auch das deutsche Wort „Aufzug" steht in diesem Zusammenhang. Es meint nicht etwa das Aufziehen des Vorhangs – Theatervorhänge, die sich während der Vorstellung öffnen und schließen lassen, gibt es erst im 18. Jahrhundert – sondern beschreibt den (gemeinsamen) Aufzug der Schauspieler auf die Bühne.*

Handlung bei Aristoteles

Dass die Handlung als zentral für das Drama angesehen wird, geht auf Aristoteles' einflussreiche *Poetik* zurück. Aristoteles definiert die Tragödie zunächst über die Handlung:
„Die Tragödie ist die Nachahmung einer guten und in sich geschlossenen Handlung von bestimmter Größe." (Aristoteles 1982, 19)
Ausdrücklich betont Aristoteles, dass die Handlung der wichtigste Teil der Tragödie bzw. des Theaters sei. Ohne Handlung könne keine Tragödie zustande kommen, wohl aber ohne Charaktere. Aristoteles bezeichnet die in sich zusammenhängende abgeschlossene Handlung als **Mythos** und beschreibt dann genauer, was er sich unter einer Handlung vorstellt, indem er als Logiker die einzelnen Teile seiner Definition ihrerseits definiert:
„Wir haben festgestellt, daß die Tragödie die Nachahmung einer in sich geschlossenen ganzen Handlung ist, die eine bestimmte Größe hat. [...] Ein Ganzes ist, was Anfang, Mitte und Ende hat. Ein Anfang ist, was selbst nicht mit Notwendigkeit auf etwas anderes folgt, nach dem jedoch natürlicherweise etwas anderes eintritt oder entsteht. Ein Ende ist umgekehrt, was selbst natürlicherweise auf etwas anderes folgt [...] während nach ihm nichts anderes mehr eintritt. [...] Demzufolge dürfen Handlungen, wenn sie gut zusammengefügt sein sollen, nicht an beliebiger Stelle einsetzen noch an beliebiger Stelle enden, sondern sie müssen sich an die genannten Grundsätze halten." (Aristoteles 1982, 25)

Einheit der Handlung

Der erste Aspekt der Handlung betrifft ihre Geschlossenheit. Diese Forderung nach Geschlossenheit wird auch als **Einheit der Handlung** bezeichnet.

Der zweite Aspekt betrifft ihre Kausalität. ARISTOTELES fordert:
„Ferner müssen die Teile der Geschehnisse so zusammengefügt sein, daß sich das Ganze verändert und durcheinander gerät, wenn irgendein Teil umgestellt oder weggenommen wird. Denn was ohne sichtbare Folgen vorhanden sein oder fehlen kann, ist gar nicht ein Teil des Ganzen." (ARISTOTELES 1982, 29)
Die einzelnen Teile der Handlung dürfen demnach nicht episodisch sein, das heißt in sich abgeschlossen und damit unzusammenhängend, da sie sonst gegen die Forderung der Kausalität verstoßen würden. Eine Handlung ist dann episodisch, wenn „die Episoden weder nach der Wahrscheinlichkeit, noch nach der Notwendigkeit aufeinander folgen." (ARISTOTELES 1982, 35)

Einheit der Zeit

Da sich die Kausalität am besten nachvollziehen lässt, wenn die Handlung keine großen Zeitsprünge aufweist, fordert Aristoteles, die Handlung solle die Dauer eines Tages („einen Sonnenumlauf" S. 17) nach Möglichkeit nicht überschreiten. Diese Forderung wird als **Einheit der Zeit** bezeichnet.

Einheit des Ortes

Zusammen mit der bei ARISTOTELES nicht ausdrücklich geforderten **Einheit des Ortes** (vgl. Kap. 4) bildet die Einheit der Zeit eine wichtige Voraussetzung, um die Einheit der Handlung zu wahren. Die genannten Forderungen werden als die **drei Einheiten** des klassischen Dramas bezeichnet.

Peripetie und Anagnorisis

ARISTOTELES führt zwei weitere Begriffe ein, die in der Folge für den Aufbau der Handlung als notwendig erachtet wurden: **Peripetie** und **Anagnorisis**. Peripetie definiert er wie folgt:
„Die Peripetie ist [...] der Umschlag dessen, was erreicht werden soll, in das Gegenteil, und zwar wie wir soeben sagten, gemäß der Wahrscheinlichkeit oder mit Notwendigkeit. So tritt im *Ödipus* jemand auf, um Ödipus zu erfreuen und ihm die Furcht hinsichtlich seiner Mutter zu nehmen, indem er ihm mitteilt, wer er sei, und er erreicht damit das Gegenteil." (ARISTOTELES 1982, 35)
Die Anagnorisis oder Wiedererkennung ist nach ARISTOTELES ein Umschlagen von Unkenntnis in Kenntnis „mit der Folge, daß Freundschaft oder Feindschaft eintritt" (ARISTOTELES 1982, 35). Die Anagnorisis kann sich dabei auf Menschen oder Dinge beziehen. Es wird zum Beispiel ein verlorener Sohn wiedererkannt oder aber ein Messer, mit dem ein Mord begangen wurde. Auch das Erkennen eines Täters wird von Aristoteles als Anagnorisis bezeichnet, obwohl es ja kein Wiedererkennen im engeren Sinne darstellt. Er differenziert ferner zwischen einem einseitigen Wiedererkennen (der Vater erkennt den Sohn wieder) und einem wechselseitigen Wiedererkennen: Der Vater erkennt den Sohn und der Sohn erkennt den Vater wieder.

Einfluss der aristotelischen Poetik

Wie wirkungsmächtig ARISTOTELES' Bestimmung der Tragödie als Handlung war, sieht man auch daran, dass sich ein so genuin anti-aristotelisches Theaterkonzept wie BRECHTS episches Theater zumindest im Hinblick auf die Handlung mit ARISTOTELES einverstanden weiß. BRECHTS episches Theater verzichtet nicht auf die Handlung, ja meist sogar nicht einmal auf die Einheit der Handlung (vgl. Kapitel 9).

Theorie und Praxis

Die Vorstellungen, die ARISTOTELES von der Handlung entwickelt hat, waren im deutschen Sprachraum zunächst vor allem für die Dramentheorie wichtig. Erst ab dem 18. Jahrhundert versuchten dann auch deutsche Dramatiker, diese Theorie in die Praxis umzusetzen. Als einer der ersten gilt JOHANN CHRISTOPH GOTTSCHED mit seinem Trauerspiel *Sterbender Cato* (1732). Die französischen Klassiker wie JEAN RACINE (1639–1699) und PIERRE CORNEILLE (1606–1684) waren im 17. Jahrhundert mit ihren Bemühungen vorausgegangen und gewannen Vorbildfunktion für das deutsche Theater.

FRAGEN

Überprüfen Sie anhand des Sterbenden Cato, *ob* GOTTSCHED *die Forderungen des* ARISTOTELES *erfüllt! Achten Sie dabei vor allem auf die Einheit der Handlung! Gibt es Nebenhandlungen, die mit der Haupthandlung nur lose verbunden sind?*
Lässt sich der dramatische Konflikt wirklich aus der Handlung herleiten oder nicht doch eher aus dem Charakter der Hauptfigur?

Handlungsaufbau nach GUSTAV FREYTAG

ARISTOTELES' Konzept der Handlung in der Tragödie wurde im Lauf der Jahrhunderte immer wieder gedeutet und präzisiert. Einen dieser Präzisierungsversuche unternimmt GUSTAV FREYTAG (1816–1895) in seiner 1863 erschienenen Schrift *Die Technik des Dramas*. Man sollte dieses Buch nicht überschätzen. Es ist hauptsächlich in der Literaturwissenschaft, kaum jedoch von den Dramatikern rezipiert worden – ein typischer Fall von sich verselbständigender Dramentheorie. Wirksam für das Theater war *Die Technik des Dramas* allenfalls im 19. Jahrhundert. GUSTAV FREYTAG war dabei keineswegs ein bloßer Theoretiker, sondern hat selbst eine Reihe von Dramen geschrieben, unter denen das Lustspiel *Die Journalisten* von 1854 eines der erfolgreichsten Stücke des 19. Jahrhunderts war und auch heute noch lesenswert ist. Doch wie dem auch sei: FREYTAGS Abhandlung soll hier im Hinblick auf ihre Darstellung der Handlung kurz vorgestellt werden. Man erkennt, dass FREYTAG ARISTOTELES zugrunde legt und modifiziert.

Held und Gegenspieler

FREYTAG geht von einem **Antagonismus** aus, der jedes Drama bestimme. Es gibt einen Helden und seinen Gegenspieler. Der Gegenspieler startet eine Intrige, die die Pläne des Helden behindert oder sogar zu Fall bringt. FREYTAG postuliert für das Drama eine Zweiteilung, die durch den Höhepunkt in der Mitte des Dramas erzeugt wird:
„Diese Mitte, der Höhepunkt des Dramas, ist die wichtigste Stelle des Aufbaus, bis zu ihm steigt, von ihm ab fällt die Handlung." (FREYTAG 1863, 584)

Der Aufbau eines Dramas (FREYTAG versteht darunter vorab die Tragödie) soll folgendem Schema entsprechen:

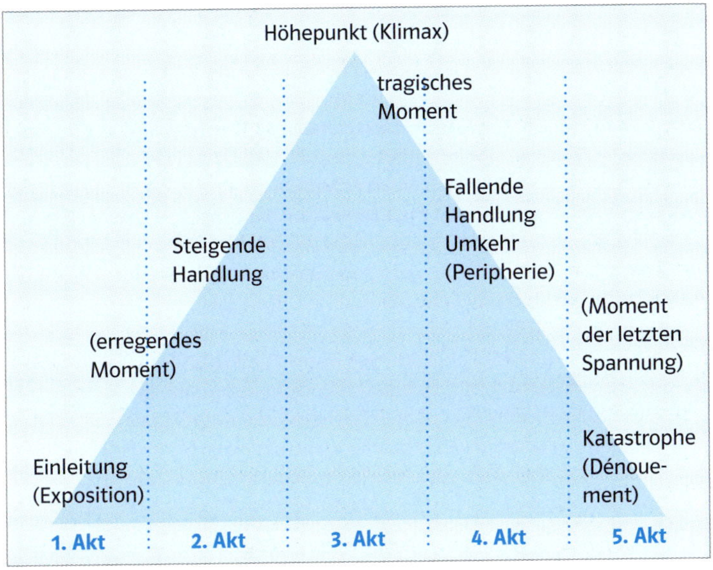

Abb. 5.1: Pyramidenform des Dramas nach GUSTAV FREYTAG

Teile des Dramas nach FREYTAG

Es ergibt sich auf diese Weise eine **Pyramidenform**, ein Fünfer- plus Dreier-Schema. Freytag spricht von den fünf Teilen und drei Stellen des Dramas: „Diese Teile des Dramas, a) Einleitung, b) Steigerung, c) Höhepunkt, d) Fall oder Umkehr, e) Katastrophe, haben jeder Besonderes in Zweck und Baueinrichtung. Zwischen ihnen stehen drei wichtige szenische Wirkungen, durch welche die fünf Teile sowohl geschieden als verbunden werden. Von diesen drei dramatischen Momenten steht eines, welches den Beginn der bewegten Handlung bezeichnet, zwischen Einleitung und Steigerung, das zweite, Beginn der Gegenwirkung, zwischen Höhepunkt und Umkehr, das dritte welches vor Eintritt der Katastrophe noch einmal zu steigern hat, zwischen Umkehr und Katastrophe. Sie [die drei dramatischen Momente] heißen das erregende Moment, das tragische Moment, das Moment der letzten Spannung." (FREYTAG 1863, 590)
Nach FREYTAG ist nur das erste Moment, das erregende Moment, für das Drama verpflichtend, die andern beiden zeitigen gute Wirkungen, sind aber nicht notwendig.

Höhepunkt

FREYTAGS Schema verlangt einen Höhepunkt in der Mitte des Dramas, von dem aus es mit dem Helden bergab geht, was man im umgangssprachlichen Sinne als Umkehr bezeichnen mag. Doch diese Umkehr hat nichts mit der aristotelischen Peripetie zu tun, es liegt hier kein Umschlag im Erkennen vor, der Held erkennt nicht im vermeintlich Guten nun den tatsächlich Bösen oder etwas Ähnliches. Peripetie und Umschlag der Handlung auf dem Höhepunkt sollten auseinander gehalten werden. Denn die Peripetie wird bei FREYTAG vom Höhepunkt deutlich geschieden. Die Peripetie im aristotelischen Sinne ereignet sich bei FREYTAG im vierten Akt des Dramas als **Umkehr**.

Zuordnung zu Akten

FREYTAG ordnet den fünf Teilen des Dramas die fünf Akte einer Tragödie zu: Der erste Akt enthält die **Einleitung (Exposition)**, im Griechischen auch **prótasis** genannt, mit dem **erregenden Moment**. Der zweite Akt (**epítasis**) enthält die **Steigerung**, der dritte das **tragische Moment**, der vierte die **Umkehr** (also die aristotelische Peripetie) und hinzutreten kann das Moment der **letzten Spannung** (**retardierendes Moment**). Der fünfte Akt schließlich bringt die **Katastrophe**, bzw. bei Komödien die glückliche Lösung.

Nebenhandlung muss der Haupthandlung dienen

FREYTAGS Modell ist einlinig, alles ist auf den Konflikt des Helden mit dem Antagonisten zugeschnitten. Jede Einzelszene muss daraufhin befragt werden, ob sie auf der Linie des Ganzen liegt. Wenn sie zu sehr davon abweicht, ist sie dysfunktional und das Drama entspricht nicht dem Ideal eines gut gebauten Dramas.

Beispiel *Kabale und Liebe*

Wenden wir nun das Schema FREYTAGS auf ein geeignetes Beispiel an, auf SCHILLERS Trauerspiel *Kabale und Liebe*. In der Exposition in Szene I,1 erfahren wir die Vorgeschichte. Ferdinand von Walther, der Sohn eines höfischen Beamten, hat vom Stadtmusikus Miller Flötenunterricht erhalten und sich dabei in Luise, die Tochter des Musikers, verliebt. Das erregende Moment entsteht dadurch, dass in Szene I,5 Ferdinands Vater plant, seinen Sohn mit Lady Milford zu verheiraten, einer ehemaligen Mätresse des Herzogs. Von Walter ist dem Herzog verpflichtet, da er auf nicht ganz legale Weise zu seinem Amt gekommen ist.

Die Handlungssteigerung vollzieht sich im zweiten Akt, als Ferdinand Lady Milford seine Liebe zu Luise gesteht, und der Präsident mit der Polizei beim Musikus Miller auftaucht, um ihn einzuschüchtern. Der Höhepunkt findet sich im dritten Akt. Musikus Miller wird verhaftet und Wurm, der Sekretär des Präsidenten, setzt seine Intrige in Gang. Er presst Luise einen falschen Liebesbrief an den Höfling von Kalb ab und damit beginnt das tragische Moment. Denn dieser falsche Liebesbrief wird, wie vom Intriganten Wurm gewünscht, zu so vielen Missverständnissen führen, dass das Liebespaar schließlich gemeinsam in den Tod geht. Im vierten Akt kommt es zur Peripetie im aristotelischen Sinne: Ferdinand liest den Brief, hält Luise für untreu und möchte sie töten. Der Umschlag betrifft hier also aus der Sicht Ferdinands seine Bewertung von Luise. Im fünften Akt haben wir zunächst ein Moment der letzten Spannung im Sinne eines retardierenden Moments, als Ferdinand sich mit dem Musiker Miller aussöhnt, bevor im tödlichen Finale das Liebespaar durch vergiftete Limonade stirbt. Die Aufklärung der Intrige kommt in einem Trauerspiel naturgemäß zu spät.

Klassischer Aufbau als Sonderfall

Eine derartige Handlungsführung, so wie sie ARISTOTELES und später dann GUSTAV FREYTAG für ein Drama fordern, stellt nun allerdings, wenn wir die Gesamtheit der Dramen vom Mittelalter an bis zur Gegenwart betrachten, eher einen Spezialfall dar. Das wird ein wenig verdeckt durch die Tatsache, dass viele kanonische Dramen, etwa von LESSING, GOETHE oder SCHILLER, sich einigermaßen diesem aristotelischen oder freytagschen Schema fügen. Doch schon GUSTAV FREYTAG musste zugeben, dass ein so berühmtes Beispiel wie GOETHES *Faust* keineswegs dem in der *Technik des Dramas* empfohlenen Aufbau folgt, was aber nicht, wie FREYTAG einsieht, gegen GOETHES Drama spricht. Es ist daher notwendig, den Aufbau eines Dramas im Sinne der klassischen Norm als einen **Spezialfall** zu verstehen, eine Sonderform, aber eben keinesfalls als unumstößliche Norm, die es zu erreichen und einzuhalten galt.

2 Geschlossene und offene Form im Drama

Alternatives Modell

VOLKER KLOTZ schlug 1960 ein alternatives Modell vor, das sich seither durchgesetzt hat, weil es differenzierter ist und nicht normativ vorgeht. In seiner Abhandlung *Geschlossene und offene Form im Drama* kennzeichnet KLOTZ den Dramenaufbau im Sinne ARISTOTELES' und FREYTAGS als geschlossene Form des Dramas. Die **geschlossene Form des Dramas** bildet das eine mögliche Extrem, das andere, ihm entgegengesetzte Extrem bezeichnet er als das **Drama der offenen Form**.

Mischungsverhältnisse

KLOTZ sieht in der offenen und der geschlossenen Form des Dramas allerdings keine sich ausschließenden Gegensätze, sondern betont, dass in den meisten Dramen eine Mischung beider Formmodelle vorliegt. Wir finden demnach in den meisten Dramen eine Mischung aus Elementen der geschlossenen und der offenen Dramenform, die in der folgenden Tabelle verglichen werden.

	Geschlossene Form	Offene Form
Allgemeine Merkmale	▶ Teile nur im Gefüge des Ganzen stimmig ▶ „Ausschnitt als Ganzes“ ▶ geschlossenes Weltbild	▶ Teile tendieren zur Selbständigkeit ▶ „das Ganze als Ausschnitt“ ▶ offenes, brüchiges Weltbild

	Geschlossene Form	Offene Form
Handlung	▶ Einheit der Handlung ▶ keine Episoden ▶ Nebenhandlungen müssen mit der Haupthandlung verbunden sein	▶ keine Einheit der Handlung ▶ mehrsträngige Handlungen ▶ Reigenstruktur ▶ Episodenhaftigkeit
Ort	Einheit des Ortes	▶ Vielzahl von Handlungsorten ▶ unzusammenhängend ▶ kontrastiv
Zeit	Einheit der Zeit	Zeitsprünge
Figuren	▶ tendenziell wenige Figuren ▶ auf Protagonisten zentriert ▶ Ständeklausel ▶ Figuren autonom	▶ Vielzahl von Figuren ▶ Figurengruppen ▶ Verzicht auf Protagonisten ▶ keine Ständeklausel ▶ Figuren determiniert
Sprache	▶ einheitliche Sprache, dem Decorum gemäß ▶ Tendenz zum Vers	▶ Vielfalt an Sprachen ▶ Dialekte ▶ Soziolekte ▶ Tendenz zur Prosa

Abb. 5.2: Merkmale der geschlossenen und offenen Dramenform nach Klotz

Handlung in der offenen Form

Wie der Tabelle zu entnehmen, unterscheiden sich die offene und die geschlossene Form des Dramas hinsichtlich verschiedener Parameter. Die folgenden Ausführungen konzentrieren sich auf die Handlung. Der aristotelischen Forderung nach der Einheit der Handlung wird im offenen Drama eine Vielfalt, eine Vielsträngigkeit der Handlung entgegengesetzt. Der Geschlossenheit die Unabgeschlossenheit, der Kausalität der Handlungsfolge eine Sprunghaftigkeit der Handlung oder eine lockere Szenenfolge, bei der die einzelnen Szenen nicht notwendigerweise aufeinander folgen müssen. Die Inkohärenz kann so weit gehen, dass wir die einzelnen Szenen vertauschen können, ohne dass die Handlung durcheinander gerät.

Beispiel Reigenstruktur

Eine Form der Handlungsorganisation, die der geschlossenen Handlungsführung diametral entgegengesetzt ist, ist die **Reigenstruktur**. Wir finden die Reigenstruktur schon in den frühen Fastnachtspielen aus der zweiten Hälfte des 15. Jahrhunderts und dann wieder in der ersten Hälfte des 20. Jahrhunderts. Unter den Nürnberger Fastnachtspielen ist der reigenartige Aufbau derart häufig anzutreffen, dass man in der Forschung von einem eigenen Typus spricht, dem **Reigen-Spiel**. Als Beispiel sei auf ein kurzes Stück von Hans Folz (1435/40–1513) verwiesen, *ein spil von narren*. In dem kurzen Stück treten dreizehn Männer auf, die alle ein Problem mit der Liebe haben. Sie treten einzeln vor Frau Venus hin und schildern in einem kurzen Monolog jeweils ihr Liebesproblem. Frau Venus hört sich die Klagen an, kann aber keinen der Liebhaber von seiner Narrheit lossprechen. Sie müssen alle Liebesnarren bleiben. Die dreizehn auftretenden Liebesnarren bilden dreizehn kleine Szenen, die von der Handlung her betrachtet nicht zusammenhängen. Sie könnten beliebig vertauscht werden, ja einzelne Szenen könnten wegfallen, ohne dass das Stück Schaden litte. Freilich besteht ein thematischer Bezug zwischen den einzelnen Szenen, eben die Liebesnarrenthematik, aber es gibt keinen Kausalnexus auf der Handlungsebene.

Beispiel Schnitzler

Diese Reigentechnik, man spricht auch von einem **Revuestil**, wird in der ersten Hälfte des 20. Jahrhunderts wieder sehr beliebt. Das bekannteste dieser Stücke, Arthur Schnitzlers (1862–1931) *Reigen* (1900), verweist im Titel schon auf seine Struktur: Es enthält zehn Szenen, die jeweils eine in sich abgeschlossene Handlung präsentieren, ein Paar jeweils vor und nach dem Geschlechtsakt, wobei eine Figur aus der vorhergehenden Szene auch in der nächsten erscheint. In der ersten Szene finden wir Dirne und Soldat, in der zweiten Soldat und Stubenmädchen, in der dritten Stubenmädchen und junger Herr, bis sich in der letzten Szene der Reigen schließt, wenn der Graf sich mit der Dirne aus der ersten Szene trifft.

Aufbau von Schnitzlers *Reigen*

Das Drama als Ganzes ist ein Einakter und weist keinen Spannungsbogen à la Freytag oder Aristoteles auf. Es ist statisch insofern, als sich zehnmal immer wieder das Gleiche wiederholt: Ein Mann wirbt um eine Frau, sie schlafen miteinander, sie trennen sich. Dass das Stück mit der Dirne und dem Soldaten beginnt, ist beliebig. Der Anfang wird als solcher nicht motiviert. Man könnte mit jeder der zehn Szenen beginnen, das Stück würde dadurch nicht zerstört werden. Schnitzlers *Reigen* weist also keinen Anfang, keine Mitte und kein Ende auf, so wie es Aristoteles forderte. Es gibt keine Spannungskurve, keinen Höhepunkt, keine Peripetie, keine Anagnorisis, jedenfalls nicht für das Stück als Ganzes. Die einzelnen Szenen, und das mutet wie eine Parodie auf die klassische Terminologie an, sind dagegen sehr wohl nach der aristotelisch-freytagschen Dramenrezeptur aufgebaut. Den Höhepunkt bildet jeweils der Geschlechtsakt, die Peripetie der Umschlag nach dem Geschlechtsverkehr. Die Sexualpartner werden sich fremd. Die vermeintliche Vertrautheit schlägt in maximale Distanz und Kälte um.

Parallelhandlungen

Eine weitere Möglichkeit der Handlungsführung beim Drama der offenen Form bildet die **Parallelhandlung**. Die Einheit der Handlung wird aufgegeben, aber nicht durch eine Vielzahl kleiner Handlungsepisoden ersetzt, sondern durch zwei oder mehr Handlungsstränge, die sich durch das ganze Drama hindurchziehen. Hier kann man allerdings schnell auf das Glatteis problematischer, weil sehr subtiler Differenzierungen geraten. Denn auch im Drama der geschlossenen Form darf es **Nebenhandlungen** geben. Eine solche Nebenhandlung muss aber deutlich der **Haupthandlung** untergeordnet und gleichzeitig mit der Haupthandlung unlöslich verbunden sein. Wann eine Handlung nicht mehr als Nebenhandlung bezeichnet werden kann, sondern zur Parallelhandlung wird, ist gelegentlich schwer zu entscheiden.

Beispiel *Die Soldaten*

Paradebeispiele für die offene Dramenform bilden GEORG BÜCHNERS (1813–1837) *Woyzeck* und JAKOB MICHAEL REINHOLD LENZ' (1751–1792) *Die Soldaten.* Beim *Woyzeck* haben wir allerdings das Problem, dass uns eine Endfassung des Dramas fehlt. Es liegen vier teilweise stark voneinander abweichende Fassungen vor, die aber als Vorstufen zu einer noch zu erarbeitenden Schlussfassung anzusehen sind. Diese Schlussfassung fehlt. Die ausgeprägte Episodenstruktur des Stückes ist eben auch ein Resultat der Überlieferungslage und nicht nur der poetologischen Konzeption. Deshalb werden hier *Die Soldaten* von LENZ als Beispiel für die offene Dramenform herangezogen.

Keine Haupthandlung in *Die Soldaten* von LENZ

In den *Soldaten* lässt sich zwar so etwas wie eine auf Hauptfiguren konzentrierte Haupthandlung der Komödie herauspräparieren, doch nur um den Preis, dass man wesentliche Strukturelemente des Stückes und seiner Aussage verfehlt. Wir haben zunächst eine Liebesgeschichte in Form einer Dreieckskonstellation: Marie, Stolzius, Baron Desportes. Desportes, der als Offizier in Lilles dient, macht Marie den Hof. Es gelingt ihm, Marie dem Stolzius auszuspannen. Marie gerät auf die schiefe Bahn, sie wird zur Prostituierten. Stolzius vergiftet Desportes aus Rache. Wenn man LENZENS Komödie so erzählt, könnte man zur Not noch ein geschlossenes Drama aus ihr machen. Freilich gibt es hier schon einige Details der Handlungsführung, die die geschlossene Form sprengen. So haben wir am Anfang einen permanenten Ortswechsel zwischen Armentiere und Lille, also zwischen der Stolzius-Handlung und der Marie-Handlung. Die beiden Figuren befinden sich in getrennten Räumen, obwohl die beiden Handlungsstränge, Marie- und Stolzius-Handlung, aufeinander bezogen bleiben. Wir haben ferner, als es darum geht, Maries gesellschaftlichen Abstieg zu schildern, ein kleines Stationendrama. Marie wird von einem Soldaten zum nächsten weitergereicht.

Weitere Handlungsstränge

Zusätzlich fügt nun LENZ der Marie-Handlung eine weitere Handlung hinzu. Eine Gräfin La Roche, deren Sohn sich in Marie verliebt hat, möchte diese vor dem gesellschaftlichen Untergang retten. Die Gräfin taucht ganz unvermittelt gegen Ende des dritten Aktes auf, was der geschlossenen Form widerspricht. Hier hätte sie in der Exposition des ersten Aktes schon eingeführt werden müssen, und sei es verdeckt. So aber wirkt ihr Auftreten wie das eines **Deus ex Machina**.

Kollektiv- und Privatstrang

Schon die bisher referierte Handlung der *Soldaten* enthält Aspekte, die sich nicht mehr der geschlossenen Form fügen. Nun gibt es einen weiteren Handlungsstrang oder besser Handlungskomplex, der die Geschlossenheit vollends sprengt. Zwischen die einzelnen Szenen der Marie-Stolzius-Desportes-Handlung sind Szenen eingelegt, die im Soldatenmilieu spielen. Hier treten keine Hauptfiguren mehr auf, sondern eine Vielzahl von gleichgeordneten Figuren. Wir finden keine klar konturierte Handlung mehr, sondern eine Abfolge von kleinen Aktionen, die meistens im Kaffeehaus oder im Freien spielen. VOLKER KLOTZ bezeichnet die Marie-Stolzius-Desportes-Handlung als **Privatstrang** und die Soldatenhandlung als **Kollektivstrang** der Handlung. Wir finden in den *Soldaten* also nicht nur zwei Handlungsstränge anstatt einem, sondern diese Handlungsstränge sind qualitativ verschieden. Auf der einen Seite den noch halbwegs linear geführten, sich der geschlossenen Form zumindest annähernden Privatstrang, auf der anderen Seite einen nicht-linearen, vollkommen offenen Kollektivstrang.

Komplementäre Handlungsstränge

Doch auch diese beiden so verschiedenartigen Handlungsstränge sind aufeinander bezogen. KLOTZ spricht von **komplementären Strängen**. Der Kollektivstrang erklärt, ja motiviert den Privatstrang. Auf der Handlungsebene sind beide Stränge insofern verflochten, als die Figuren des Privatstranges auch innerhalb des Kollektivstranges auftreten können.

TIPP

Fertigen Sie für jede Szene eines Dramas eine kurze Inhaltsangabe an (Tabellenform mit Seiten- oder Verszahlangaben). Sie sollte die wichtigsten Handlungsschritte und die in der Szene auftretenden Figuren enthalten. Bestimmen Sie dann, ob das Drama zur offenen oder geschlossenen Form tendiert.

Keine zeitlich-lineare Anordnung der Szenen

Betrachten wir einige weitere Unterschiede hinsichtlich der Handlungspräsentation zwischen offener und geschlossener Form des Dramas. Das geschlossene Drama tendiert zu einer linearen Handlungsführung. Seine Szenen sind in einem zeitlich-linearen Nacheinander angeordnet. Bei der offenen Dramenform können die einzelnen Szenen, auch wenn sie nacheinander auf der Bühne präsentiert werden, doch als zeitlich gleichzeitig gedacht werden. Wird eine Simultanbühne verwendet, dann können sie als gleichzeitiges Geschehen auf dem Theater präsentiert werden.

3 Die Bedeutung der Vorgeschichte für die Handlung

Funktion der Vorgeschichte

Auch im Hinblick auf die **Vorgeschichte** unterscheiden sich offene und geschlossene Dramenform. In der offenen Dramenform gibt es kaum Vorgeschichte, die in der Exposition eingeführt werden muss. Das offene Drama setzt sofort mit der Handlung ein, es muss keine Vorgeschichte nachholen. So beschränkt sich die Vorgeschichte in den *Soldaten* auf die

Liebesbeziehung zwischen Stolzius und Marie. Diese schon vor Dramenbeginn angebahnte Handlung ist mit einem Satz eingeführt. Komplizierter ist die Vorgeschichte bei einem zur geschlossenen Form tendierenden Drama wie SCHILLERS *Kabale und Liebe*. Hier muss nicht nur die Entstehung der Liebesgeschichte zwischen Ferdinand und Luise nachgeholt werden (das entspräche ja noch ungefähr der Situation in den *Soldaten*), sondern die ganze verworrene Lage am Hofe muss vermittelt werden. Etwa, dass der Fürst eine neue Frau zur Gattin genommen hat und seine Mätresse nun pro forma ablegen muss. Die Geschichte dieser Mätresse, Lady Milford, muss nachgetragen werden. Dafür reicht der erste Akt schon gar nicht mehr aus. Vor allem aber muss nachgetragen oder zumindest angedeutet werden, warum Ferdinands Vater dem Herzog so sehr verpflichtet ist, dass er unbedingt seinen Sohn mit Lady Milford verheiraten möchte. Hier gibt es also eine sehr verzweigte Vorgeschichte, die nach und nach enthüllt wird und die letztlich für die Katastrophe mit verantwortlich ist. Beim offenen Drama ist die Vorgeschichte, wenn es denn überhaupt eine gibt, unwesentlich, die Katastrophe wird nicht aus der Vorgeschichte heraus motiviert.

Analytisches Drama

Steht die Vorgeschichte im Zentrum und dreht sich das an die Vorgeschichte anknüpfende Drama um nichts anderes als die Erhellung dieser Vorgeschichte, dann spricht man von einem **analytischen Drama**. Ein analytisches Drama lässt sich mit einer Kriminalgeschichte vergleichen. Es geht um die Rekonstruktion eines in der Vergangenheit liegenden Ereignisses. Dies kann, muss aber nicht immer ein Verbrechen sein. Berühmte Beispiele für analytische Dramen sind der *Ödipus* des SOPHOKLES, geschrieben zwischen 429 und 425 v. Chr., und der *Zerbrochne Krug* aus dem Jahr 1806 von HEINRICH VON KLEIST. Das sogenannte **Schicksalsdrama** weist immer eine analytische Struktur auf: Es kreist um das Verbrechen eines Ahnen, das als Fluch in die Gegenwart fortwirkt, so etwa in FRANZ GRILLPARZERS (1791–1872) *Die Ahnfrau* (1817).

Synthetisches Drama

Den Gegenpol zum analytischen Drama stellt das **synthetische Drama** dar, das auch als **Zieldrama** bezeichnet wird. Beim synthetischen Drama, das oft, aber nicht notwendigerweise mit der offenen Dramenform verbunden ist, ist die Vorgeschichte nicht derart relevant wie bei einem analytischen Drama. Der Konflikt wird auf der Bühne entwickelt. In den *Soldaten* von LENZ, einem synthetischen Drama, bekommen die Zuschauer vorgeführt, wie das Soldatenmilieu notwendigerweise Männer produziert, die in der Frau nur die Prostituierte sehen. Die Ursache für den Untergang Maries liegt also nicht in der Vergangenheit, sondern wird in Verbindung mit ihrer Wirkung vor den Augen der Zuschauer entfaltet.

Story und Plot

Im Zusammenhang mit der Unterscheidung zwischen analytischem und **synthetischem Drama** sind drei Begriffe hilfreich. Zunächst die Unterscheidung zwischen **Story** und **Plot.** Unter Story wollen wir hier die einem Drama (aber auch einer Erzählung) zugrundeliegende, chronologisch geordnete Handlung verstehen, unter Plot die Art, wie diese Handlung auf der Bühne präsentiert wird. Zur Story gehört die ganze Vorgeschichte. Innerhalb des Plots wird die Vorgeschichte in narrativen Rückblenden nachgeholt.

Point of Attack

Den Einsatzpunkt der Handlung bezeichnet man als **Point of Attack**. Bei einem analytischen Drama liegt der Point of Attack sehr spät, bei einem synthetischen Drama sehr früh. So sind in LENZ' *Soldaten* Story und Plot fast deckungsgleich. Der Point of Attack befindet sich ganz am Anfang der Story. Vergleicht man diese Struktur mit KLEISTS *Zerbrochnem Krug*, so ergibt sich eine Umkehrung der Verhältnisse:

Chronologische Abfolge des Geschehens	Adam stellt Eve nach	Adam verschafft sich Zugang zu Eve (angeblich um Attest auszufüllen)	Ruprecht kommt hinzu, prügelt Adam hinaus	Dabei geht der Krug zu Bruch	Marthe Rull kommt hinzu, Eve sagt nichts	Marthe will gegen unbekannt klagen	Gerichtsverhandlung
		story					
Abfolge der Bühnenhandlung							↑ ← plot → point of attack

Abb. 5.3: Handlungsaufbau in KLEISTS *Der zerbrochne Krug*

4 Szenische Präsentation und narrative Vermittlung der Handlung

Formen der Präsentation von Handlung

Das Drama kennt zwei Verfahren, um die Handlung zu präsentieren, das der **szenischen Präsentation** und das der **narrativen Vermittlung**. Die szenische Präsentation führt den Zuschauern die Handlung direkt vor, die Zuschauer können sie mit den Sinnen wahrnehmen. Die narrative Vermittlung beschränkt sich auf die sprachliche Darbietung der Handlung. Bei der szenischen Vermittlung sind mehrere Zeichensysteme beteiligt, nicht nur das sprachliche Zeichensystem, sondern auch die körperlichen Zeichen, Bühnenbild etc. Die narrative Vermittlung bedient sich hingegen ausschließlich sprachlicher Zeichen. Die Vorgeschichte wird fast immer narrativ vermittelt. Gelegentlich können noch das Bühnenbild oder ein Requisit die Vermittlung der Vorgeschichte unterstützen, im Theater des 20. Jahrhunderts auch der Film. Typische Formen narrativer Vermittlung sind der **Botenbericht** und die **Teichoskopie** (vgl. Kapitel 4).

Unterschiede

Die szenische Vermittlung der Handlung läuft a-perspektivisch ab, denn das Publikum betrachtet die ihm präsentierte Handlung nicht aus der Perspektive einer Figur, sondern aus seiner übergeordneten Perspektive. Dagegen ist die narrative Vermittlung immer perspektiviert, weil wir das Erzählte aus der Perspektive der berichtenden Figur erfahren. Dabei können auch mehrere erzählende Figuren eingesetzt werden, deren Perspektiven bzw. Erzählungen nicht übereinstimmen müssen.

5 Drama ohne Handlung?

Beispiel aus dem 18. Jahrhundert

Nachdem die zentrale Rolle der Handlung für das Drama nun zur Genüge betont worden ist, stellt sich die Frage, ob es auch Dramen ohne Handlung gibt – Dramen also, die nicht nur handlungsarm sind, sondern für die die Kategorie der Handlung nicht relevant ist. Handlungsarme Dramen gab es schon immer, Theaterstücke etwa, die nur aus einem Monolog bestanden, wie im 18. Jahrhundert die Form des **Melodrams** oder **Monodramas**. Darunter versteht man halb- bis einstündige Stücke, bei denen ein Monolog im Zentrum steht, der von einem Schauspieler oder eine Schauspielerin deklamiert wird, gleichzeitig begleitet von Musik. Dialoge, wenn sie überhaupt vorkommen, sind von untergeordneter Bedeutung. So besteht etwa das Melodram *Ariadne auf Naxos* von Friedrich Wilhelm Gotter mit der Musik von Georg Anton Benda über weite Passagen aus einem Klagemonolog der Ariadne, die von ihrem geliebten Theseus auf einer einsamen Insel verlassen worden war. Die durch szenische Präsentation vermittelte Handlung ist hier gering. Ariadne steht und klagt, die narrativ vermittelte Handlung ist jedoch wesentlich umfangreicher. Immerhin wird die ganze Vorgeschichte der Liebe Ariadnes zu Theseus rekapituliert. Außerdem finden wir – worauf schon Lessing hinwies – eine innere, seelische Handlung, die wechselnden Affekte Trauer, Freude und Verzweiflung in der Psyche der Protagonistin.

Keine Handlung im postdramatischen Theater

Radikal mit der Dominanz der Handlung bricht erst das postdramatische Theater (vgl. Kapitel 10). Die meisten postdramatischen Theaterstücke weisen keine Handlung im aristotelischen oder freytagschen Sinne auf. Sie übernehmen auch nicht die Formen der Handlung aus dem offenen Drama. Es gibt entweder gar keine Handlung oder eine auf die elementare Theatersituation reduzierte Handlung, so etwa in PETER HANDKES Sprechstück *Publikumsbeschimpfung* von 1966. Der Text wird von vier Sprechern vorgetragen. Die Sprecher können sich die zu sprechenden Textpassagen selbst zuordnen. Der Text erörtert die Rolle des Publikums, das Publikum wird direkt als Publikum angesprochen, zum Schluss hin wegen seiner Passivität beschimpft. Die Handlung ist also vorrangig eine **Sprechhandlung**, ein von vier Sprechern vorgetragener Monolog an das Publikum.

Beispiel JELINEK

Noch radikaler präsentiert sich ELFRIEDE JELINEKS *Wolken.Heim*. Der Text trägt keine Gattungsbezeichnung. Er enthält kein Personenverzeichnis, keine Figuren, denen Figurenrede zugewiesen würde. Wer den Text liest, könnte ihn zunächst für einen erzählenden Text halten. Doch es ist auch keine Erzählung im klassischen Sinn, bei der eine Handlung im Zentrum des Erzählens stünde. Es ist eher ein nicht-linearer Essay, eine Collage aus Texten von HÖLDERLIN, HEGEL, HEIDEGGER, FICHTE, KLEIST und Briefen der RAF aus den Jahren 1973–1977. Die collagierten Zitate werden nicht als solche gekennzeichnet und gehen ineinander über. Die Zuschauer/Leser wissen zunächst einmal nicht, wann ULRIKE MEINHOF spricht und wann HEINRICH VON KLEIST. Durch die Zitatcollage entsteht keine Handlung. Die Zitate selbst sind vorwiegend abstrakt-reflektierender Natur. Philosophische Probleme, aber auch Probleme der Nation und des Nationalen werden erörtert, immer wieder unterbrochen von Naturbeschreibungen und Reflexionen über das Verhältnis der Deutschen zur Natur.

Deutungsaspekte

In *Wolken.Heim* treten keine handelnden Figuren auf, nicht einmal mehr sprachhandelnde Sprecher. Permanent wechseln die Personalpronomina, von „ich“ zu „ihr“, „wir“ und „sie“. So ergibt sich ein vollkommen entpersonalisierter Text ohne Handlung, der wie ein nicht an eine Person gebundener Bewusstseinsstrom wirkt. Es geht dabei auch um das Verhältnis der Philosophie zum Politischen. *Wolken.Heim* spielt durch den Titel auf das Wolkenkuckucksheim in ARISTOPHANES’ Komödie *Die Wolken* an, eine Komödie, in der Sokrates und seine Philosophie verspottet werden. Der Text entfaltet ein Motivgeflecht, in dem die Motive Heimat, Zuhausesein und Todsein miteinander kombiniert werden. Obwohl (oder gerade weil) im Text sehr oft vom Handeln gesprochen und politisches Handeln eingefordert wird, bleibt das Handeln im Stück selbst aus.

1 Zusammenhänge zwischen Ritual und Drama

Was sind Rituale?

Rituale stellen eine besondere Form von Handlung dar. Insofern führt dieses Kapitel das vorige Kapitel über die Handlung im Drama fort. Unter Ritual verstehen wir mit WOLFGANG BRAUNGART (1996, 74ff.) weder eine bloße Gewohnheit, noch ein angeborenes Verhalten, sondern
- eine Handlung, die wiederholt wird,
- die an die körperliche Präsenz der Teilnehmer gebunden ist,
- die inszeniert wird und auf sich selbst bezogen bleibt,
- die gruppenbildend wirkt und schließlich
- als Handlung im weitesten Sinne ästhetisch überhöht wird.

DEFINITION

*Rituale können an Institutionen gebunden und schriftlich festgelegt sein. Man nennt solche Rituale im weltlichen (politischen) Bereich **Zeremoniell**, im geistlichen Bereich **Ritus**.*

Bezug zwischen Ritual und Theater

Aufgrund dieser Definition ist vielleicht schon klar geworden, warum die Beziehungen zwischen Ritual und Theater so eng sind. Auch im Theater gibt es Handlungen, die wiederholt werden können. Diese Handlungen sind an die Präsenz der Schauspielerkörper gebunden, sie sind ästhetisch ausgezeichnet, das heißt, sie werden nachdrücklich vorgeführt und durch die Darbietung ästhetisiert. Theater und Ritual sind dabei in zweifacher Hinsicht verbunden:
- Die Theateraufführung ist in Rituale eingebettet, seien es solche eines Ritus, eines Zeremoniells oder eines Festes (**Theater innerhalb des Rituals**). Die Theateraufführung geht mit spezifischen Ritualen einher, die für eine Theateraufführung typisch sind (**Rituale des Theaters**).
- Das Theaterstück selbst verwendet Rituale bei der Gestaltung der Handlung (**Ritual innerhalb des Dramas**). Dabei kann das Drama entweder schon in der Gesellschaft vorhandene Rituale übernehmen oder es kann Rituale im Drama selbst aufbauen. Meist werden die im Drama verwendeten Rituale in kritischer Absicht eingesetzt und transformiert.

Entstehung des Theaters aus dem Ritus

Die Beziehungen zwischen Ritual und Drama sind von essentieller Art, denn das abendländische Theater ist – zweimal sogar – aus dem Ritus heraus entstanden. Zunächst, im Athen des 6. Jahrhunderts vor Christus, entwickelte sich das antike Theater aus dem Dionysos-Kult, dann, im 12. Jahrhundert, bildete sich das abendländische Theater neu aus der Osterliturgie.

Austauschprozesse

Zwischen den in einem Theaterstück verwendeten Ritualen und den Ritualen in der Gesellschaft bestehen Austauschbewegungen. Der schottische Ethnologe Victor Turner hat versucht, diese Austauschbewegungen in einem Schaubild zu verdeutlichen:

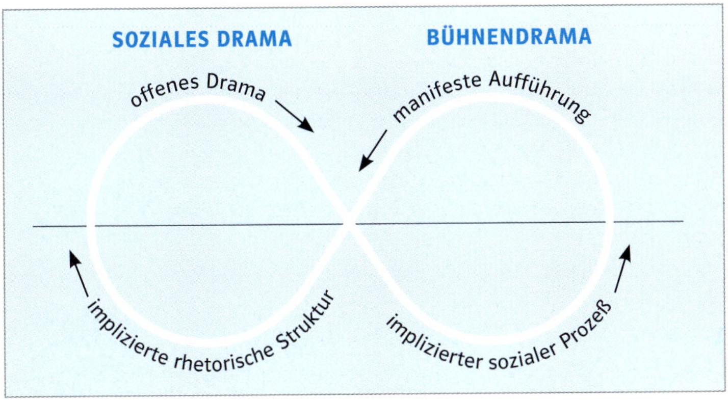

Abb. 6.1: Austauschprozesse zwischen Gesellschaft und Theater nach TURNER

Vier Schritte in TURNERS Modell

TURNER geht von einem expliziten (bewussten) und einem latenten (unbewussten) Austausch zwischen gesellschaftlichen und theatralen Ritualen aus. Die Rituale einer Gesellschaft formen die Rituale ihrer Dramen, die ihrer Dramen wiederum prägen die der Gesellschaft. Unter Ritual versteht TURNER dabei etwas anderes als BRAUNGART. Das Muster eines Rituals ist für ihn das sogenannte **soziale Drama.** Es besteht aus einer Sequenz von vier Schritten und läuft immer gleich ab. Wir haben zunächst einen **Bruch.** Ein Individuum oder eine Gruppe bricht mit bestimmten Regeln der Gesellschaft. Dadurch kommt es zweitens zur **Krise,** zu einem Konflikt zwischen der Gesellschaft und jenen, die den Bruch vollziehen. Drittens kommt es zur **Bewältigung,** d.h. die Krise wird beseitigt, und das führt viertens zum **positiven oder negativen Ende** für das Individuum oder die Gruppe, die die Krise hervorriefen. Diesem Viererschema und seinen Modifikationen folgen laut TURNER sowohl die Bühnen- wie die sozialen Dramen. Da der Aufbau des Rituals auf der Bühne und im sozialen Leben derselbe ist, kann sich ein fruchtbarer Austausch zwischen Bühne und sozialem Leben ergeben. Die Bühne kann so zum Experimentierfeld für das soziale Leben werden.

Unterschiede zwischen Ritual und Theater

Bei so vielen Gemeinsamkeiten zwischen Theater und Ritual stellt sich die Frage nach den Unterschieden. Meist wird bei der Beantwortung dieser Frage auf die unterschiedliche Funktion der Zuschauer verwiesen. Das Ritual kenne keine Zuschauer, sondern nur Teilnehmer, wohingegen das Theater neben den Teilnehmern (= Schauspielern) auch passive Zuschauer erfordere. Doch diese Unterscheidung vermag nicht zu überzeugen, denn das Theater bis ins 18. Jahrhundert und dann auch wieder das moderne Mitmachtheater fordern aktiv teilnehmende Zuschauer, die eine Gemeinschaft bilden. Ebenso lässt sich bei Ritualen auch eine

Zuschauerposition denken. Wir können als Außenstehende den Ritus eines Gottesdienstes beobachten, wobei Abstufungen vom völligen Unglauben über den starken Zweifel bis hin zu leichter Skepsis möglich sind.

Rahmen

Die Rituale außerhalb des Theaters sind von den Ritualen des Theaters und von denen im Drama vor allem aufgrund ihrer unterschiedlichen Rahmung unterscheidbar, nicht schon aufgrund formaler Merkmale. Die Rahmung bewirkt, dass die meisten Rituale außerhalb des Theaters stärkere Konsequenzen für das Leben der Ritualteilnehmer haben.

2 Drama innerhalb des Rituals

1 Entstehung des geistlichen Spiels aus der Osterliturgie

Theaterpotential der Messfeier

Das Musterbeispiel für ein Drama im Handlungsgefüge eines Rituals bildet die Wiedergeburt des abendländischen Dramas aus dem Ritus der katholischen Messfeier. Die Messfeier ist nach christlichem Verständnis der Nachvollzug des Leidens Christi. Sie ist eine Wiederholung des letzten Abendmahls, das Christus mit seinen Jüngern gefeiert hat, bevor er gekreuzigt wurde. Der Gottesdienst, mit der Wandlung von Brot und Wein und dem gemeinsamen Abendmahl aller Gottesdienstbesucher, ist nach christlichem Verständnis ein Gedächtnisakt, der das Wirken und vor allem die Passion Christi vergegenwärtigen soll. Nach protestantischem Verständnis eine symbolische, nach katholischem Verständnis – und dieses Verständnis war für das Mittelalter maßgeblich – eine reale Präsenz: Christus ist in der Messfeier in Brot und Wein anwesend.
Bereits im 9. Jahrhundert versuchten Autoren, diese partielle Parallele zwischen Messfeier und Leben Christi, die durch den Nachvollzug des Abendmahls gegeben war, auszudehnen auf die ganze Messe bzw. das ganze Leben Christi. Mittels des im Mittelalter beliebten Verfahrens der Allegorese deutete der um 850 gestorbene Amalar von Metz die Messe als Darstellung des Lebens Christi. Eine Darstellung des Lebens Christi durch den Priester – damit ist im Grunde der Kern der theatralen Situation gegeben. A spielt B vor Z. Diese implizite Theatralität der Messe blieb auch den mittelalterlichen Menschen nicht verborgen.

Osterfeier

Von besonderem Interesse für die Frage nach der Wiedergeburt des Theaters aus dem Ritus ist die Osterfeier, die Feier der Auferstehung Christi. Auch für dieses Fest gab es einen besonderen Ablauf des Gottesdienstes, eine besondere Liturgie, die das Auferstehungsgeschehen, so wie es in der Bibel berichtet wird, nachzuvollziehen trachtet. In der Osterliturgie wurden bestimmte Antiphonen (Wechselgesänge) gesungen. Eine davon lautet:

Quem queritis in sepulcro, christicolae?	*Wen sucht ihr, o Christgläubige?*
Ihesum nazarenum cruzifixum, o coelicolae.	*Jesus von Nazareth, den Gekreuzigten, o ihr Himmlischen.*
Non est hic, surrexit, sicut predixerat.	*Er ist nicht hier: auferstanden ist er, wie er es vorausgesagt*
Ite, nunciate, quia surrexit de sepulcro.	*Geht und berichtet, dass er auferstanden ist vom Grabe.*

Diese Oster-Antiphon ist wohl im 10. Jahrhundert entstanden. Offensichtlich handelt es sich hier um einen Dialog. Jemand fragt, ein anderer gibt Antwort. Der Dialog schließt mit der Aufforderung, ein vorgefallenes Ereignis allen zu berichten. Bei diesem Text handelt es sich um eine Dramatisierung des Evangelienberichtes von der Auferstehung Christi, wobei die zentrale Stelle des Evangelienberichtes von dem unbekannten Textdichter aufgegriffen wurde: Jene Textpassage, in der die drei Marien auf das leere Grab treffen und anstelle des Leichnams Christi einen Engel finden, der ihnen die Auferstehung verkündigt. Diese Stelle, den Kern der Auferstehungsbotschaft, hat der Dichter zu Frage und Antwort dialogisiert. In der antiphonischen Darbietung des Textes wechseln sich Vorsänger und Chor oder aber zwei Chöre miteinander ab, die antiphonische Darbietung des Textes verstärkt noch seinen Dialogcharakter.

Szenische Darstellung

Zur dialogischen Struktur tritt nun die szenische Aktion hinzu. Sie ist erstmals in englischen Quellen aus der zweiten Hälfte des 10. Jahrhunderts belegt, liturgischen Quellen, in denen der Verlauf der Messfeier geregelt wird. Die Priester spielen und singen die Antiphon mit verteilten Rollen, bewegen sich im Kirchenraum, verwenden Requisiten, vollführen eine szenische Aktion.

Ausweitung

Gleichwohl bleibt dieses „Theater" als liturgische Osterfeier in den Gottesdienst eingebunden, es handelt sich noch nicht um ein außerliturgisches Theater und ist daher noch ganz Ritus. Im Laufe der Zeit erfährt die Quem-Queritis-Szene, die als **Visitatio** bezeichnet wird, innerhalb des gottesdienstlichen Rahmens eine Erweiterung. Sie wird durch weitere Szenen im Zusammenhang mit der biblischen Auferstehungsgeschichte angereichert, bis schließlich ein eigenständiges, mit nichtliturgischen und außerbiblischen Elementen ausgestattetes Spiel entsteht.

Funktion des geistlichen Spiels

Die Forschung zusammenfassend lässt sich sagen, dass im geistlichen Spiel das christliche Heilsgeschehen konkretisiert wird. Die Heilsgeschichte wird durch Schauspieler verkörperlicht, das heißt, ihrer Abstraktheit entrissen und in die alltägliche Welt der Zuschauer versetzt. Sie wird auch räumlich aus der sakralen Sphäre herausgerückt. Aus dem durch den Lettner abgeschlossenen Altarraum in das Hauptschiff, wo die Gemeinde sich aufhält, und in späteren Jahrhunderten aus dem Kirchengebäude hinaus, auf den Platz vor der Kirche.

Die für das Osterspiel beschriebene Bewegung findet sich später bei allen großen kirchlichen Festen: Es entstehen Weihnachtsspiele, Dreikönigsspiele, später auch Fronleichnamsspiele. Doch das so entstandene Theater wird dadurch nicht ritualfrei. Es lagern sich neue, teilweise weltliche Rituale an, wie etwa der Verkauf von Waren in der **Krämerszene**. Aber es können auch geistliche Riten aus dem Gottesdienst in das nunmehr im weltlichen Raum spielende Theater übernommen werden. Es liegen **Austauschprozesse** vor. Geistliche Rituale werden aus dem Ritus des Gottesdienstes in das Theater übernommen, weltliche Rituale werden ebenfalls in das Theater integriert. Man bezeichnet diese Prozesse in der Forschung als **De-Ritualisierung** und **Re-Ritualisierung** (vgl. Quast 2005).

2 De-Ritualisierung und Re-Ritualisierung

Trennung von Ritus und Spiel

Es scheint einiges dafür zu sprechen, dass im Laufe des 15. und 16. Jahrhunderts die Grenze zwischen alltäglichen Symbolhandlungen (auch religiösen Handlungen) und Theaterspiel deutlicher markiert wird. In Halberstadt, einer Stadt am Fuße des Harzes, gab es wohl seit dem Mittelalter den Brauch, in der Fastenzeit einen Freiwilligen zu wählen, der dann Adam genannt wurde. Dieser Adam wurde am Aschermittwoch mit Ruten aus dem Dom getrieben, musste fasten und andere Bußübungen vollziehen und wurde am Gründonnerstag wieder in die Gemeinde integriert. Dieser halbliturgische Brauch ist zunächst kein Theater. Der Freiwillige hatte tatsächlich etwas verbrochen und konnte auf diese Weise für sein Vergehen büßen. Im Verlauf des 16. Jahrhunderts lässt sich nun eine zunehmende Theatralisierung dieses Brauchs beobachten. Aus dem Sünder wird ein Schauspieler, der für seine Leistung bezahlt wird, eine bestimmte kostbare Kleidung tragen darf, so dass die Bußhandlung zu einer rein symbolischen Handlung wird. Er leistet keine echte Buße mehr. A verkörpert nun tatsächlich B, aber er ist nicht B. Herzog Heinrich Julius verbietet als Landesherr den Brauch dann 1591 endgültig, nachdem er massiv in die reformatorische Kritik geraten war (vgl. Kotte 1994, 32).

Weltliches Theater

Bis zum 16. Jahrhundert hin trennen sich kirchlicher Ritus und Theater immer mehr, so dass zwei deutlich voneinander zu unterscheidende soziale Bereiche mit je verschiedenen Rahmungen erkennbar werden. Die geistlichen Spiele verschwinden vor allem im protestantischen Raum ganz und werden durch weltliches, nicht an den Gottesdienst gebundenes Theater ersetzt (De-Ritualisierung). Gleichzeitig findet jedoch eine Aufladung der nunmehr nicht-liturgischen Spiele mit Ritualen statt (Re-Ritualisierung). Diese Re-Ritualisierung umfasst dabei nicht nur weltliche Rituale, die in das Theater übernommen werden, sondern meint vorab geistliche, also liturgische Rituale. Das können auch antike Riten sein, die in die Dramen eingebaut werden, etwa Tempel- und Opferungsszenen.

Re-Ritualisierung im 19. Jahrhundert

Die Re-Ritualisierung des Dramas durch christliche Riten findet sich verstärkt wieder seit dem 19. Jahrhundert. Die Religion hatte seit der Aufklärung zumindest in intellektuellen Kreisen an Bedeutung verloren und begann, durch die Kunst ersetzt zu werden (Kunstreligion). Gleichwohl übte gerade der rituelle Aspekt der Religion immer noch eine faszinierende Wirkung auf die Künstler aus, so dass die Kunstreligion Züge des alten Ritus übernahm. Das schlagendste Beispiel hierfür ist RICHARD WAGNERS (1813–1883) Bühnenweihfestspiel *Parsifal*, das 1882 in Bayreuth uraufgeführt worden ist. Analysiert man dieses Musikdrama auf seinen rituellen Gehalt hin, dann erweist sich das Werk als eine gewaltige Montage von Ritualen. Am Ende des ersten und des dritten Aufzugs finden wir eine große Eucharistie-Szene, bei der die katholische Eucharistie, die Verwandlung von Brot und Wein während des Gottesdienstes in das Fleisch und Blut Christi, umgestaltend nachgeahmt wird. Parsifal als Erlöser tritt an die Stelle Christi. Die Musik zu diesen Abendmahlsszenen imitiert den Palestrina-Stil, also jenen Stil der Kirchenmusik, der von dem gleichnamigen Komponisten im 16. Jahrhundert für die katholische Liturgie entwickelt worden war. Aber auch jenseits der Eucharistiefeier werden permanent Rituale aus dem kirchlichen Bereich entnommen und in das nichtliturgische Geschehen des Musikdramas eingebaut, so etwa der Taufritus.

Beispiel Bayreuth

RICHARD WAGNER hat sein Festspielhaus in Bayreuth dem Konzept eines Wallfahrtsheiligtums gemäß angelegt. So, wie die Pilger zu den religiösen Wallfahrtsstätten der Christenheit pilgern, um religiöses Heil zu empfangen, so sollen die Kunstgläubigen nach Bayreuth pilgern, um das Heil durch die Kunst zu empfangen.

Re-Ritualisierung im Theater des 20. Jahrhunderts

Man kann daher sagen, dass im späten 19. und dann im 20. Jahrhundert der zunehmenden Säkularisierung der modernen Gesellschaft unter anderem durch eine Re-Ritualisierung der Künste und des Theaters begegnet wird. Dies lässt sich im Theater der 20er Jahre des 20. Jahrhunderts zeigen. Es ist auffällig, dass sich diese Re-Ritualisierung sowohl im konservativ-katholischen Lager, wie auch im linken Lager des Arbeiter-Theaters findet. Die Bemühungen des katholischen Lagers um eine Re-Ritualisierung des Theaters sind heute noch bekannt und wirksam, vor allem die Salzburger Festspiele, die von HUGO VON HOFMANNSTHAL Anfang der 20er Jahre ins Leben gerufen wurden, um die alte katholisch-österreichische Theatertradition zu reaktivieren. HOFMANNSTHAL imitiert dabei mittelalterliche Theaterformen und Rituale. Sein *Jedermann*-Spiel etwa nimmt nicht nur vom Inhalt her die frühneuzeitliche Everyman-Thematik wieder auf, sondern es werden auch mit der Art der Darbietung auf dem Platz vor dem Dom mittelalterliche Theaterverhältnisse imitiert. Ein anderes Stück, das sogenannte *Salzburger große Welttheater*, wird sogar innerhalb eines Kirchengebäudes uraufgeführt. Hier geht die Re-Ritualisierung noch weiter, wenn auch nicht so weit, dass die Aufführung innerhalb eines Gottesdienstes stattfände. Neben HOFMANNSTHAL gibt es noch eine Reihe von anderen Dichtern, die heute vergessen sind, aber in den 20er bis 50er Jahren an diesem Versuch einer Re-Ritualisierung des Theaters mitwirkten.

3 Drama innerhalb des Zeremoniells

Theater Bestandteil von Zeremoniellen

Die Einbindung des Theaters in den Ritus ist die eine Möglichkeit, Theater in rituelle Strukturen zu integrieren. Die zweite Möglichkeit bietet das **Zeremoniell**. Besonders seit dem 16. Jahrhundert werden Theateraufführungen in das Leben an den Fürstenhöfen integriert. Der Theaterbesuch bildet dabei einen Bestandteil des höfischen Zeremoniells. Das Zeremoniell ist schriftlich festgelegt und regelt die Verhaltensabläufe an einem Hof wie auch zwischen den einzelnen Höfen. Besonders Feste wie Hochzeiten, Taufen oder Friedensschlüsse werden von Theateraufführungen meist des Musiktheaters begleitet. Zeremoniell geregelt ist dabei auch das Verhalten im Theater während der Vorstellung, wobei die Verteilung der Sitzplätze der Rangordnung der Besucher folgt.

3 Rituale des Theaters

Theaterbesuch als Ritual

Doch auch nach der weitgehenden Zurückdrängung des Zeremoniells spätestens nach dem Untergang des Kaiserreichs 1918 bleibt der Theaterbesuch mit Ritualen verbunden. Im Theater wird ein bestimmtes Verhalten von den Zuschauern erwartet, ein Verhalten, das selbst wieder zum Thema eines Dramas werden kann (Rituale des Theaters).

HANDKES Publikumsbeschimpfung

Verschiedene Rituale begleiten auch heute noch den Besuch zumindest eines gehobenen Theaters, etwa einer Oper. Unser Handeln bei einem solchen Theaterbesuch ist nicht vollkommen individuell und in unser Belieben gestellt, sondern wird durch Rituale geregelt. Mit dem Verhalten des Publikums bei einer Theateraufführung beschäftigt sich das 1966 uraufgeführte Sprechstück *Publikumsbeschimpfung* von PETER HANDKE. Die Gattungsbezeichnung „Sprechstück", die HANDKE damals häufiger verwandte, weist auf eine bestimmte Form von Anti-Theater, es geht um die Ablehnung des traditionellen Illusionstheaters, aber auch um die Ablehnung des epischen Theaters.

Rituale des Theaterbesuchs

Das Stück beginnt schon, bevor der Vorhang sich hebt. Im Zuschauerraum und im Foyer wird das rituelle Rahmenprogramm einer Aufführung zum Thema. Alles ist so wie sonst, aber alle Handlungen sind besonders deutlich als Rituale herausgestellt. In der Regieanweisung heißt es etwa:
„Die Platzanweiser vervollkommnen noch ihre gewohnte Beflissenheit, bewegen sich noch formeller und zeremonieller, dämpfen ihr Flüstern

noch stilvoller. [...] Die Gebärden der Platzanweiser, die die Türen nun schließen, sind besonders gravitätisch und auffallend." (Handke 1966, 11)
Die Platzanweiser üben also nicht nur eine Funktion aus – was allein noch kein Ritual wäre, sondern funktionales Handeln –, sie stellen vielmehr dieses Handeln selbstreflexiv zur Schau. Neben der Funktion, dem Zuschauer einen Platz zu zeigen, verweist das Handeln auf sich selbst und ist somit, weil es ja oft wiederholt wird, ein Ritual. Das Stück selbst besteht aus einer langen Ansprache direkt an das Publikum, einer Ansprache, die auf vier Sprecher aufgeteilt ist. Zunächst wird vor allem thematisiert, was das Publikum erwartet, jedoch nicht geboten bekommt:
„Hier wird nicht dem Theater gegeben, was des Theaters ist. Hier kommen Sie nicht auf ihre Rechnung. Ihre Schaulust bleibt ungestillt. Es wird kein Funken von uns zu ihnen überspringen. Es wird nicht knistern vor Spannung. Diese Bretter bedeuten keine Welt. Sie gehören zur Welt." (Handke 1966, 18)
Dann geht die Ansprache zunehmend dazu über, das Verhalten des Publikums im Theater und vor dem Theaterbesuch zu thematisieren. Das Verhalten des Publikums wird zum eigentlichen Thema des Stückes:
„Sie sind das Thema. Dieses Stück ist die Vorrede zum Thema. Es ist die Vorrede zu ihren Sitten und Gebräuchen. Es ist die Vorrede zu ihren Handlungen. Es ist die Vorrede zu ihrer Tatenlosigkeit." (Handke 1966, 42)
Gerade im Zuschauerraum ist das Verhalten des Publikums zumindest bei einem traditionellen Theaterstück streng ritualisiert. Deswegen sind ausdrückliche Verbote gar nicht notwendig. Es ist zum Beispiel anders als im Kino nicht üblich, während der Aufführung zu essen und zu trinken, sich zu unterhalten oder zu telefonieren. Ritualisiert ist der Beifall durch Klatschen oder Bravo-Rufen, ritualisiert ist aber auch der Protest, das Buh-Rufen oder das Verlassen des Saals während der Aufführung unter lautem Türenknallen.

Kritik an der passiven Rolle des Zuschauers

Alles in allem ergibt sich durch die starke Ritualisierung eine sehr passive Haltung des Zuschauers. Der Zuschauer, das ist die Pointe von Handkes Stück, übt durch diese passive Haltung ein passives Verhalten ein, das gerade im politischen Bereich fehl am Platze ist. In der *Publikumsbeschimpfung* wird diese durch Rituale festgesetzte Passivität des Zuschauers auf die Spitze getrieben. Auch wenn das Stück keine Handlung im traditionellen Sinn aufweist, so gehorcht es doch einer Dramaturgie. Die Ansprache an das Publikum steigert sich affektiv immer mehr und geht zum Schluss in eine offene Beschimpfung über. „Dadurch, daß Sie beschimpft werden, wird ihre Bewegungslosigkeit und Erstarrung endlich am Platz erscheinen" (Handke 1966, 44).
Handkes Stück ist kein Mitmachtheater. Das Publikum wird auf seine ritualisierte Rolle festgelegt und dadurch wird seine Ohnmacht offenbar. Das Stück endet damit, dass von der Bühne her über einen Lautsprecher tosender Beifall eingespielt wird, ganz gleich, wie das anwesende Publi-

kum sich verhält. Diese Umkehrung meint zum einen, dass das Publikum als Hauptakteur für sein passives Verhalten Beifall gespendet bekommt, es meint aber zum andern, dass so der letzte Schritt hin zur völligen Entmündigung des Publikums vollzogen wird. Es darf nicht einmal mehr Beifall spenden.

Rituelle Strukturen der Sprache

HANDKES *Publikumsbeschimpfung* übt **Ritualkritik**, Kritik an den die Theateraufführung begleitenden Ritualen. Diese Kritik kleidet sich allerdings selbst wieder in die Form von Ritualen, zumindest in Sprachrituale. Der gesprochene Text arbeitet sehr stark mit Wiederholungen, meist in Form anaphorischer Satzkonstruktionen: „Sie haben sich etwas erwartet. Sie haben sich vielleicht etwas anderes erwartet. Sie haben sich Gegenstände erwartet. Sie haben sich keine Gegenstände erwartet. Sie haben sich eine Atmosphäre erwartet. Sie haben sich eine andere Welt erwartet" (HANDKE 1966, 15).

Anti-Rituale

Zugespitzt könnte man formulieren, dass die Ritualkritik selbst wieder Rituale hervorbringt, **ritualisierte Anti-Rituale**. Dies ist gerade für die Protestbewegungen der 60er Jahre, denen das Stück entspringt, kennzeichnend: Der Protest wird in die Form von Anti-Ritualen wie Sit-ins oder Go-ins gebracht, die dann selbst wieder den Status von Ritualen annehmen. Damit haben wir auch in den 60er Jahren, wie schon im Falle der mittelalterlichen Liturgie, das Phänomen der De-Ritualisierung vor uns, das mit einer Re-Ritualisierung verbunden ist. Aus den Anti-Ritualen der 68er werden Rituale, gegen die die folgende Generation dann ihrerseits wieder Anti-Rituale setzen kann und muss.

4 Rituale innerhalb des Dramas

Austausch-prozesse

Das Theater ist nicht nur in Rituale eingebettet, sondern bringt selbst Rituale auf die Bühne. Auf diese Weise erst kommt der Austauschprozess zwischen gesellschaftlichen Ritualen und den Ritualen innerhalb des Dramas in Gang.

Verwendung vorgegebener Rituale

Das Theater kann dabei auf schon in der Gesellschaft praktizierte Rituale zurückgreifen. So treffen wir im höfischen Theater des 17. Jahrhunderts zahlreiche Formen von Zeremoniell an, etwa Königskrönungen, Empfänge von Gesandten, Friedensschlüsse, die vom Ablauf her genau den Vorschriften des höfischen Zeremoniells entsprechen (JAHN 2005, 379ff.). Das Theater wurde so zu einer regelrechten Schule des Zeremoniells. Auf dem Theater wurden permanent zeremonielle Situationen vorgeführt, auch Krisen des Zeremoniells, wurden Menschen in zeremoniellen Situationen gezeigt, die sich dem Zeremoniell entsprechend verhalten oder dagegen verstoßen.

Zeremoniell-kritik

Das Zeremoniell im Drama ist dabei meist nicht lediglich ein Abbild des gesellschaftlichen Zeremoniells, sondern seine Verwendung geschieht in zeremoniellkritischer Absicht: Die Leistungen und Aufgaben von Zeremoniellen werden durch das Drama hinterfragt. Das kann bis zur Zeremoniellparodie führen, so etwa in CHRISTIAN REUTERS (1665–1712) Komödie *Graf Ehrenfried* (1700) oder in GEORG BÜCHNERS Lustspiel *Leonce und Lena* (1838).

Übergangs-rituale

Neben dem Zeremoniell werden im Drama jedoch auch nicht-verschriftlichte Rituale aufgegriffen, Rituale, die in geringerem Maße als das Zeremoniell zeit- und kulturgebunden sind. Die bekannteste Gruppe dieser universellen, d.h. zu allen Zeiten und in jeder Kultur auftretenden Rituale, sind die sogenannten **Übergangsrituale** oder **Rites de Passage**. Der französische Ethnologe und Volkskundler ARNOLD VAN GENNEP (1873–1957) veröffentlichte schon 1909 ein Buch mit dem Titel *Les rites de passage*, in dem er die These aufstellte, dass es in allen Kulturen und zu allen Zeiten eine Vielzahl von Riten gebe, die dieselbe Struktur und Funktion aufweisen. Diese von ihm Übergangsriten genannten Rituale dienten in einer Gesellschaft dazu, ein Individuum oder eine Gruppe von einem gesellschaftlichen Status in einen anderen zu überführen. VAN GENNEP sammelte in seinem Buch Belegbeispiele aus der Geschichte und aus den Kulturen auf der ganzen Welt und stellte dabei fest, dass solche Übergänge sich immer in einem Dreierschritt vollziehen, in drei Phasen, die zusammen das Übergangsritual ausmachen.

- Die erste Phase ist die **Trennungsphase.** Das Individuum verlässt seine alte Ordnung. Dies kann sich räumlich, zeitlich oder gesellschaftlich manifestieren.
- Die zweite Phase bildet die **Schwellen- oder Umwandlungsphase**. Das Individuum befindet sich in einem Übergangsbereich, der durch fehlende Strukturen wie etwa Rechtlosigkeit und Chaos gekennzeichnet ist.
- Hierauf folgt die dritte Phase, die sogenannte **Angliederungsphase**, in der das Individuum auf einer neuen Stufe in die Gesellschaft eingegliedert wird. Jede dieser drei Phasen kann mit eigenen Riten verbunden sein.

HOFMANNSTHALS *Die Frau im Fenster*

Ob Übergangsriten tatsächlich so universell sind, wie VAN GENNEP behauptet, oder ob ihre Universalität nur der Abstraktheit des Schemas geschuldet ist, sei dahingestellt. Solche universellen Formen von Riten werden jedenfalls auch im Drama aufgegriffen, wie HUGO VON HOFMANNSTHALS kurzer Einakter *Die Frau im Fenster* (1898) belegen mag. Schon der Titel weist mit seiner Raummetaphorik auf ein Übergangsritual hin. Schwellen wie Türen und Tore, aber auch Fenster sind klassische Orte des Übergangs. Sie sind Zwischenräume, die zwei Zustände voneinander abgrenzen, das Draußen vom Drinnen.

Raumstruktur

Hofmannsthals kleiner Einakter entspricht vom Bühnenbild her ganz dem Raummodell eines Übergangsritus. Das Bühnenbild, das zu Beginn des Dramas detailliert beschrieben wird, weist eine Dreierstruktur auf: Nach rechts hin ein strenger steinerner Palast, dieser Palast hat zur Bühnenmitte hin zwei Fenster, vor denen sich Balkone befinden. Diese Fenster, genauer gesagt sind es ja Türen, durch die man die Balkone betreten kann, bilden mit den Balkonen zusammen den Schwellen- oder Übergangsbereich. Die Bühnenmitte, ihr Hintergrund und ihre linke Seite werden durch Natur-Phänomene gekennzeichnet, einen Garten, eine Weinlaube, einen Obstgarten auf dem Nachbargrundstück. Dies wäre der Raum der Angliederung, die Natur. Durch das Bühnenbild wird eine starke Zweiteilung vorgegeben: auf der einen Seite ein kalter Kulturbereich, die strenge Palastarchitektur, auf der anderen Seite die als lieblich und frei geschilderte Natur. Zwischen Kultur- und Natur-Raum der Übergangsbereich Fenster/Balkon.

Übergang

Das Drama spielt sich nun ganz im Fenster bzw. auf dem Balkon ab, also im Schwellenraum. Die junge, unglücklich verheiratete Dianora steht auf dem Balkon und erwartet ihren Liebhaber, der aus dem Gartenraum kommend mit einer seidenen Strickleiter zu ihr emporsteigen wird. Dianora befindet sich nicht nur räumlich, sondern auch zeitlich in einer Übergangsphase: Es ist später Abend, sie erwartet die Nacht. Vor allem aber befindet sie sich sozial in einer Übergangssituation. Sie möchte ihre Ehe verlassen und eine neue Partnerschaft eingehen. Die neue Partnerschaft wäre die Angliederung. Das Übergehen-Wollen, das die Schwelle Überschreiten-Wollen ist Thema ihres Monologs und all ihrer Reden. Dianora spricht davon, wie sie sich in die Natur einfügt, und durch die Parallele zwischen Wasser- und Haar-Metaphorik wird die Zugehörigkeit Dianoras zum Naturbereich deutlich gemacht. Mehrmals löst sie ihre langen Haare, so dass diese wie Wasser über die Brüstung des Balkons hinabströmen, ein um 1900 beliebtes Motiv.

Kultur – Natur

Hinter dem Verlassen der einen und dem Warten auf eine neue Beziehung verbirgt sich ein noch fundamentalerer Übergang: Die Frau möchte aus dem Bereich der Kultur heraus in den Bereich der Natur hinein. Der Raum der Kultur wird bei Hofmannsthal ausgesprochen negativ dargestellt, als ein männlich kalter Bereich, in dem brutale Gewalt vorherrscht. Dianoras Gatte ist ein Söldnerführer.

Scheiterndes Übergangsritual

Der Einakter endet als scheiternder Übergangsritus. Dianora wird von ihrem Ehemann ertappt, als sie mit der Strickleiter in der Hand auf dem Balkon ihren Geliebten erwartet. Am Ende beugt sie ihren Oberkörper über die Brüstung, so dass ihre offenen Haare über die Brüstung sinken, demonstriert dadurch auch körperlich ihre Übergangshaltung, wird dabei aber von ihrem Ehemann mit der Strickleiter erwürgt, während er den Leib der Frau wieder zurückzieht aus dem Übergangsbereich in den Raum der alten Ordnung.

Dramen produzieren neue Rituale

Dramen können, wie im Falle der Übergangsriten, auf in der Gesellschaft vorhandene Rituale zurückgreifen, sie können aber auch selbst rituelle Strukturen erzeugen. Dies geschieht vor allem durch die Wiederholung von Handlungssequenzen. Besonders in Dramen, die reigenförmig aufgebaut sind, treten solche Ritualisierungseffekte auf. So wird in SCHNITZLERS *Reigen* (1900) eine Handlungsstruktur zehnmal variierend wiederholt (vgl. Kap 5): Ein Liebespaar trifft sich, schläft miteinander, trennt sich. Erst durch die Wiederholungen wird der rituelle Charakter der vermeintlich individuellen Handlungen sichtbar. In DEA LOHERS (*1964) *Blaubart – Hoffnung der Frauen* (1999) ermordet die Hauptfigur Heinrich Blaubart in fünf sich wiederholenden Sequenzen jeweils eine Frau. Die Ermordung der Frauen wird hier zu einem Zwangsritual, mit dem Heinrich auf den Tod seiner ersten geliebten Julia antwortet.

Mythos als rituelle Struktur

Einen Sonderfall des Rituals im Drama stellt der **Mythos** dar. Das mythische Geschehen lebt von seiner außerzeitlichen Präsenz und setzt ein eigenes Zeitkonzept voraus, das der geschichtslosen Anwesenheit. Während historische Ereignisse in der Zeit geschehen und mit ihr ein für allemal vergehen, bleibt das mythische Ereignis durch seine permanente Wiederholung präsent. Die Wiederholung wird zur Wieder-Holung. Schon in den mittelalterlichen Osterspielen wurde das einmalige geschichtliche, und damit vergangene Ereignis der Auferstehung Christi von einer mythischen Wiederholung und damit Vergegenwärtigung im Spiel überlagert.

Beispiel: DEA LOHER

Wird im Drama eine mythische Handlung aufgegriffen und auf diese Weise wiederholt, ereignet sich die Präsenz des Mythos auf der Bühne. So wiederholt sich etwa in DEA LOHERS *Manhattan Medea* (1999) der antike Mythos der von Jason verlassenen Medea, die daraufhin ihre gemeinsamen Kinder tötet. Indem der Medea-Mythos in die amerikanische Gegenwart versetzt wird, verliert er seine historische Einmaligkeit. Durch die Wiederholung bleibt er präsent.

Rituale im postdramatischen Theater

Im postdramatischen Theater schließlich können Rituale dazu eingesetzt werden, um die traditionelle Handlungslogik eines Dramas zu zerstören. Dabei machen sich die Dramatiker die Selbstbezogenheit der Rituale zu nutze. Rituale verweisen zunächst auf sich selbst, der Zweck (Sinn) eines Rituals besteht in seinem Vollzug. In THOMAS BERNHARDS Stück *Die Macht der Gewohnheit* (1974) kreist die Handlung um das Nichtzustandekommen einer Klavierquintettprobe und besteht aus in ihrer Endlosigkeit grotesken Wiederholungsschleifen, vor allem auf der Ebene der Sprachhandlungen. So zerbricht die traditionell geforderte Kausalität und Zielgerichtetheit der Handlung.

1 Sprache im Drama

Theatertext besteht nur aus Sprache

Während der **Aufführungstext** sich als Geflecht aus multimedialen Zeichen verstehen lässt, besteht der Theatertext fast ausschließlich aus sprachlichen Zeichen. Nur gelegentlich finden sich erläuternde graphische Skizzen. Alle nichtsprachlichen Zeichen der Aufführung werden im Nebentext des Theatertextes in sprachliche Zeichen transformiert, in Regieanweisungen, Bühnenbildbeschreibungen usw. Der Haupttext dagegen besteht im Aufführungstext wie im Theatertext aus sprachlichen Zeichen. Das Zeichensystem wechselt hier nicht, wohl aber das Medium: Aus den schriftlichen (visuellen) sprachlichen Zeichen werden lautliche (akustische) sprachliche Zeichen. In diesem Kapitel geht es um die sprachlichen Zeichen des Haupttextes, vor allem um die Differenzierung der Figurenrede.

2 Prosa und Vers

Versform im Drama seit der Antike

Der erste grundlegende Unterschied, der bei der Betrachtung des Haupttextes ins Auge fällt, ist die Differenzierung der Figurenrede in Vers oder Prosa. Die Figuren eines Theaterstückes können in Prosa sprechen, in Versen, oder in einer Mischung aus beiden. Ursprünglich, d. h. in der griechischen und lateinischen Antike, war der Vers die Normalform für die Rede der Figuren, es gab kein Prosadrama. Dies gilt auch für das Mittelalter. Erst im 16. Jahrhundert finden sich in Deutschland Theaterstücke in Prosa, zunächst als Prosaübersetzungen aus dem Griechischen, dem Lateinischen oder den romanischen Sprachen.

Prosa ab dem 16. Jahrhundert

Die Verwendung von Prosa wird ab dem 16. Jahrhundert langsam zu einem Merkmal der Sprache in der Komödie oder genereller, eines Stückes mit sozial niedrigem Personal. Im 18. Jahrhundert fordert Gottsched dann für die Komödie Prosa, für die Tragödie die Versform. Diese Forderung, die auch im 17. Jahrhundert schon gelegentlich auftaucht, wird aus dem rhetorischen Denken heraus verständlich. Das **Decorum** oder **Aptum** bezeichnet in der Rhetorik die Kategorie der Angemessenheit einer Rede. Je höher die Personen und das Thema einer Rede bzw. eines Theaterstückes, desto ausgearbeiteter und kunstvoller muss die Sprache sein. Da Tragödien im sozial hohen Milieu der Herrscher spielen und es hier immer nur um wichtige öffentliche, für den ganzen Staat belangvolle Dinge geht, ist Prosa nicht ausreichend. Hier können allein der Vers und eine rhetorisch stark angereicherte Sprache das nötige Decorum bereitstellen. Die Komödie dagegen handelt von privaten Dingen wie Liebe oder Hochzeit in einem sozial mittleren oder niederen Milieu. Für solche gleichsam prosaischen Handlungen ist die Prosaform angemessen.

Gryphius' Doppelspiel

Von dem Barockdramatiker ANDREAS GRYPHIUS gibt es ein Doppelspiel mit dem Titel *Verlibtes Gespenste, Gesangspiel, Die geliebte Dornrose. Schertz-Spiel.* Hinter diesem merkwürdigen Titel verbirgt sich ein 1660 erstmals aufgeführtes zweisträngiges Spiel, das zwei völlig voneinander getrennte Handlungen präsentiert. Auf der Handlungsebene sind beide Spiele nicht miteinander verbunden, sie sind jedoch durch die Liebesthematik eng und kunstvoll miteinander verknüpft. Die hohe Handlung präsentiert sich in Versen. Hier steht ein Mann, Sulpicius, zwischen zwei Frauen. Sowohl Cornelia, als auch deren Tochter Chloris haben sich in Sulpicius verliebt. Die niedere Handlung verwendet Prosa, spielt im bäuerlichen Milieu und verhält sich zur hohen Handlung genau spiegelverkehrt. Eine Frau, Lise Dornrose, steht zwischen zwei Männern, zwischen Gregor Kornblume und Matz Aschewedel. In GRYPHIUS' Doppelspiel liegen zwei Komödienstränge vor, die sich lediglich durch das Decorum des sozialen Standes unterscheiden. Das reicht aber aus, um beide Handlungen in ein sprachlich völlig unterschiedliches, ja gegensätzliches Gewand zu kleiden. Auf der hohen Ebene finden wir hochdeutsche Verse und Strophenlieder, auf der sozial niederen Ebene der Bauern Prosa und sogar schlesischen Dialekt.

Vers und Prosa im 19. Jahrhundert

Bis weit ins 19. Jahrhundert hinein wurde die Verwendung von Prosa oder Vers im Drama durch die Decorumregel gesteuert. Von dieser Regel gibt es eine Reihe von Ausnahmen: Schon gegen Ende des 16. Jahrhunderts ist Prosa für das Theater der Wanderbühnen charakteristisch, unabhängig vom Stoff. Im Verlauf des 19. Jahrhunderts setzt sich die Prosa vor allem im Zusammenhang mit naturalistischen Konzepten immer stärker durch. Wenn es darum geht, das alltägliche Sprachverhalten möglichst exakt auf der Bühne abzubilden, dann hat die Versform als künstliche Form im Drama nichts verloren, da niemand im Alltag in Versen spricht. Auf diese Weise wird der Vers wiederum frei für die Charakterisierung künstlicher Welten oder Welten des Ästhetischen im Drama. Viele Dramen des Fin de siècle, etwa HUGO VON HOFMANNSTHALS, verwenden Verse, um ihre Kunstwelt vom Alltag abzugrenzen. Aber auch GERHART HAUPTMANN benutzt die Versform in Dramen, die nicht in der Alltagswelt spielen, etwa in einigen seiner märchenartigen Stücke.

20. Jahrhundert

In der Zeit nach dem Zweiten Weltkrieg finden wir kaum noch Versformen in den Dramen. Für das Dokumentartheater verbietet sich der Vers von vornherein und für andere Theaterkonzepte werden eher Formen freier rhythmisierter Prosa eingesetzt. Dies hängt damit zusammen, dass die traditionellen Versformen spätestens seit 1945 aus der Mode gekommen und durch freie Rhythmen ersetzt worden sind. Als Beispiel kann THOMAS BERNHARDS kleines Drama *Klaus Peymann kauft sich eine Hose und geht mit mir essen* aus dem Jahre 1986 dienen. Das Dramolett ist in Prosa verfasst, jedoch sind die Sätze graphisch so angeordnet, als handele es sich um Verse. Sie sind optisch zu rhythmischen Einheiten gegliedert.

„Wenn wir eine so passende Hose anhaben
eine so gut sitzende Hose Bernhard
ist es das gleiche Glücksgefühl
wie wenn wir einen passenden Shakespeare
zustande gebracht haben
einen passenden Kleist
einen gutsitzenden Schiller Bernhard
schaut an seiner neuen Hose hinunter
Auch im Sitzen sitzt sie gut die Hose
macht sozusagen eine Sitzprobe
Gut nicht wahr
sitzt ausgezeichnet
guter Laden nicht wahr
Wenn wir über vierzig sind
kaufen wir nur noch erstklassige
gutsitzende Hosen
richtet sich wieder auf
Hosenkauf ist immer eine Tragödie gewesen.“
(Bernhard 1990, 30)

3 Typische Versformen im Drama

Epochentypische Versformen

Bei der Verwendung des Verses im Drama lassen sich zu verschiedenen Zeiten bestimmte Vorlieben feststellen. Oft ist schon allein aufgrund des gewählten Versmaßes die Einordnung eines Dramas in eine Epoche möglich.

Paargereimter Vierheber

Die älteste Versform für das deutschsprachige Theater ist der **paargereimte Vierheber**. Dieser Vers besteht aus vier betonten Silben, wobei je zwei Zeilen durch einen Reim miteinander verbunden werden. Der paargereimte Vierheber ist im deutschsprachigen Theater bis zu Beginn des 17. Jahrhunderts der vorherrschende Vers. Dieser Vers wurde zunächst ganz unregelmäßig und frei gehandhabt. Er musste lediglich aus vier betonten Silben bestehen, die Zahl der unbetonten Silben war nicht festgelegt und konnte frei verteilt werden. Ein Beispiel aus dem *Innsbrucker Osterspiel*:

„Nú hóret ál geméine,
béide gróz v́nd kléyne:
kan mir ýmant gewíßen éynen knécht,
der mír czu dínste wére récht.“
(*Innnsbrucker Osterspiel* 1980, 54)

Knittelvers

Im 16. Jahrhundert treffen wir dann auf eine erste Reglementierung. Der Vers muss nun aus acht oder neun Silben bestehen, von denen vier betont sein müssen, doch bleibt die Verteilung der betonten Silben weiterhin frei. Diesen Vers nennt man Knittelvers. Er ist typisch für das deutschsprachige Drama des 16. und frühen 17. Jahrhunderts. Alle Fastnachtsspiele und nahezu alle deutschsprachigen Schuldramen dieser Zeit verwenden den **Knittelvers**. Ein Beispiel aus dem *Kälberbrüten*, einem Fastnachtspiel von HANS SACHS (1494–1576):

„Ey schweig! ich bin nit gar so arck.
Geh und bring viel gelts rauß vom marck,
So wil ich ein weil heußlich sein,
Die stuben kern und heitzen ein:
Das kan ich als so wol als du."
(SACHS 1978, 132)

Semantisches Potential des Knittelverses

Da dieser Vers typisch für das 16. Jahrhundert ist, können die Dramatiker späterer Zeiten allein durch seine Verwendung die Zeit des 16. Jahrhunderts evozieren. GOETHE verfährt so in seinem Faust I, ist der historische Faust doch eine Gestalt aus dieser Zeit. Ferner haftet dem Knittelvers aus späterer Sicht etwas Holpriges, Ungelenkes an. Man kann diese Versart verwenden, um entsprechende Figuren damit zu charakterisieren wie etwa die bäurische und soldatische Szenerie in *Wallensteins Lager* von SCHILLER, oder aber im positiven Sinn, um ungekünstelte volkstümliche Verhältnisse sprachlich darzustellen (vgl. GOETHES *Jahrmarktfest zu Plundersweilern*).

Ausnahmen im 16. Jahrhundert

Bis zur Versreform von MARTIN OPITZ im Jahre 1624 war der Knittelvers das gängige Versmaß für das deutsche Drama. Wurden lateinische Dramen mit ihren vielfältigen Versmaßen ins Deutsche übersetzt, so verwendeten die Übersetzer fast immer Knittelverse. Nur gelegentlich finden sich Ausnahmen, so etwa in der ersten Hälfte des 16. Jahrhunderts PAUL REBHUN (1505–1546), ein Lehrer in Zwickau, der sich LUTHERS Lehre angeschlossen hatte. Er schrieb mehrere Dramen, darunter 1536 eine *Susanna*. In diesen Dramen nahm er die opitzsche Versreformen um fast hundert Jahre vorweg. REBHUN ersetzte den Knittelvers durch variable metrische Gebilde, so wie er dies in den lateinischen Dramen vorgebildet fand. Er achtete darauf, dass betonte und unbetonte Silben regelmäßig wechselten und nicht gegen die natürlichen Sprachakzente verstoßen wurde. Erstmals führte er im Deutschen Versfüße ein, erstmals den fünfhebigen Jambus, wenn auch nicht als ungereimten Blankvers, sondern in gereimter Form.

Alexandriner

Mit der opitzschen Versreform im Jahre 1624 wurde der Alexandriner der maßgebliche Vers für das deutsche Trauerspiel. Er ist paargereimt und besteht aus sechs Jamben. Nach dem dritten Jambus weist er eine charakteristische Zäsur, einen Einschnitt, auf. Die Decorum-Regel begann sich mit OPITZ durchzusetzen, Komödien mussten in Prosa, Tragödien in Versen (genauer: in Alexandrinern) verfasst sein. Da der Alexandriner mit sechs Hebungen ein sehr langer Vers ist, erhalten die Tragödien, wenn sie durchgängig in Alexandrinern verfasst sind, ein sehr getragenes, gravitätisches Sprachgewand. Der Alexandriner ist bis in die Mitte des 18. Jahrhunderts gebräuchlich. Noch GOTTSCHED verwendet ihn für seinen *Sterbenden Cato*.

Stichomythie

Aufgrund seiner Länge wird der Alexandriner von den Dramatikern gern aufgelockert. Das beliebteste Mittel bildet dabei die **Stichomythie**. Jeweils ein vollständiger Vers wird einer Figur zugeordnet. Den nächsten Vers übernimmt dann eine andere Figur. So ergibt sich ein Sprecherwechsel mit jedem Vers. Dadurch kann eine sehr pointierte Dialogführung erreicht werden. Gerade für Dialoge, die als Streitgespräche angelegt sind, ist die Stichomythie ein wirkungsvolles Stilmittel. Als Beispiel sei hier ein Streitgespräch aus DANIEL CASPAR VON LOHENSTEINS Trauerspiel *Agrippina* angeführt. Die Kaiserin Octavia und Agrippina weisen Otho darauf hin, dass dessen Gattin Poppea ein Verhältnis mit Kaiser Nero habe. Otho lässt dies jedoch kalt. Die Pointierung in der Dialogführung entsteht durch die formale Vorgabe von jeweils einem Alexandriner pro Redebeitrag und Argument:

„Otho: Was gehet meine Frau Sie und den Kayser an?
Octavia: Vielleicht ihn mehr als dich. Daß er sie küssen kan.
Otho: Wie mag ihr solch Verdacht umnebeln das Gesichte?
Agrippina: Sag't/ was sie wichtiges beim Kayser sonst verrichte?
Otho: Gesätz't er küsse sie. Ein Kuß mach't keinen Fleck.
Octavia: Des Küssens Pfeile ziel'n auf einen fernern Zweck.
Otho: Von keuschen Seelen wird kein ferner Wunsch vergnüget.
Agrippina: Ein Weib bleibt keusch/ biß sie zur Untreu Anlaß krieget"
(LOHENSTEIN 2005, 70f.)

Chöre, Reihen

Die Akte der Dramen werden im 17. Jahrhundert durch Chöre abgeschlossen, die vom Normalversmaß abweichen. Wir haben in der Regel frei gestaltete Strophenformen, wobei sich die Chöre im barocken Trauerspiel zu kleinen Szenen ausweiten können, Szenen, in denen die vorausgegangene Haupthandlung ins Allgemeine gewendet wird. Man nennt diese Chöre in barocken Trauerspielen und Komödien **Reihen** (**Reyen**).

Madrigalische Verse

Die barocken Dramatiker weichen jedoch auch außerhalb der Reihen gelegentlich vom Alexandriner als dem Standardversmaß ab, wenn es die dramatische Situation erfordert. So gibt es etwa zu Beginn des vierten Aufzugs in LOHENSTEINS *Agrippina* eine Geistererscheinung. Nero hatte gerade seine Mutter mit einem vorher präparierten Schiff untergehen lassen. Dass sie den Schiffbruch überlebt, weiß er zu diesem Zeitpunkt noch nicht. Als Machtpolitiker kennt er keine Skrupel und schläft ruhig, bis ihm der Geist des Britannicus erscheint. Britannicus ist Neros Halbbruder, den er hatte umbringen lassen. Das Außergewöhnliche der Geistererscheinung drückt sich auch in der Wahl eines außergewöhnlichen Versmaßes aus. LOHENSTEIN lässt den Geist **madrigalische Verse** sprechen. Madrigalische Verse bestehen im 17. Jahrhundert meist aus Jamben, aber die Anzahl der Jamben pro Zeile ist frei, sie kann zwischen einem Jambus und sechs Jamben schwanken. In unserem Beispiel aus LOHENSTEINS *Agrippina* schwankt sie zwischen drei und sechs:

„Britannicus:
Schöpff't hier der Wütterich / der Bruder-Mörder Lufft?
Bring't er die Nacht mit stillem Schlaffe zu?
Und mein entseelter Geist hat in der tieffen Grufft
Nicht für der Angst der muntern Rache Ruh?
Jst nicht mehr wahr? Ein lasterhaft Gewissen
Wird von den Nattern böser Lust
Von Würmen banger Furcht gehenckert und zerissen."
(LOHENSTEIN 2005, 106)

Versformen in der Oper

Der madrigalische Vers ist typisch für die deutschen Opern des 17. und frühen 18. Jahrhunderts. Vielleicht hat LOHENSTEIN diese Versart deswegen gewählt, weil eine Geistererscheinung ein typischer Operneffekt ist. Ein Opernlibretto bis weit ins 18. Jahrhundert hinein besteht von der Versstruktur her betrachtet aus zwei Elementen. Die Dialoge, die vertont dann zu Rezitativen werden (einer Art Sprechgesang, in dem die Handlung vorangetrieben wird), sind in madrigalischen Versen gehalten. Die Arien bedienen sich im Gegensatz zum Rezitativ variabler Versmaße, wobei neben dem Jambus auch alle anderen Versfüße wie Trochäen, Daktylen, Anapäste und Mischungen zum Einsatz gelangen. Verstechnisch gesehen stellen die Opernlibretti die formenreichsten Theatertexte bis in die 1780er Jahre dar.

Blankvers

Ab den 1780er Jahren setzte sich dann im deutschsprachigen hohen Drama der **Blankvers** durch. Er besteht aus fünf Jamben, wobei die Verszeilen keinen Reim aufweisen. Dieser Vers stammt aus England und wurde in Deutschland im Zuge der Shakespeare-Rezeption eingeführt. Seit LESSINGS *Nathan der Weise* (1779) gilt er als der Vers schlechthin für das Drama bis weit ins 19. Jahrhundert, wo er erst durch die Naturalisten, die das Versdrama generell ablehnen, langsam zurückgedrängt wird. Der Blankvers hat den Vorteil, dass er wegen des fehlenden Reimes und der gegenüber dem Alexandriner kürzeren Länge sehr prosanah wirken kann. Wer als Dramatiker den Blankvers verwendet, kann dies ohne großen artifiziellen Aufwand tun. Die Sprache wirkt im Blankvers nicht vorab schon kunstvoll, aber eben auch nicht vorab schon gekünstelt. Als Beispiel der Beginn der Ringparabel in LESSINGS *Nathan der Weise*:

„Vor grauen Jahren lebt' ein Mann in Osten,
Der einen Ring von unschätzbarem Wert'
Aus lieber Hand besaß. Der Stein war ein
Opal, der hundert schöne Farben spielte,
Und hatte die geheime Kraft, vor Gott
Und Menschen angenehm zu machen, wer
In dieser Zuversicht ihn trug [...]"
(LESSING 1981, 71)

Diese Blankverse weichen kaum von einem reinen Prosasatz ab. Der Blankvers wird hier zur natürlichen Versform der deutschen Sprache.

Differenz zwischen Metrum und Rhythmus

Der Blankvers kann und wurde stärker als der Alexandriner dazu eingesetzt, um eine Differenz zwischen dem abstrakten **Metrum** und seiner tatsächlichen sprachlichen Realisation, dem **sprachlichen Rhythmus**, herzustellen. Die Dichter weichen vom starren Schema der fünf Jamben ab, um bestimmte Wörter oder Wortfolgen, die im dramatischen Kontext wichtig sind, auf diese Weise hervorzuheben. So steht der Prolog von FRIEDRICH SCHILLERS *Jungfrau von Orleans* durchgängig in fünfhebigen Jamben. Als aber Johanna auftritt, um die resignierten Franzosen gegen die Engländer anzustacheln, gerät das Versmaß in ihrem Vers völlig durcheinander, so sehr reißt sie der Schwung der eigenen visionären Rede mit:

„Es geschéhn noch Wúnder – Éine wéiße Táube
Wird fliegen únd mit Ádlerskühnheit díese Géier
Anfállen, díe das Váterlánd zerréißen."
(SCHILLER 1983, 14)

Die erste Zeile beginnt mit zwei unbetonten Silben, dadurch wird die erste betonte Silbe besonders akzentuiert. Die zweite Verszeile enthält sechs anstatt fünf Hebungen und in der dritten Zeile wird die Betonung von „anfallen" gebeugt. Die Verse erhalten auf diese Weise eine **dramatische Funktion**. Sie unterstützen das dramatische Geschehen.

TIPP

Metrische Analyse als Selbstzweck ist wenig sinnvoll. Bei der Analyse des Verses im Drama ist daher immer nach seiner dramatischen Funktion zu fragen. Dabei sind besonders die Abweichungen vom Normalfall des Metrums von Bedeutung. Bestimmen Sie daher zunächst den Normalfall und prüfen Sie dann die Aussagekraft der Abweichungen.

Antilabe

Typisch für die Behandlung des Blankverses bei den Klassikern ist nicht nur diese gelegentlich starke Divergenz zwischen dem Metrum eines Verses und seinem Rhythmus. Der Blankvers wird auch häufig durch die Verteilung einer Verszeile auf verschiedene Sprecher gebrochen. Man nennt dieses Phänomen **Antilabe**. Der Sprecherwechsel findet bei der

Stichomythie immer erst nach dem Ende der vollständigen Verszeile statt, bei der Antilabe hingegen wechselt der Sprecher mitten im Vers, oft sogar mehrmals. Die Antilabe ist ein verstechnisches Mittel, um höchste dramatische Erregung oder Konfusion zu veranschaulichen.

Die Antilabe findet sich auch schon im Alexandrinervers, wird jedoch im Drama der Barockzeit selten eingesetzt. Im Blankvers der Klassik finden wir sie dagegen häufig. Auffälligstes Beispiel in dieser Hinsicht ist HEINRICH VON KLEISTS *Zerbrochner Krug*. Hier gelangt die Antilabe exzessiv zum Einsatz:

„Adam: Warum nicht?
Zweite Magd: Hm! Weil Ihr –
Adam: Nun?
Zweite Magd: Gestern abend –
Glock eilf –
Adam: Nun, werd ichs hören?
Zweite Magd: Ei Ihr kamt ja,“
(KLEIST 1978, 13)

4 Soziale Differenzierung durch Sprache

Dialekt

Auch jenseits der Opposition Vers – Prosa wird die Sprache im Drama zur **Charakterisierung von Figuren, Situationen und Milieus** eingesetzt. Eines dieser Mittel, das schon seit dem 16. Jahrhundert verwendet wird, um unterschiedliche Sprachniveaus zu markieren, ist der **Dialekt**. Die dadurch entstehende aussagekräftige Opposition ist die von Dialekt versus Hochsprache. Seit der zweiten Hälfte des 16. Jahrhunderts finden wir Dramen, in denen dialektsprechende Figuren auftreten, die sich auf diese Weise von den hochdeutsch sprechenden Figuren abgrenzen. Meist, aber nicht immer, ist diese Abgrenzung negativ konnotiert. Oft sind es Bauern oder Unterschichtfiguren, die Dialekt sprechen und so schon sprachlich zu erkennen geben, dass sie nicht in der Lage sind, sich in die hochdeutsch sprechende städtische oder höfische Welt zu integrieren.

Dialekt schafft gemeinsame Kommunikationsebene

Der Dialekt kann jedoch auch als positives Signal eingesetzt werden. Oft sind es die komischen Figuren, die Dialekt sprechen, meist den Dialekt der Gegend, in der das Stück aufgeführt wird. So entsteht eine Nähe der komischen Figuren zum Publikum, eine Nähe, die vom Dramatiker genutzt werden kann, um Aussagen direkt an das Publikum zu adressieren (vgl. Kapitel 11). In der 1593 gedruckten Tragödia *Buler und Bulerin* des Braunschweiger Herzogs HEINRICH JULIUS tritt beispielsweise mit Johan Bouset eine komische Figur auf, die Niederdeutsch spricht, die in Braunschweig im 16. Jahrhundert gesprochene Sprache. Bouset kommentiert die Handlung der Tragödie für das Publikum. Über den gemeinsamen Dialekt baut sich vorab schon ein Vertrauensverhältnis zum Publikum auf.

Mittel der Komik

Doch damit nicht genug des Dialekts. Im Stück treten drei Bauern auf, die sich in der Stadt als Nachtwächter verdungen haben. Die drei Bauern sprechen verschiedene Dialekte: Dromo ist ein schwäbischer, Davus ein thüringischer und Thraso ein sächsischer Bauer. Jeder der drei Bauern redet in seiner Mundart, so dass wir in dem Stück fünf Sprachen hören können: schwäbisch, thüringisch, sächsisch, niederdeutsch und hochdeutsch. Die sprachliche Komik unter den nachtwächternden Bauern entsteht vor allem durch sprachliche Missverständnisse. Keiner der Bauern versteht den Dialekt des andern. Dialekt kann so auch als **Mittel der Komik** eingesetzt werden.

Dialekt im Volksstück

Im Verlauf des 19. Jahrhunderts beginnt sich das sogenannte **Volksstück** zu etablieren, das im bäuerlich-ländlichen Milieu, später auch vor allem im städtischen Milieu der Unterschichten spielt. Hier wird wieder verstärkt Dialekt eingesetzt, nun aber nicht mehr, um die Dialektsprecher und ihre Schicht dem Verlachen preiszugeben, sondern in sozialkritischer Hinsicht, um gesellschaftliche Missstände anzuprangern. In der in der ersten Hälfte des 19. Jahrhunderts beliebten **Lokalposse** dient der Dialekt der regionalen Identitätsstiftung. Im 20. Jahrhundert erlebt das dialektgeprägte Volksstück vor allem in der Weimarer Republik einen Aufschwung, mit Stücken von Marieluise Fleisser (1901–1974) und Ödön von Horváth (1901–1938). Nach dem zweiten Weltkrieg gab es nochmals eine Volksstückwelle in den 70er Jahren mit Autoren wie Franz Xaver Kroetz (* 1946) oder Felix Mitterer (* 1948).

Soziolekt

Im Naturalismus wurde der Dialekt eingesetzt, um durch die Sprache der Figuren deren Milieu möglichst exakt wiederzugeben. Im Zusammenhang hiermit ist eine zweite Ebene sprachlicher Charakterisierung anzusprechen, der **Soziolekt**. Selbst dort, wo sich die Figuren durchgängig der Hochsprache bedienen, kann eine Differenzierung durch unterschiedliche Soziolekte oder auch durch Fachjargons entstehen. Im Drama des Naturalismus wird das zu einzigartiger Höhe und virtuoser Vollkommenheit geführt. In einem Drama wie Gerhart Hauptmanns *Ratten* von 1911 sind alle Soziolekte der Gesellschaft vertreten, von der Sprache der Intellektuellen bis hin zum Radebrechen der des Deutschen kaum mächtigen Aushilfskraft. Fast schon ein wenig zu musterhaft wird so ein Querschnitt durch die Sprechweisen der Gesellschaft geboten.

Schweigen

Ein Spezialfall des Sprechens im Drama, durch das die Figuren sich charakterisieren, bildet das **Schweigen**. Figuren sagen auch durch ihr Schweigen etwas aus, durch ein Schweigen, das auf diese Weise zum beredten Schweigen wird. So gibt es eine Komödie von Johann Elias Schlegel (1719–1749), die *Stumme Schönheit*, ein Lustspieleinakter aus dem Jahre 1747, in dem eine dumme Frau ihre Heiratschancen dadurch zu erhöhen sucht, dass sie permanent schweigt. Das hat zunächst keinen Erfolg, weil sie durch eine wortgewandte Konkurrentin ausgestochen wird, aber schließlich bekommt sie doch noch einen Mann, den Philosophen Laconius. Beide passen gut zusammen: „Er spricht nichts, weil er denkt, und sie, weil sie nicht denket" (SCHLEGEL 1962, 70).

Sprachprobleme

Dem Schweigen angenähert ist die **Sprachnot**, durch die viele Figuren in den Dramen seit der zweiten Hälfte des 18. Jahrhunderts charakterisiert werden. Die Figuren sind nicht in der Lage, sich sprachlich angemessen zu äußern. Bekanntestes Beispiel dafür ist BÜCHNERS *Woyzeck*, doch wir finden das Thema der Sprachnot schon im Drama des Sturm und Drang. Die *Soldaten* von LENZ etwa setzen mit einer Szene ein, in der Marie einen Brief an ihren geliebten Stolzius schreibt, dabei aber im Gewirr der Komplimentierkunst untergeht. Auch Luise in SCHILLERS *Kabale und Liebe* ist ein frühes Beispiel für eine Figur, die hauptsächlich durch ihr Schweigen, ihr stummes Leiden, charakterisiert wird. Vor allem dann im Volksstück des 20. Jahrhunderts wird das Thema der Sprachnot und Kommunikationsunfähigkeit breit entfaltet, so etwa bei MARIELUISE FLEISSER und ÖDÖN VON HORVÁTH. Zu den nichtsprachlichen Möglichkeiten der Figurencharakterisierung vgl. Kapitel 10.

5 Monolog und Dialog

Zwei grundsätzliche Formen

Die sprachlichen Äußerungen der Figuren im Haupttext lassen sich formal in Monolog und Dialog einteilen. In „Monolog" steckt das griechische Wort für „eins", in Dialog das für „zwei", sowie „logos", das Sprechen.

1 Monolog

Zwei Arten von Monologen

Ein Monolog ist immer dann gegeben, wenn nur eine Figur spricht, ein Dialog dann, wenn eine Wechselrede von zwei oder mehr Figuren stattfindet. Unter der Bezeichnung Monolog verbergen sich letztlich zwei verschiedene Phänomene. Wenn man den Monolog zunächst einmal als längeren Redebeitrag einer einzigen Figur charakterisiert, dann kann Folgendes ein Monolog sein:

1. Innerhalb des Dramas hält eine Figur eine Ansprache, der andere Figuren des Stückes zuhören. Dies ist zum Beispiel der Fall in *Wallensteins Lager* von SCHILLER. In der achten Szene tritt ein Kapuzinermönch auf und hält einen über hundert Verse langen Monolog in Form einer Predigt. Das ganze Heerlager hört zunächst zu. Als dann aber der Kapuziner den Feldherrn Wallenstein kritisiert, beginnen die Soldaten zu protestieren und der Monolog wird zu einem Dialog.

2. Die Figur ist allein auf der Bühne und äußert sich in einem längeren Redebeitrag. Hier gilt seit der Antike die theatrale Konvention, dass solche Monologe dazu dienen, den Zuschauern das Innere der Figur zu explizieren. Die monologisierende Figur spricht nicht mit sich selbst, etwa, weil sie verhaltensgestört ist, sondern wir sollen uns vorstellen, dass diese Figur auf der Bühne eigentlich schweigt, und dass das, was sie sagt, ihre inneren Gedanken darstellt, an denen der Zuschauer auf diese Weise teilhaben kann.

Kritik am Monolog

Erst der Naturalismus ab den 1880er Jahren bricht mit dieser Darstellungskonvention des Monologs, die schon im 18. Jahrhundert wegen ihrer Unwahrscheinlichkeit heftig diskutiert wurde. Es gibt im naturalistischen Drama keine Monologe mehr, in denen die Gedanken einer Figur dem Zuschauer mitgeteilt würden. Wenn im naturalistischen Drama eine Figur monologisiert, dann gilt dies als ein Zeichen von Krankheit oder zumindest als ein Zeichen für ein gestörtes Sozialverhalten.

Monolog und Mehrwissen der Zuschauer

Der Monolog als Mittel, Einblick in das Denken einer Figur zu gewinnen, stellt, wenn man das Realismuskriterium an das Theater anlegt, ein unrealistisches Moment dar, ähnlich dem Singen in der Oper. Gleichwohl ist der Monolog aber lange Zeit einer der wichtigsten dramatischen Bausteine gewesen, da er vielfältige Funktionen erfüllen musste. Durch den Monolog lässt sich das Bewusstsein der Figuren am einfachsten darstellen. Der Zuschauer erfährt so Dinge, die allein durch das Handeln vielleicht nie zutage getreten wären. Außerdem wird der Zuschauer durch den Monolog systematisch in die Position eines Mehrwissens gesetzt. Durch die Monologe der Figuren weiß der Zuschauer mehr als die anderen auf der Bühne handelnden Figuren.

2 Dialog

Dialogarten

Zwischen Monologen dieser Art und Dialogen besteht ein qualitativer Unterschied.

DEFINITION

Der Monolog ist ein Kunstmittel, das im Alltag nicht vorkommt, die Dialoge hingegen sind zunächst einmal Alltagsphänomene. In einem funktionierenden Dialog tauschen zwei oder mehr anwesende Gesprächspartner Informationen aus. Es handelt sich um interaktive Kommunikation. Die Figuren gehen auf das Gesagte der Dialogpartner ein. Dies wird als Replik bezeichnet.

Im von der Kommunikationstheorie postulierten Idealfall findet die Kommunikation in einem herrschaftsfreien Raum unter gleichberechtigten Subjekten statt. Doch dieser kommunikative Idealfall ist im Drama fast nie gegeben, er wäre das Undramatische schlechthin. Meist herrscht in den Dialogen eine **asymmetrische Kommunikation**. Ein Gesprächspartner ist dem anderen unterlegen. Die Machtverhältnisse können jedoch wechseln. Ebenso kann aber auch der politisch oder gesellschaftlich Mächtige dem Ohnmächtigen sprachlich unterlegen sein. Gleichgewichtete Dialogpartner finden sich selten, am ehesten in klassischen Dramenkonstruktionen, wenn der Held und sein Antagonist aufeinandertreffen.

Asymmetrischer Dialog

Normalerweise herrscht jedoch in den Dialogen Asymmetrie, die sich meist schon äußerlich an der Länge der Repliken feststellen lässt, aber auch daran, wer dem andern ins Wort fällt, wer der Ideengeber ist oder wer Gedanken nur rekapituliert.

Funktionen des Dialogs

Beim Dialog im Drama geht es nie einfach nur um Informationsaustausch, sondern dieser ist immer mit strategischen Interessen verbunden. Das heißt, die Figuren manipulieren ihre Aussagen, dosieren die Informationen, weil sie bestimmte Absichten verfolgen. Bei der Analyse von Dialogen im Drama ist also nicht nur die Informationsvergabe zu bestimmen (Wer gibt wem welche Informationen?), sondern auch das strategische Kalkül bei jeder Informationsvergabe zu berücksichtigen (Warum gibt wer wem Informationen?).

Übergänge zwischen Monolog und Dialog

Haben wir auf diese Weise Monolog und Dialog voneinander abgegrenzt, so lassen sich beide Phänomene wieder annähern. Es gibt **monologisierte Dialoge** und **dialogisierte Monologe**, und dies gar nicht einmal so selten, dass man hier lediglich von Ausnahmen sprechen dürfte.

Dialogisierter Monolog

Ein Monolog lässt sich dialogisieren, indem man ihm beispielsweise eine Frage- und Antwortstruktur verleiht. Der Monologisierende wirft Fragen auf, die er sich dann selbst beantwortet. Oder er erörtert ein Problem, eine Lösung, und trägt Einwände, Kritik daran vor. Als Beispiel kann der berühmte Monolog des Wallenstein im ersten Auftritt des ersten Aktes von SCHILLERS *Wallensteins Tod* dienen, der ganz in eine Frage- und Antwortstruktur gekleidet ist, ferner die erste Szene aus KLEISTS *Amphitryon* (1807), in der sich der Diener Sosias seinen Empfang bei Alkmene vorspielt:

„Sosias: Doch wär es gut, wenn du die Rolle übtest?
Gut! Gut bemerkt, Sosias! Prüfe dich.
Hier soll der Audienzsaal sein, und diese
Latern Alkmeme, die mich auf dem Thron erwartet.
(Er setzt die Laterne auf den Boden.)
Durchlauchtigste! Mich schickt Amphitryon,
Mein hoher Herr und Euer edler Gatte,
Von seinem Siege über die Athener
Die frohe Zeitung euch zu überbringen.
– Ein guter Anfang! – „Ach, wahrhaftig, liebster
Sosias, meine Freude mäß'g ich nicht,
Da ich dich wiedersehe." ..."
(KLEIST 1980, 6)

Monologisierter Dialog

Was formal als Monolog erscheint, kann in sich durchaus dialogische Strukturen tragen. Und umgekehrt. Viele Dialoge erweisen sich als verkappte Monologe. Dies ist schon im antiken Drama und im Theater des 17. Jahrhunderts der Fall. Oft werden die hohen Figuren von Dienern bzw. Dienerinnen begleitet, sogenannten **Vertrauten** (Confidents), die keine andere dramatische Funktion besitzen, als die, die Monologe der hohen Figuren zu dialogisieren. Die Dienerfigur spricht die hohe Figur an und fordert sie damit zum Erzählen auf. Daraufhin berichtet die hohe Figur von ihren Gefühlen, Sorgen und Problemen. Im Prinzip ein Monolog, nur dass er an eine zuhörende Figur gerichtet ist, die dann immer mal wieder den Monolog mit kurzen Einwürfen unterbrechen kann. Die äußere Form suggeriert eine Dialogstruktur, bemäntelt aber einen Monolog.

Pseudodialog

Ein anderes Verfahren, den Dialog zu monologisieren, wird vor allem seit dem späten 19. Jahrhundert genutzt. Es ist die Möglichkeit, zwei oder mehr Figuren aneinander vorbeireden zu lassen. Auf diese Weise entstehen zwei Monologe, die abwechselnd präsentiert werden, eine Art Pseudodialog. Ein echtes Aufeinandereingehen der Gesprächspartner findet nicht statt. Zur Funktion von Dialogen und Monologen im postdramatischen Theater vgl. Kap. 10.

6 Beiseitesprechen

Dritte Form

Noch auf einen Sonderfall des Sprechens neben Dialog und Monolog ist hier einzugehen, das sogenannte **Beiseitesprechen**, auch **aparte** oder **aside** genannt. Es ähnelt dem Monolog insofern, als wir hier wie beim Monolog einen Einblick in die Gedankenwelt der Figur erhalten. Anders als beim Monolog sind beim Beiseitesprechen aber immer andere Figuren mit auf der Bühne, dass heißt, die Figur, die beiseite spricht, steht in einem Dialog, aus dem sie kurz mit einem Beiseitesprechen ausbricht. Das Beiseitesprechen ist also durch seine Kürze definiert. Die Figuren geben kurz Einblick in das, was sie wirklich denken. Der Zuschauer erhält so ein Mehrwissen, das oft, wenn Denken und Reden der Figuren sich unterscheiden, einen komischen Effekt mit sich bringen kann. Das Beiseitesprechen war daher vor allem in den Komödien eine beliebte Form der Komik.

Der konventionalisierte Illusionsbruch des Beiseitesprechens kann noch dadurch gesteigert werden, dass dabei, wie in Komödien häufig zu finden, das Publikum direkt angesprochen wird: **ad spectatores** (vgl. Kap. 10).

1 Figuren im Drama

Handlung oder Charaktere?

ARISTOTELES hatte in seiner *Poetik* die Handlung als das zentrale Element einer Tragödie und genereller eines Theaterstückes bestimmt. An zweiter Stelle nennt er die Charaktere, warnt aber sogleich davor, die Tragödie aus dem Charakter der Figuren zu entwickeln anstatt aus der Handlung. In der Geschichte des abendländischen Theaters kommt es nun allerdings häufig vor, dass die Handlung ganz aus der Eigenart der Figuren heraus entwickelt wird. Ein Stück wie *Der Geizige* von MOLIÈRE (1622–1673) gewinnt seine Handlung aus dem Charakter der Hauptfigur, des geizigen Vaters Harpagon, der seine beiden Kinder unter rein finanziellen Gesichtspunkten in Ehen zwingen möchte. Dieses Kapitel ist daher als ergänzendes Gegenstück zum Kapitel über die Handlung zu lesen. Es geht in ihm um die Frage, welche Bedeutung den Figuren im Drama zukommt.

2 Rollenspiel

Bedeutung von „Rolle“

Die Figuren eines Dramas konstituieren sich über die **Rolle**, die sie im Drama spielen. Der Begriff „Rolle“ ist uns schon am Anfang dieses Buches begegnet, als es darum ging, Alltagshandeln von theatralem Handeln abzugrenzen. An dieser Stelle wollen wir den Aspekt des Rollenspiels historisch vertiefen. Schauspieler spielen die ihnen zugewiesene Rolle in einem Stück. Die Bezeichnung „Rolle“ stammt aus dem Mittellateinischen und wird im Spätmittelalter dann auch auf den Theaterbereich übertragen. Eine Rolle ist eine langer Pergament- oder Papierstreifen, auf dem der Text, den ein Schauspieler zu sprechen hat, steht. Die Rolle lässt sich nicht wie ein Buch umblättern, sondern man muss sie rollen. Es gab im Mittelalter nicht nur für die einzelnen Figuren Rollen, also Streifen, auf denen der Text stand, sondern bei Aufführungen wurden die Stücke auf sogenannte Soufflierrollen geschrieben, die dann bei der Aufführung zum Soufflieren benutzt wurden.

Persona

Das mittellateinische Wort „Rolle“ findet seine Entsprechung im lateinischen Wort „persona“. Darunter verstand man von der Antike bis einschließlich zur Frühen Neuzeit einen Menschen, der rechtsfähig war, also Verträge abschließen konnte. Die noch ältere Bedeutung von Persona ist die der Gesichtsmaske, mit der im griechischen Theater die individuellen Gesichter der Schauspieler durch rollentypisch verallgemeinernde Masken verdeckt wurden.

Theatrum mundi

Der Begriff der Rolle meint somit zunächst einmal das, was ein Schauspieler zu spielen hat. Im 16. Jahrhundert erweitert sich der Begriff der Rolle durch die Metapher des **Theatrum mundi**. Die ganze Welt wird als

Theater aufgefasst, die Menschen sind die Schauspieler, Gott ist der Autor, der die Theaterstücke schreibt und jedem Menschen seine Rolle zuteilt. Der Mensch muss die Rolle, die er von Gott zugewiesen bekommen hat, so gut er kann zu spielen versuchen. Am Ende, wenn er gestorben ist, wird er von Gott beurteilt. Diejenigen Menschen, die ihre Rolle gut gespielt haben, kommen in den Himmel, die andern in die Hölle. Dieses Konzept des Theatrum mundi, bei dem die Menschen Rollen spielen, wurde auch selbst auf das Theater gebracht. Am bekanntesten ist das Werk des spanischen Dramatikers Pedro Calderón de la Barca, sein 1655 veröffentlichtes Fronleichnamsspiel *El gran teatro del mundo*. Im deutschen Sprachraum ist dieses Konzept im 17. und frühen 18. Jahrhundert überaus populär und wird im 20. Jahrhundert reaktiviert, so in Hugo von Hofmannsthals *Das Salzburger Große Welttheater* (1922).

Hofmannsthals *Das Salzburger Große Welttheater*

Die schon bei Calderón vorkommende allegorische Figur der Welt wird zu einem Theaterimpresario, der das vom Meister (Gott) entworfene Spiel auf die Bühne bringen muss. Körbe mit Kostümen werden auf die Bühne getragen, die Seelen (die noch nicht in ihre Rollen eingekleideten Schauspieler) streiten über die Attraktivität ihrer Rollen. Der Bettler muss zum Spiel seiner Rolle gezwungen werden. Nachdem sich das Spiel wegen der Weigerung des Bettlers ein wenig verzögert hat, verlassen die mit Körpern bekleideten Seelen die obere Bühne und begeben sich auf die untere Bühne, das heißt die Welt. Nun wechselt die Sprache von der Prosa in fünfhebige gereimte Jamben.

Politische Funktion

In Hofmannsthals Neufassung des Stücks ergibt sich eine deutliche Verbindung zur politischen Situation nach 1918. *Das Salzburger große Welttheater* ist Hofmannsthals wenig überzeugende Antwort auf die Probleme der Zeit nach 1918, auf die Demokratisierung Österreichs und Deutschlands. Es sind vor allem die Rollen des Königs, des Reichen, des Bauern und des Bettlers, die er ausgestaltet. Der König wird zum Vertreter der Monarchie (allerdings einer reformbedürftigen Monarchie), der Reiche steht für das Bürgertum und den Kapitalismus, der Bauer verkörpert das vorindustrielle bodenständige Dasein und der Bettler wird zum Vertreter des revolutionierenden Proletariats. Der Bettler macht als einzige Figur des Spieles eine Entwicklung durch. Zunächst sympathisiert er mit der sozialistischen Bewegung, dann zieht er sich auf den Rat des Bauern in den Wald zurück und versucht dort ein bäuerliches Leben zu führen. Aber auch das ist nur ein Durchgangsstadium. Ganz wie in einem Jesuitendrama erfolgt die Conversio der sündigen Hauptfigur. Durch eine Vision während seiner Holzfällerarbeit im Wald wird der Bettler zu Gott bekehrt. Fortan lebt er als frommer Einsiedler im Wald ein gottgefälliges Leben und erhält, als er stirbt und das Spiel zu Ende ist, von Gott seinen wohlverdienten Lohn, weil er seine Rolle so gut zu spielen wusste.

Cross Dressing

In einigen Gattungen des Dramas wird das Rollenspielen selbst zum Thema, so vor allem in bestimmten Komödien der Frühen Neuzeit und der Romantik, den Verkleidungskomödien. Figuren verkleiden sich und nehmen eine andere Identität an, um ihre Ziele zu erreichen. Das durch die Verkleidung in Gang gesetzte Rollenspiel kann beispielsweise den sozialen Status betreffen (der Bettler spielt einen König), das Alter (ein Junger spielt einen Greis) oder das Geschlecht (eine Frau spielt einen Mann). Gerade dieser Aspekt des Cross Dressing lässt das Theater für die Gender Studies von besonderem Interesse sein, da durch das Cross Dressing nahegelegt wird, dass die Geschlechterrollen im Alltag inszenierte Rollen darstellen.

Stielers *Der vermeinte Printz*

Ein besonders virtuoses Beispiel für Cross Dressing liefert das Lustspiel *Der vermeinte* [= vermeintliche] *Printz* von Caspar Stieler (1632–1707), das 1665 anlässlich einer Hochzeit am Hof zu Rudolstadt in Thüringen aufgeführt worden ist. Floridor wird als Sohn des Königs von Sizilien erzogen. Tatsächlich aber ist Floridor, ohne dass er dies weiß, eine Frau, die Prinzessin Selide. Da dem sizilianischen König nur eine Tochter geboren worden war und die Königin keine weiteren Kinder bekommen konnte, würde die Dynastie, die auf einer männlichen Erbfolge beruht, mit dem Tod des Königs erlöschen und die Macht an ein anderes Herrscherhaus übergehen. Um dem vorzubeugen, hatte König Orimantes aus seiner Tochter kurzerhand einen Sohn gemacht. Das Lustspiel setzt mit einer fulminanten Szene ein, in der sich der vermeintliche Prinz mit zwei königlichen Räten streitet. Der Gegenstand des Streits betrifft das Geschlecht der auf einem Gemälde nackt dargestellten Andromeda, die der Prinz für einen Mann halten muss, worüber die Räte höchst irritiert sind. In einem Gespräch unter vier Augen muss der König seinen Sohn (seine Tochter) aufklären. Nun beginnt erst die eigentliche Komödie, denn der König bittet seine Tochter, die Rolle des Sohnes weiterzuspielen. Das ist der Beginn eines virtuosen Rollenspiels, das sehr postmodern anmutet. Der König betrachtet die Geschlechterrollen nicht als biologisch festgelegt, sondern als lediglich anerzogen.

Funktionen des Cross Dressing

Das Lustspiel Stielers lässt sich nun als ein Experiment begreifen, bei dem überprüft wird, ob es sich bei den Geschlechterrollen um anerzogene Rollen handelt. Schwierig wird die Probe, das ist dem König schon von vornherein klar, durch die Liebe. Es werden sich ja nur Frauen um die Hand seines vermeintlichen Sohnes bewerben, die Tochter wird sich aber vermutlich in Männer verlieben. Stielers Lustspiel entfacht einen Reigen an Liebesbeziehungen, so dass fast jeder in jeden verliebt ist. Dabei kommt es immer wieder zu Überraschungen, denn die meisten auftretenden Figuren benutzen das Cross Dressing, so dass sich einige Prinzessinnen als Prinzen erweisen und umgekehrt. Das Ganze wird noch komplizierter dadurch, dass der spanische Prinz Alphonsus, ein tatsächlicher Mann, von allen für eine Frau gehalten wird, die sich nur als Mann verkleidet. Er wird gezwungen, einen Mann zu heiraten. Die Hochzeit kann erst im letzten Moment durch einen spanischen Gesandten verhindert werden. Inzwischen hat das Parlament von Sizilien eine Gesetzesänderung bewirkt, die die weibliche Thronfolge ermöglicht. So kann der vermeintliche Prinz zu einer tatsächlichen Prinzessin werden und am Ende Alphonso heiraten. STIELERS Lustspiel zeigt auf diese Weise, bis zu welch hohem Grad das je spezifische Verhalten von Mann und Frau auf inszenierten Geschlechterrollen beruht.

Rollenspiel im Alltag

Die Theatrum-mundi-Metapher und das Cross Dressing deuten schon an, dass auch das menschliche Leben von Rollenspielen bestimmt wird. In unterschiedlichen sozialen Kontexten spielen wir verschiedene Rollen, etwa in der Herkunftsfamilie die Rolle einer Tochter, in der eigenen Familie die einer Mutter und Ehefrau, im Beruf die Rolle einer Ärztin usw. Das Rollenkonzept gilt also für Gesellschaft und Theater gleichermaßen, dennoch sollte das nicht dazu führen, die Unterschiede ganz aufzugeben. Alltagsrollen sind komplexer, können unter Umständen nicht frei gewählt werden, sind enger an die Person gebunden und lassen für das Handeln im Alltag unter Umständen wesentlich mehr Spielraum als eine Schauspielerrolle.

Figuren im Drama, Personen im Alltag

DEFINITION

Um Alltagsrollen und Bühnenrollen trotz aller Gemeinsamkeiten auseinander zu halten, seien die in Theaterstücken auftretenden Gestalten als Figuren, nicht aber als Personen bezeichnet. Personen treten in der Alltagswelt im Leben auf, Figuren auf der Bühne.

Die Figur eines Theaterstücks wird durch das Stück konstruiert. Diese Trennung der Begrifflichkeit wird nicht immer konsequent durchgehalten. Wir sprechen etwa von einem **Personenverzeichnis**, in dem die auftretenden Figuren eines Dramas genannt und beschrieben werden. Dennoch sollte man beides konzeptionell auseinanderhalten.

3 Figurencharakterisierung: Typus versus individualisierter Charakter

Typen

Betrachtet man die Möglichkeiten, wie Figuren im Drama gezeichnet werden können, so erhält man eine Skala, die durch zwei Extrempositionen begrenzt wird. Auf der einen Seite finden sich Figuren, die als **Typen** bezeichnet werden. Sie sind völlig entindividualisiert. Ihr Verhalten liegt von vornherein fest, der Zuschauer weiß schon beim Auftreten einer solchen Figur, wie sie sich verhalten wird, welcher Verhaltensspielraum ihr zugeordnet ist. Typen sind eindimensional, sie weisen keine

Entwicklung auf. Sie tragen auch am Ende des Stückes all jene Eigenschaften, die sie am Beginn besaßen.

Individualisierte Charaktere

Den Typen entgegengesetzt sind nun jene Figuren, die man als **individualisierte Charaktere** bezeichnen kann. Der Zuschauer weiß bei ihrem Auftreten noch nicht, wie sie sich verhalten werden. Sie tragen unverwechselbare Eigenschaften, meist ein ganzes Bündel von Eigenschaften, und diese Eigenschaften können miteinander im Widerspruch stehen. Sie sind entwicklungsfähig, so dass sie am Ende des Stückes vielleicht andere Eigenschaften haben als zu Beginn. Zwischen den Typen und den individualisierten Charakteren gibt es nun eine Vielzahl von Zwischenstufen, etwa den individualisierten Typus.

Gegenüberstellung

Typus und individualisierter Charakter lassen sich idealtypisch durch eine Reihe von Oppositionen abgrenzen:

Typus	Individualisierter Charakter
statisch	dynamisch
eindimensional (durch eine oder wenige Eigenschaften bestimmt)	mehrdimensional (durch eine Vielzahl von Eigenschaften bestimmt)
Eigenschaften kommen rein vor	Eigenschaften in Mischungsverhältnissen
ohne Psyche	meist mit Psyche
begrenzt	offen
Handlungsweisen vorhersagbar	Handlungsweisen nicht vorhersagbar

Zwischenformen

In der Praxis des Dramas treten in der Regel Mischungen zwischen Typen und individualisierten Charakteren auf. Solche **gemischten Charaktere** (beispielsweise weder zu gute noch zu böse Menschen) sind von den Dramentheoretikern immer wieder gefordert worden. Bei der Bewertung der Figurencharakterisierung ist zu bedenken, dass sich die Vorstellungen von Individualität im Lauf der Geschichte gewandelt haben. Individualitätskonzepte sind nicht überhistorisch festgelegt, sondern bildeten sich als Konzepte erst im 18. Jahrhundert aus.

Commedia dell'Arte

Die radikalste Form eines Typentheaters stellt die **Commedia dell'Arte** dar, zunächst auch einfach **Commedia italiana** genannt. Die Commedia dell'Arte ist ab dem 16. Jahrhundert belegt und stellt das Masken- und Typen-Theater par excellence dar. Es lassen sich drei Gruppen von Figurentypen unterscheiden:

Typen in der Commedia dell'Arte

Erstens die Innamorati, ein junges, ideal gezeichnetes Liebespaar à la Romeo und Julia, das ohne Masken auftritt. Die Innamorati haben zweitens die Gruppe der Alten als Gegenspieler. Die Alten sind die Väter der Liebenden und wollen deren Heirat verhindern. Hier finden wir Pantalone, einen geizigen alten Kaufmann aus Venedig. Er hat eine lange Nase, einen Spitzbart, trägt rote Hosen und einen Mantel. Er spricht venezianischen Dialekt. Alle Figuren der Commedia dell'Arte sind durch unterschiedliche Dialekte gekennzeichnet. Der zweite Alte ist Dottore Graziano. Er ist entweder Rechtsgelehrter oder Arzt aus Bologna, der damals wichtigsten Universitätsstadt Italiens. Seine Sprache ist stark mit lateinischen Fachausdrücken durchmischt. Neben der Gruppe der Innamorati und der Alten finden wir drittens schließlich die Gruppe der Diener, die Zanni. Der männliche Diener heißt Arlecchino, die Dienerin Columbina. Die Diener sprechen bergamaskischen Dialekt. Es handelt sich um Karikaturen der Bergamasker, die ihre Bergdörfer verließen, um in den großen Städten wie Venedig oder Mailand zu arbeiten. Bei den Dienern sind jeweils zwei Varianten möglich: Es gibt den (historisch gesehen) älteren Dienertypus, bei dem wir es mit einem dummen körperfixierten Menschen zu tun haben, der nur mit Essen und Trinken und den dadurch notwendigen Ausscheidungsvorgängen beschäftigt, sonst aber zu nichts zu gebrauchen ist. Die Diener können aber auch als kluge Diener auftreten, die witzig-überlegen Intrigen einfädeln und dem jungen Liebespaar zum Sieg über die Alten verhelfen.

Figur des Capitano

Neben diesen drei Gruppen gibt es einen vierten Typus, der von einer einzigen Figur verkörpert wird: es ist der Capitano, ein prahlender

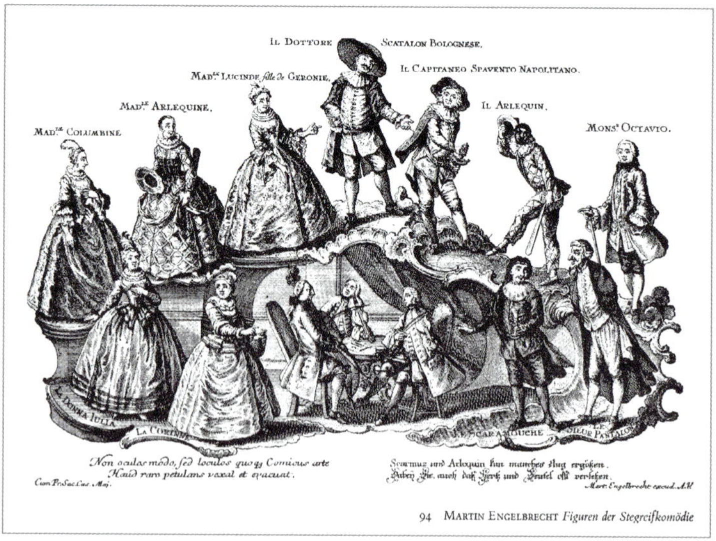

Abb. 8.1: MARTIN ENGELBRECHT: *Figuren der Stegreifkomödie* (2. Hälfte 18. Jahrhundert)

spanischer Soldat aus Neapel. Damals war das Königreich Neapel, also mithin ganz Süditalien Teil des spanischen Königreiches. Der Capitano wird äußerst negativ gezeichnet. Er prahlt mit seinen unglaublichen Erfolgen auf dem Schlachtfeld, ist ruhm- und ehrsüchtig, doch sobald er in eine Situation gelangt, wo er kämpfen müsste, zieht er sich feige zurück. Der Capitano kommt schon in der antiken Komödie vor (miles gloriosus). Die Partie des Capitano kann auch von einem Diener übernommen werden, der Scaramuccia heißt.

Handlungsmuster

Die Handlung einer solche Commedia italiana ergibt sich aus den Eigenschaften der Figuren. Die Jungen sind verliebt, die Alten stellen ihrem Glück Hindernisse in den Weg, die erst weggeräumt werden müssen, bevor das Stück mit dem Lieto Fine, dem glücklichen Ende, in Form einer Hochzeit ausklingt.

Einfluss auf das deutsche Drama

Die deutschsprachige Komödie ist vom 16. Jahrhundert an von der Commedia dell'Arte stark beeinflusst. Zahlreiche Figuren entstammen dem Fundus der Commedia dell'Arte oder sind in der Art von Commedia-dell'Arte-Figuren als Typen angelegt wie etwa im 18. Jahrhundert der Hans Wurst.

Sächsische Typenkomödie

Ab den 20er Jahren des 18. Jahrhunderts nimmt die Komödie in Deutschland einen neuen Aufschwung. Die Stücke, die nun geschrieben und gespielt werden, sind meistens nach französischem Vorbild modelliert. Nun wirkt die Commedia dell'Arte über den Umweg des französischen Theaters auf Deutschland ein. Im Zentrum dieser Komödien stehen ein oder zwei Figuren, die einen Typus mit einer stark ausgeprägten negativen Eigenschaft verkörpern. Meist wird diese Eigenschaft schon im Titel der Komödie genannt: der Geizige, der Verschwender, die Spielerin, die Widersprecherin. In der Forschung hat sich für diese Art von Komödien, da sie im frühen 18. Jahrhundert in Sachsen häufig anzutreffen waren, der Begriff **sächsische Typenkomödie** eingebürgert. Eine Figur mit einem Laster oder auch eine Gruppe von Figuren mit mehreren Lastern steht im Mittelpunkt. Dieses Laster wird im Verlauf der Komödienhandlung von einer vernünftigen Umwelt entlarvt. Über das Laster soll der Zuschauer lachen und lachend sich zugleich erbauen können (vgl. S. 164). Das zu verlachende Laster ist niemals ein individuelles Laster, welches nur einer bestimmten Person eigen wäre, sondern immer ein allgemeines, so dass alle im Publikum die Figur auf sich beziehen könnten. Die Figur muss also Typus bleiben, sie darf nicht zum Charakter individualisiert werden.

Lessings Komödien

Dem Modell der sächsischen Typenkomödie folgen noch die frühen Komödien Gotthold Ephraim Lessings. Komödien wie *Der junge Gelehrte* (1748) und *Der Misogyn* [= Frauenfeind] (1748) weisen schon im Titel auf die zentrale Figur und deren Beschaffenheit hin. In Lessings berühmtestem Lustspiel schließlich, der 1767 publizierten *Minna von Barnhelm*, löst sich der Dichter dann aber weitgehend vom Typenkonzept der sächsischen Typenkomödie und entwirft zumindest in den Hauptfiguren individualisierte Charaktere. Der Major Tellheim scheint zwar anfangs wie ein Typus der sächsischen Typenkomödie angelegt zu sein. Sein Fehler ist die Ehrsucht, man könnte in ihm leicht einen eingebildeten adligen Militär sehen. Doch es geht in LESSINGS Komödie nicht darum, dass der Fehler Tellheims verlacht wird, sondern der Zuschauer soll erkennen, dass Tellheim Recht hat. Zu diesem Zweck wird die Figur weggerückt von einer typisierenden Zeichnung, wie sie im Stück etwa die Nebenfiguren aufweisen, der neugierige Wirt, der treue Diener etc., die aus der Commedia dell'Arte stammen. Tellheim wird weggerückt aus dem Umfeld der Typen und im Verlauf des Stückes immer deutlicher zu einem Charakter. Ob Tellheim im Verlauf des Stückes eine Entwicklung durchmacht (wie die ältere Forschung behauptete) oder nicht (wie die neuere Forschung es sieht, da sich lediglich die Umstände ändern), wäre zu diskutieren.

Neue Konzepte

Ab der zweiten Hälfte des 18. Jahrhunderts wandelt sich das anthropologische Konzept, das Bild des Menschen in Literatur und Philosophie. Der Mensch wird nun zunehmend als unverwechselbares Individuum konzipiert. Auf diese neue Konzeption des Menschen reagiert die Schauspielkunst. Wir finden Schauspielerpersönlichkeiten, die die ihnen vorgegebenen Rollen zunehmend individualisierend darstellen (vgl. KOŠENINA 1995). Das spornt wiederum die Dramenautoren dazu an, die Typisierung der Figuren durch individuelle Charakterisierung zu ersetzen. Den Höhepunkt dieser Entwicklung bildet das Drama des Naturalismus ab den 1880er Jahren.

Vom Typus zum Charakter

Das Theater des 19. Jahrhunderts nimmt oft Typen als Ausgangspunkt für seine Figuren, um sie dann so zu modellieren, dass die Typenhaftigkeit nur noch ganz dezent aufscheint und von einer individuellen Ausgestaltung überlagert wird. So entspricht etwa der Dorfrichter Adam in KLEISTS *Zerbrochnem Krug* vom Typus her dem lüsternen Alten aus der lateinischen Komödie bzw. der Commedia dell'Arte, dringt Adam doch mit recht eindeutigen Absichten in Evens Zimmer ein. Doch der Typus des geilen Alten wird bei KLEIST so sehr individualisiert, dass eine unverwechselbare Figur daraus entsteht, eben der Dorfrichter Adam.

Figur im naturalistischen Drama

Der Naturalismus bildet den Höhepunkt und Abschluss des Charakterdramas. In vielen naturalistischen Dramen resultiert der Handlungskonflikt aus der Konzeption der Figur. Der Charakter ist hier der Handlung übergeordnet. Das mag zunächst überraschen, ist aber stimmig im poetologischen Konzept des Naturalismus. Die Vererbungslehre wird (neben dem Milieu) zum neuen Dogma, um den Charakter einer Figur zu begründen. Die Figur kann ihrer ererbten Disposition (etwa dem Alkoholismus) nicht entkommen. Sie ist ihr ausgeliefert. Das erzeugt den tragischen Konflikt.

Expressionismus

Das Theater nach dem Naturalismus ist dann fast durchgängig durch ein Zurücknehmen des Charakters gekennzeichnet. Im Drama des Expressionismus wird eine neue Typenhaftigkeit entworfen. Ein extremes Beispiel in dieser Hinsicht stellt GEORG KAISERS (1878–1945) *Gas zweiter Teil* (1920) dar, in dem sieben Blaufiguren und sieben Gelbfiguren auftreten. Das expressionistische Drama bedarf stark typisierter Figuren, weil es mythologisch aufgeladene Ur-Konflikte darstellen will, Konflikte zwischen Vater und Sohn, Mann und Frau, Bruderzwiste.

Auflösung des Figurenkonzeptes

Ein weiteres Verfahren der Moderne, den Charakter-Figuren des naturalistischen Dramas entgegenzutreten, ist die Auflösung des Figurenkonzeptes im epischen Theater. Dies kann durch eine Entpsychologisierung geschehen, wie beim frühen BRECHT, oder durch Rollenbrüche, wie in BRECHTS epischem Theater. Die Auflösung des Figurenkonzeptes ist ferner typisch für das postdramatische Theater. In HEINER MÜLLERS (1929–1995) *Die Hamletmaschine* von 1977 reflektiert ein Sprecher, der zeitweise auch die Hamletrolle spielt, über diese Hamletrolle:
„Hamletdarsteller (legt Maske und Kostüm ab) Ich bin nicht Hamlet. Ich spiele keine Rolle mehr. Meine Worte haben mir nichts mehr zu sagen. Meine Gedanken saugen den Bildern das Blut aus. Mein Drama findet nicht mehr statt. Hinter mir wird die Dekoration aufgebaut. Von Leuten, die mein Drama nicht interessiert, für Leute die es nichts angeht. Mich interessiert es auch nicht mehr. Ich spiele nicht mehr mit."
(MÜLLER 2001, 549)

4 Techniken der Figurencharakterisierung

Zwei Möglichkeiten

Grundsätzlich lässt sich zwischen **figuraler** und **auktorialer Charakterisierung** der Figuren unterscheiden (vgl. PFISTER 1988, 252).

DEFINITION

Figural meint, dass die Figuren durch Figuren charakterisiert werden, entweder, indem sich eine Figur selbst charakterisiert, oder indem andere Figuren sie charakterisieren.

Figurale Charakterisierung

Man kann hier zwischen expliziter und impliziter figuraler Charakterisierung unterscheiden. Die explizite figurale Charakterisierung umfasst die sprachlichen Äußerungen, mit denen die Figuren sich selbst oder andere charakterisieren. Das kann jeweils in Dialog- oder Monologform geschehen. Die implizite figurale Charakterisierung umfasst die ganzen im Nebentext festgelegten Zeichen, die eine Figur charakterisieren. Es sind die nonverbalen Zeichen in der Aufführung, wie die Figur aussieht, sich bewegt, welche Gesten und welche Mimik ihr zugeordnet werden und welche Kleidung sie trägt. Auch die Wohnung einer Figur kann diese implizit figural charakterisieren. Zu den impliziten Mitteln gehören ferner auch sprachliche Zeichen wie der Soziolekt, Dialekt oder stilistische Mittel wie die elaborierte Rhetorik des hohen Stils.

DEFINITION

Die auktoriale Charakterisierung ist eine Charakterisierung, die nicht durch die Figuren auf der Handlungsebene vorgenommen wird, sondern auf einer höheren Ebene des Dramas, etwa im Vorwort, im Personenverzeichnis, oder durch epische Elemente wie einen Prolog.

Auktoriale Charakterisierung

Man unterscheidet hier zwischen expliziter und impliziter auktorialer Charakterisierung. Die explizite liegt im Theatertext in allen Angaben des Nebentextes vor. Angaben zum körperlichen Aussehen, zur Kleidung, zur Art zu sprechen, zum Habitus, all das gehört zur auktorialen Figurencharakterisierung. Hinzu kommt zweitens die Möglichkeit, dass die Figur einen sprechenden Namen trägt, ein besonders in der sächsischen Typenkomödie häufig angewandtes Verfahren (z.B. Frau Leichtgläubin, Magister Scheinfromm). Eine dritte Möglichkeit der expliziten auktorialen Figurencharakterisierung ist dann gegeben, wenn das Drama mit epischen Mitteln arbeitet: zum Beispiel einen Prolog enthält, in dem die Figuren durch den Prologsprecher charakterisiert werden. Oder aber, wenn die Schauspieler aus der Rolle treten und die Figur, die sie spielen, kommentieren.

Anlage des Dramas

Die implizite auktoriale Figurencharakterisierung entsteht durch die Struktur des Dramas. Es können zum Beispiel wie in SCHILLERS *Räubern* ein guter und ein böser Bruder einander gegenübergestellt werden. Es kann aber auch eine Parallelhandlung zur Charakterisierung eingesetzt werden.

5 Figuren im Ensemble: Figurenkonstellation und Figurenkonfiguration

Figuren meist in Ensembles

Bei der Figurencharakterisierung hatte sich gezeigt, dass die Figuren nicht isoliert betrachtet werden können. Sieht man einmal vom Spezialfall des Ein-Personenstückes ab, stehen Figuren nicht allein auf der Bühne und können nicht für sich betrachtet werden, sondern sie stehen immer in Bezug zu den anderen Figuren des Dramas und charakterisieren sich so wechselseitig.

DEFINITION

Das Gesamtpersonal eines Stückes (alle im Drama auftretenden Figuren) wird als ***Figurenkonstellation*** *bezeichnet. Davon zu unterscheiden ist die* ***Figurenkonfiguration****, die die Figuren in jeweils einer bestimmten Szene meint. Die Figurenkonstellation eines Dramas umfasst alle Figuren, die im Stück auftreten. Hierzu gehören auch jene Figuren, die als stumme Figuren bezeichnet werden, wie auch jene Figuren, die nur im Verbund einer Masse auftreten, etwa „das Volk", „Soldaten" etc.*

Historische Beispiele

Wie viele Figuren in einem Drama auftreten, hängt vom Stoff des Dramas ab, mehr noch von den Rahmenbedingungen, unter denen Theater produziert wird. So war es im Schultheater des 16. bis 18. Jahrhunderts notwendig, die Stücke so anzulegen, dass möglichst viele Schüler, unter Umständen eben das ganze Gymnasium von der Sexta bis zur Prima, mitspielen konnten. Die Schultheaterstücke weisen daher oft sehr lange Personenverzeichnisse auf, mit Rollen für bis zu zweihundert Spieler (vgl. z. B. CHRISTIANS WEISES Schauspiel *Masaniello*, 1683). Ebenso kann aber auch die Beschränkung auf wenige Rollen durch die Aufführungspraxis vorgegeben sein. Die Theaterstücke der Wanderbühnen vom späten 16. bis ins 18. Jahrhundert enthalten nur wenige Rollen, weil die Wanderbühnentruppen meist aus nicht mehr als zehn Schauspielern bestanden.

Massenszenen

Im 19. Jahrhundert tendiert das Theater – Oper wie Sprechtheater – zum Ausstattungsstück. Vor allem die Theaterdirektoren der Hoftheater versuchten, möglichst prächtige Massenszenen auf der Bühne zu präsentieren. Dies auch bei Stücken, die vom Personal her eher als kleine Stücke zu bezeichnen sind. Durch die große Zahl von Statisten, die für die Handlung eigentlich keine Funktion haben, gewannen die Dramen nicht selten einen anderen Charakter, was sich besonders bei den Schilleraufführungen des 19. Jahrhunderts feststellen lässt. Aus den politisch brisanten Dramen Schillers wurden durch diese Art der Inszenierung quasi Volksschauspiele, bei denen es vorrangig darum ging, die Szene möglichst figurenreich auszugestalten. Dadurch trat die politische Botschaft der Schillerschen Dramen in den Hintergrund.

Expressionismus

Das Theater des 20. Jahrhunderts tendiert dann seit dem Expressionismus zu Extremformen, einerseits zur Rücknahme der Massenszenen bis hin zum Einpersonenstück, andererseits (im Arbeitertheater) zu neuen Formen der Integration von Massen etwa durch Sprechchöre.

Graphische Darstellung der Figurenkonstellation

Will man die Figurenkonstellation eines Dramas analysieren, muss für jede Figur deren Beziehung zu allen anderen Figuren untersucht werden. In der Dramenanalyse hat es sich eingebürgert, solche Konstellationen durch ein Schaubild zu verdeutlichen. Das ist, einmal abgesehen vom unterschiedlichen Geschick in graphischer Hinsicht, nur gelegentlich gewinnbringend. Bekannt geworden ist vor allem die Darstellung der Konstellation von GOETHES *Iphigenie* (1787) durch den Goethe-Forscher BERNHARD SEUFFERT.

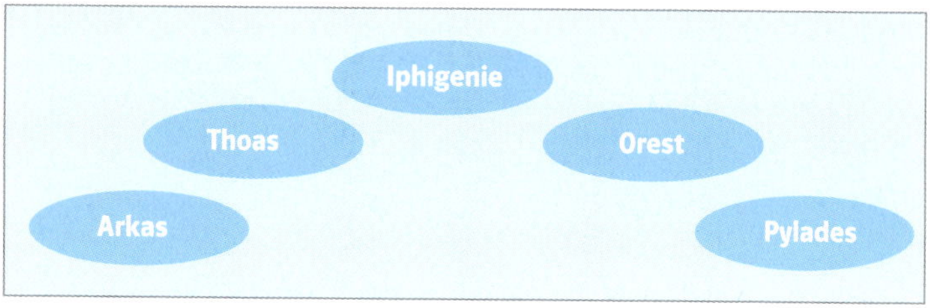

Abb. 8.2: Figurenkonstellation in GOETHES *Iphigenie auf Tauris*

GOETHES *Iphigenie auf Tauris*

Dieses Schaubild ist in der Tat übersichtlich und vermittelt einen guten Eindruck von der Struktur der Figurenkonstellation in GOETHES Schauspiel. Mit fünf Akteuren ist dieses Drama allerdings auch nicht besonders figurenreich. *Iphigenie* steht im Zentrum einer pyramidalen Konstruktion. Von den 20 Auftritten des Stückes ist sie in 16 auf der Bühne, Orest und Thoas in sieben, Pylades in fünf und Arkas in vier.

I, 1 Iph. I, 2 Iph., Akr. I, 3 Iph., Thoas I, 4 Iph.	III, 1 Iph. , Orest III, 2 Orest III, 3 Iph., Orest, Pyl.	V, 1 Thoas, Ark. V, 2 Thoas V, 3 Iph., Thoas V, 4 Iph., Thoas, Orest V, 5 Iph., Thoas, Orest, Ark., Pyl. V, 6 Iph., Thoas, Orest
II, 1 Orest, Pyl. II, 2 Iph., Pyl.	IV, 1 Iph. IV, 2 Iph., Ark. IV, 3 Iph. IV, 4 Iph., Pyl. IV, 5 Iph.	

Abb. 8.3: Figurenkonfiguration in GOETHES *Iphigenie auf Tauris*

Aussagekraft des Schaubildes

Doch nicht nur in quantitativer Hinsicht bildet Iphigenie das Zentrum des Schauspiels. Sie ist auch diejenige Figur, die mit allen anderen Figuren im Gespräch steht, während etwa Pylades und Arkas an den Außenpositionen je nur mit Orest und Thoas kommunizieren. Iphigenie ist also eine Vermittlerfigur. Sie löst nicht nur den Konflikt mit Thoas, sondern auch den mit ihrem Bruder Orest, der sie zur Flucht drängt, ohne sich zuvor mit den Taurern ausgesöhnt zu haben.

LESSINGS *Emilia Galotti*

Etwas komplizierter schon ist das Schaubild von BERNHARD ASMUTH zur Figurenkonstellation in LESSINGS *Emilia Galotti*.

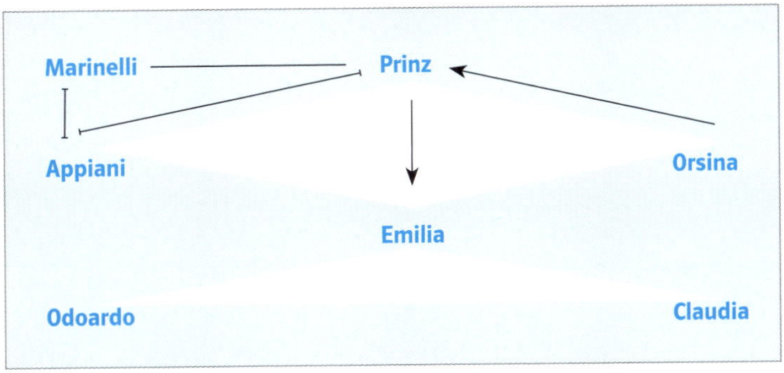

Abb. 8.4: Figurenkonstellation in LESSINGS *Emilia Galotti*

Hier sind die Beziehungen der Figuren durch graphische Zeichen verdeutlicht, die dann in einer Legende näher erläutert werden müssen: gegenseitige, nicht gestörte Beziehung, gestörte gegnerische Beziehung usw.

Grenzen der graphischen Darstellung

Es mag Geschmacksache bleiben, ab welchem Grad von Komplexität sich die Figuren eines Dramas nicht mehr oder nur ungenügend in einem einzigen graphischen Schaubild darstellen lassen. Schon in dem noch übersichtlichen Schaubild zu *Emilia Galotti* geht ja vieles an Information verloren. So ist es zwar richtig, dass Marinelli und der Prinz durch eine gegenseitige, nicht gestörte Beziehung gekennzeichnet werden können. Dem Schaubild indes nicht zu entnehmen ist ein wesentlicher Aspekt, der die Beziehung der beiden auch prägt: der Machtaspekt. Der Prinz ist Herr, Marinelli sein Diener.

TIPP

Die Analyse der Figurenkonstellation eignet sich als Einstieg bei der Interpretation eines Dramas. Oft liefert die Figurenkonstellation einen hilfreichen Schlüssel für die Gesamtinterpretation. Wenn die Figurenkonstellation graphisch dargestellt wird, sollten die Schaubilder nicht zu komplex werden, sonst wirken sie unübersichtlich.

Warum Figurenkonfigurationen analysieren?

Bei der Analyse der Figurenkonfiguration in den einzelnen Szenen eines Dramas ist es sinnvoll, sich eine Tabelle anzulegen, und in diese einzutragen, wer in welchen Szenen auftritt (vgl. das Schaubild 8.3). Durch eine solche Analyse der Personenkonfiguration erkennt man, wer am häufigsten auf der Bühne steht (**dominante Figuren**), wer mit wem kommuniziert und mit wem nicht. So ist es zum Beispiel auffällig, dass in SCHILLERS *Räubern* Karl und Franz, die verfeindeten Brüder, keinen gemeinsamen Auftritt haben. Sie reden zwar viel übereinander, und Franz intrigiert gegen seinen Bruder, aber es kommt zu keiner direkten Aussprache, zumindest nicht in der Schauspielfassung des Stückes. Der dramatische Konflikt bildet sich so auch durch die Konfiguration in den einzelnen Szenen ab.

Konkomitante Figuren

Es gibt auch Figuren, die immer zusammen auftreten. Meist ist das der Fall bei Dienerfiguren, die etwa nur dann auftreten, wenn auch der Herr oder die Herrin auftreten. Man nennt solche Figuren konkomitante Figuren.

6 Typische Figurenkonstellationen

Antagonistische Struktur

Oft weisen die Dramen von der Figurenkonstellation her eine **antagonistische Struktur** auf. Es gibt zwei Parteien, die sich bekämpfen. Jede Partei wird von einer Zentralfigur angeführt. Hinzu kommen dann meist noch Figuren, die eine vermittelnde oder eine Außenseiterstellung einnehmen. Aus dem Antagonismus der beiden einander zugeordneten Hauptfiguren entstehen der dramatische Konflikt und die Handlung. Solch typische Antagonismen sind die Vater-Sohn-Konstellation, die feindlichen Brüder, die junge Frau und der Verführer, Diener und Herr, Mann und Frau, zwei politische Lager oder auch: Einzelner versus Gemeinschaft (Störenfried-Formel).

Bürgerliches Trauerspiel

Die dramatische Produktion in einzelnen Epochen arbeitet sich regelrecht an bestimmten Figurenkonstellationen ab. Für das bürgerliche Trauerspiel ist etwa die Konstellation junge unschuldige Frau versus amoralischer Verführer zentral, die meist noch sozial verschärft wird: Das Mädchen ist bürgerlich, der Verführer adlig. Auf diese Weise gewinnt die Verführungsgeschichte ein politisches Potential, das sie zunächst einmal für sich genommen nicht besitzt. Der Vater-Sohn-Konflikt wiederum ist nicht nur typisch für das Drama des Sturm und Drang, sondern auch für das des Expressionismus.

LESSINGS *Miß Sara Sampson*

Durch die Figurenkonstellation eines Stückes entsteht meist eine für die Epoche typische Signatur. So können wir oft schon allein aufgrund der Figurenkonstellation erkennen, welcher Epoche ein Theaterstück angehört. Im bürgerlichen Trauerspiel ab der zweiten Hälfte des 18. Jahrhunderts wird eine Familienstruktur präsentiert, die fast immer unvollständig ist, weil die Mutter fehlt. Der Kern der Konstellation besteht aus einer Vater-Tochter-Beziehung, die durch einen Dritten, meist einen adligen Verführer, gestört wird. Der adlige Verführer wiederum unterhält eine Beziehung zu einer adligen Dame des Hofes, meist einer Mätresse. Dies ist die Grundkonstellation, die in zahlreichen bürgerlichen Trauerspielen wiederholt und variiert wird. Das bekannteste Beispiel stellt LESSINGS *Miß Sara Sampson* dar. Die Titelheldin ist in den etwas leichtlebigen Adligen Mellefont verliebt, hat sich sogar von ihm entführen lassen. Mellefont wiederum stand vorher in einer Beziehung zu Lady Marwood, einer adligen Frau. Saras Vater, der alte William, nichts als Tochterliebe und Verzeihen im Sinn, findet seine Tochter im Verlauf des Stückes wieder, während die Marwood Mellefont zurückgewinnen will und dafür alle Mittel einsetzt, zuletzt auch Gift, so dass Sara von ihrer Hand stirbt. Diese Figurenkonstellation wird im 18. und frühen 19. Jahrhundert unzählige Male mehr oder weniger phantasievoll aufgegriffen und variiert, so etwa in SCHILLERS *Kabale und Liebe*.

GOETHES *Stella*

Auch GOETHES *Schauspiel für Liebende Stella*, obwohl es kein bürgerliches Trauerspiel ist, zitiert in der Figurenkonstellation LESSINGS *Miß Sara Sampson*, wandelt die Konstellation jedoch in entscheidenden Punkten ab. Wir finden wieder die Position des adligen Verführers, hier heißt er Fernando. Er hat Cäcilie, seine erste Frau, verlassen und sich in Stella verliebt. Das entspricht genau der Konstellation Mellefont – Sara – Marwood. Jedoch ist Cäcilie keine intrigante Mätresse, sondern voller aufrichtiger Empfindungen. Sie bringt ihre Nebenbuhlerin also nicht um und am Schluss der ersten Fassung steht eine Ehe zu dritt. Was in *Stella* außerdem fehlt, ist die Vater-Figur. Erst die Absenz der Vater-Figur lässt das Stück nicht als Trauerspiel enden, sondern ermöglicht die utopische Neuordnung der sozialen Beziehungen. Neben der Abwesenheit der Vaterfigur ist es besonders die Position der adligen Mätresse, die GOETHE umdeutet. War sie bei LESSING eine grell überzeichnete Hexe, eine Rachefurie, der jedes Mittel recht ist und die eigentlich eher in der barocken Oper als im bürgerlichen Trauerspiel ihren angemessenen Ort fände, so gestaltet Goethe diese Figur völlig neu, obwohl er deren Funktion im Gefüge der Figurenkonstellation beibehält. Sie bleibt die verlassene erste Geliebte des männlichen Helden, wird aber von einer typischen Opernfigur zu einer zutiefst humanen, wahrhaft liebenden Frau, die eben nicht anders kann, als dem verlorenen Mann weiterhin von Herzen zugetan zu sein. Man versteht das Eigenartige, ja Revolutionäre von GOETHES Schauspiel besser, wenn man die Vergleichsstücke, die durch die Figurenkonstellation evoziert werden, auch tatsächlich zum Vergleich heranzieht und dann betrachtet, an welchen Punkten GOETHE Änderungen anbringt.

Figurenkonstellationen als Zitate

Gerade für das Verständnis des postdramatischen Theaters ist das zitierende Spielen mit Figurenkonstellationen wichtig. In ELFRIEDE JELINEKS Komödie *Raststätte oder sie machens alle* (1994) wird etwa schon durch die Figurenkonstellation (wie auch den Titel) ein Hinweis auf MOZARTS Oper *Cosí fan tutte* [So machen's alle Frauen] gegeben. Hier wie dort finden wir zwei Paare, wobei die Männer sich dann verkleiden und die Frau des jeweils anderen Mannes verführen. Die vermittelnde Funktion übernehmen bei MOZART ein alter Philosoph und eine Dienerin, bei JELINEK sind es ein Kellner sowie ein Elch und ein Bär, aus deren Kostümen am Schluss aber zwei japanische Philosophiestudenten hervorspringen. Auch hier ermöglicht die Personenkonstellation einen Zugang zur Interpretation des Werkes.

1 Epische Elemente im Drama

Begriff

Der Begriff „episches Theater“ ist von BERTOLT BRECHT (1898–1956) geprägt worden, um die Merkmale seines Theaterkonzeptes zu charakterisieren. Episches Theater als Phänomen gab es jedoch schon lange vor BRECHT. Auch das Theater vor BRECHT enthält in geringerem oder größerem Umfang Elemente des epischen Theaters.

Episches Theater kein Spezialfall

Bezeichnet man das nicht-epische Theater als dramatisches Theater, so kann man feststellen, dass das dramatische Theater im deutschen Sprachraum eigentlich nur in der Zeit zwischen 1750 und 1920 dominierte, und auch hier nicht unangefochten. Es ist daher wenig sinnvoll, das epische Theater als Sonderfall, als Abweichung von der Norm des dramatischen Theaters zu betrachten. Besser ist es, wie im Fall der geschlossenen und der offenen Form des Dramas, von Mischungsverhältnissen auszugehen und danach zu fragen, welche Elemente des epischen Theaters sich auch im traditionellen Theater finden lassen.

Das Dramatische als problematische Kategorie

Damit geht freilich die klare Abgrenzung zwischen dem Dramatischen und dem Epischen, wie sie EMIL STAIGER vorschlug (STAIGER 1971, 7ff.), verloren. Das Drama ist in diesem Sinne nur eingeschränkt über das Dramatische zu bestimmen. Als Gewinn erhalten wir jedoch ein differenzierteres Verfahren, um das Drama in seinen vielfältigen historischen Erscheinungsformen zu beschreiben. So gewinnt gerade auch BRECHTS Theaterkonzept vor dem Hintergrund der epischen Tradition neues Profil.

2 Die vermittelnde Kommunikationsebene als Hauptmerkmal des epischen Theaters

Erzählerfunktion

Versucht man erzählende Formen wie Roman oder Novelle von theatralen Gattungen abzugrenzen, kann man feststellen, dass in den erzählenden Gattungen meist ein Erzähler auftritt, der zwischen dem Leser und der Handlung mit ihren Figuren vermittelt. Beim dramatischen Theater hingegen ist diese vermittelnde Ebene nicht anzutreffen, es sei denn, wir haben es mit einem epischen Theaterkonzept zu tun.

Drei Kommunikationsebenen

Veranschaulichen wir uns das System der Kommunikation im Theater durch ein einfaches Modell, so ergeben sich drei Ebenen der Kommunikation:

1. Auf der **inneren Kommunikationsebene** (= Bühne) sprechen die Figuren des Stückes miteinander.
2. Auf der **äußeren Kommunikationsebene** (= Zuschauerraum) kommuniziert das Publikum unter sich.

3. Auf der **vermittelnden Kommunikationsebene** (= Rampe) sprechen die Figuren nicht untereinander, sondern direkt zum Publikum.

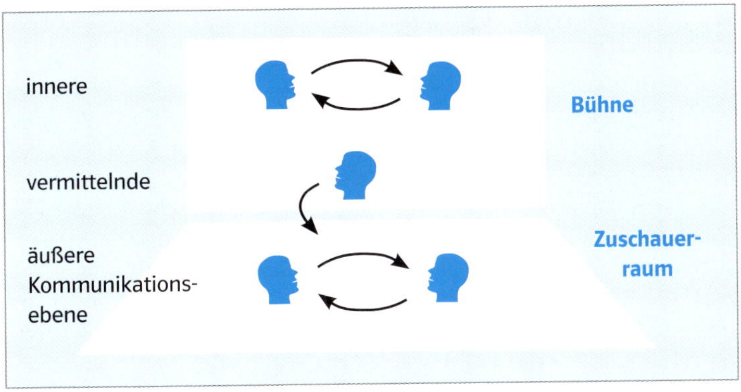

Abb. 9.1: Drei Kommunikationsebenen im Theater

Vermittelnde Kommunikationsebene

DEFINITION

Dramatisches Theater kommt ohne eine vermittelnde Kommunikationsebene aus, episches Theater ist prinzipiell dadurch gekennzeichnet, dass in ihm eine vermittelnde Kommunikationsebene vorhanden ist, die der Erzählerfunktion im Roman entspricht.

Erzählerfigur

Wie kann eine solche Erzählerfunktion im Drama realisiert werden? Am nächsten an die erzählenden Formen gelangen all jene Verfahren, die eine Erzählerfigur zwischen der Bühnenhandlung und dem Publikum positionieren. Diese Erzählerfigur weiß mehr als die Bühnenfiguren der inneren Kommunikationsebene. Sie kommentiert die Handlung auf der inneren Handlungsebene, kann verbindende Worte sprechen oder die Handlung auf die Situation des Publikums übertragen. Solche Erzählerfiguren sind etwa der Chor in der klassischen Tragödie und Komödie, aber auch im mittelalterlichen und barocken Theater. In der antiken Komödie nennt man diese direkte Hinwendung an das Publikum **Parabase** (griechisch: ‚Danebentreten', ‚Abschweifung'. FRIEDRICH SCHLEGEL bezeichnet dieses Phänomen in seiner Dramentheorie als **Parekbasis**). Erzählerfiguren sind ferner auch die **Prolog- und Epilogsprecher** im mittelalterlichen und frühneuzeitlichen Theater, die den Inhalt des Stückes zusammenfassen und seine Bedeutung erläutern.

Allegorische Figuren

Auch **allegorische Figuren**, wie etwa die Tugend oder das Laster, können als Erzählerfiguren auftreten und die Handlung kommentieren, ferner metaphysische Instanzen wie Gott, der Teufel oder Engel.

Rollenbruch

Die Erzählerfiguren können, müssen aber nicht strikt von der inneren Kommunikationsebene getrennt werden. Es ist vielmehr möglich, dass sie sowohl auf der inneren wie auch auf der vermittelnden Handlungsebene auftreten. Treten sie auf der inneren Kommunikationsebene auf, müssen sie **aus ihrer Rolle fallen**, um in eine andere, eben die des Kommentators auf der vermittelnden Kommunikationsebene, zu schlüpfen. In dieser Rolle wissen sie mehr als in der vorherigen Rolle. Traditionellerweise sind es vor allem die Diener und Narren, die komischen Figuren, die aus ihrer Rolle fallen und sich kommentierend und wertend direkt zum Publikum hin äußern. Als Diener sind sie unter Umständen dumm oder werden für dumm gehalten, auf der vermittelnden Kommunikationsebene wissen sie dagegen mehr als ihre Herren.

Rampe, Musik

Solche Wechsel der Kommunikationsebene, die mit einem Rollenwechsel einhergehen, können durch verschiedene Mittel zusätzlich verdeutlicht werden. Sprachlich durch den Wechsel von der Prosa zum Vers, räumlich durch das Vortreten der Figur an die Rampe oder musikalisch durch den Wechsel vom gesprochenen zum gesungenen Wort (Arie, Song, Lied).

3 Illusionsbruch und Distanzerzeugung im epischen Theater

V-Effekte

Der Einbau einer vermittelnden Kommunikationsebene bringt beim Zuschauer zwei Wirkungen hervor:

1. Der Zuschauer erlebt das Geschehen auf der Bühne nicht mehr direkt und ungebrochen, sondern wird gezwungen, es durch die Brille der vermittelnden Figuren zu betrachten.
2. Der Zuschauer kann der Handlung auf der inneren Kommunikationsebene nicht ungehindert folgen, sondern wird durch störende Effekte immer wieder genötigt, in Distanz zu ihr zu treten. Solche Effekte, die einen Illusionsbruch bewirken, nennt Brecht **Verfremdungs**- oder kurz **V-Effekte.**

Anti-Illusionstheater

Das epische Theater zerstört beim Zuschauer die Illusion des direkten Erlebens der Handlung. Es lässt sich daher vor allem als **Anti-Illusionstheater** begreifen. Brechts Konzept des epischen Theaters wendet sich vor allem gegen das Theater des Naturalismus, das den Höhepunkt des Illusionstheaters darstellt. Um Brechts Wende gegen diese Theaterform zu verstehen, ist ein Blick auf das Konzept des Illusionstheaters notwendig.

4 Was ist Illusionstheater?

Definition

Das Illusionstheater kam im späten 18. Jahrhundert auf und geht von einer strikten Trennung zwischen Zuschauern und Schauspielern aus. Diese Trennung wird zunächst durch die Architektur des Theaterbaus ermöglicht. Das Theatergebäude besteht aus einem Zuschauerraum, der deutlich, meist durch einen Orchestergraben, von der Bühne getrennt ist. Zuschauer und Schauspieler kommen aufgrund der Architektur nicht miteinander in Berührung. Ein Theaterstück, das dieser architektonischen Vorgabe entspricht, ist so angelegt, dass der Zuschauer nicht in das Stück eingreifen soll und darf.

Vierte Wand

Der Zuschauer ist auf seine Rolle als Voyeur festgelegt. Er darf heimlich zuschauen, ohne selbst beobachtet zu werden, denn das Theaterstück auf der Bühne wird so gespielt, als ob das Publikum nicht anwesend wäre. Das Spiel vollzieht sich quasi in einem Kasten, nur dass man von diesem Kasten eine Wand – die **vierte Wand** – entfernt hat. Die entfernte vierte Wand ist das „Schlüsselloch“, durch das die Zuschauer heimlich, als Voyeure, ein Schauspiel beobachten.

Meininger Theatertruppe

Innerhalb des Kastens, von dem die vierte Wand fehlt, ist nun vom Bühnenbild, den Requisiten, von den Kostümen und vom Verhalten der Schauspieler und Schauspielerinnen her alles so eingerichtet, dass die voyeuristische Illusion nicht zerstört wird. Wenn das Schauspiel beispielsweise ein bürgerliches Wohnzimmer aus dem Jahre 1830 vorschreibt, dann sind der Regisseur und der Bühnenbildner bemüht, ein solches Wohnzimmer möglichst detailgetreu nachzubilden. Diese Liebe zum Detail kennzeichnete vor allem die Inszenierungen der **Meininger Theatertruppe** in der zweiten Hälfte des 19. Jahrhunderts. Der von dem Meininger Herzog Georg II. kreierte Inszenierungsstil sah eine Rekonstruktion aller historischen Details nach dem jeweils aktuellen Stand der Geschichtswissenschaft vor. Besonders in historischen Dramen mussten das Zeit- wie auch generell das Lokalkolorit gewahrt werden, so dass eine Illusionswirkung beim Zuschauer hervorgerufen wurde (vgl. Osborne 1980).

Illusionstheater dominiert ab dem 19. Jahrhundert

Das Illusionstheater mit seiner vierten Wand ist eine Erfindung des 18. Jahrhunderts. Das Konzept wird erstmals von Denis Diderot formuliert (vgl. Kap. 3). Das Theater vorher, in der Antike, im Mittelalter und in der Frühen Neuzeit bis einschließlich dem 18. Jahrhundert, enthielt immer anti-illusionistische Elemente. Gerade auch das barocke Theater, das durchaus schon die Guckkastenbühne benutzte, setzte diese Bühne anti-illusionistisch ein. Im Barocktheater etwa wird die Grenze zwischen Publikum und Bühne immer wieder durch epische Mittel überspielt, die Schauspieler brechen immer wieder aus ihren Rollen aus.

Anti-aristotelisches Theater?

Das Illusionstheater des 19. Jahrhunderts wird manchmal auch (vor allem von BRECHT) als **aristotelisches Theater** bezeichnet. Ein Theater, das sich dagegen wendet, dann als **anti-aristotelisches Theater**. Diese Begriffe sind allerdings irreführend. Schon das Theater der Griechen, das den kulturellen Hintergrund für die berühmte *Poetik* des ARISTOTELES abgibt, war kein Illusionstheater. Nach allem, was wir über die Bühnenpraxis wissen, kommt dieses Theater vielen anti-illusionistischen Theaterkonzepten des späteren epischen Theaters sehr nahe. Wenn Brecht vom aristotelischen Theater spricht, dann meint er eigentlich das naturalistische Theater der geschlossenen Form, das hochgradig auf Illusionserzeugung hin angelegt ist. Man könnte daher präziser sagen, dass das Illusionstheater des 19. Jahrhunderts zusätzlich zu seiner Eigenschaft als Illusionstheater meistens auch noch ein aristotelisches Theater war, etwa wenn es den aristotelischen Forderungen des Handlungsaufbaus entsprach. Das Anti-Illusionstheater ist meistens auch ein anti-aristotelisches Theater. Aber nicht in allen Punkten. In BRECHTS epischem Theater etwa wird die Handlung meist im Sinne des ARISTOTELES als zusammenhängende Handlung konzipiert.

Emotionalisierung des Zuschauers

Die oberste Aufgabe des Illusionstheaters ist es, im Voyeur eine Illusion zu erzeugen. Er soll durch die Illusion des Guckkastens völlig in die Welt im Guckkasten hineingezogen werden. Dieses Hineingezogenwerden wird gleichzeitig als Emotionalisierung aufgefasst. Der Zuschauer geht ganz in seinen Emotionen auf, lacht, weint und ist gerührt, verzichtet dabei aber auf kritische Reflexion. Ob das tatsächlich so ist, ob der Zuschauer nur seine Emotionen auslebt, dabei aber nicht moralisch gebessert oder politisch aufgeklärt wird, das sei dahingestellt. Jedenfalls lauten so die Standardvorwürfe, die die Kritiker gegen das Illusionstheater vorbringen.

BRECHTS Schema

BERTOLT BRECHT hat diese Opposition im Zuschauerverhalten zugespitzt und anlässlich der Uraufführung seiner und KURT WEILLS Oper *Aufstieg und Fall der Stadt Mahagonny* (1929) in folgendes Schaubild gebracht:

Dramatische Form des Theaters	Epische Form des Theaters
handelnd	erzählend
verwickelt den Zuschauer in eine Bühnenaktion	macht den Zuschauer zum Betrachter, aber
verbraucht seine Aktivität	weckt seine Aktivität
ermöglicht ihm Gefühle	erzwingt von ihm Entscheidungen
Erlebnis	Weltbild
Der Zuschauer wird in etwas hineinversetzt	er wird gegenübergesetzt
Suggestion	Argument

Dramatische Form des Theaters	Epische Form des Theaters
Die Empfindungen werden konserviert	bis zu Erkenntnissen getrieben
Der Zuschauer steht mittendrin, miterlebt	Der Zuschauer steht gegenüber, studiert
Der Mensch als bekannt vorausgesetzt	Der Mensch ist Gegenstand der Untersuchung
Der unveränderliche Mensch	Der veränderliche und der verändernde Mensch
Spannung auf den Ausgang	Spannung auf den Gang
Eine Szene für die andere	Jede Szene für sich
Wachstum	Montage
Geschehen linear	in Kurven
Evolutionäre Zwangsläufigkeit	Sprünge
Der Mensch ist Fixum	Der Mensch als Prozeß
Das Denken bestimmt das Sein	Das gesellschaftliche Sein bestimmt das Denken
Gefühl	Ratio

Gefühl versus Ratio

BRECHTS Unterscheidung von epischer und dramatischer Oper geht vor allem von der Zuschauereinstellung aus. Das Begriffspaar „Gefühl" versus „Ratio" fasst die Kette der Oppositionen am Schluss gut zusammen.

Rolle der Inszenierung

Das epische Theater ist also vor allem ein Anti-Illusionstheater. Die antiillusionistische Wirkung, das sei hier wenigstens am Rande vermerkt, kann natürlich auch durch die Inszenierung erreicht werden. So, wie die Figuren aus ihrer Rolle fallen können, so kann das Bühnenbild verfremdet, etwa abstrahiert werden, indem es zur Projektionsfläche für Spruchbänder oder nebenher ablaufende Filme gemacht wird. Auch durch die Wahl der Kostüme können Verfremdungseffekte hervorgebracht werden, wenn sie nicht zur dargestellten Epoche passen. Durch die Inszenierung kann ein Theaterstück episiert werden, das von seiner Anlage her durchaus dem Illusionstheater verpflichtet ist.

5 Möglichkeiten der Distanzerzeugung im dramatischen Theater

Auch im dramatischen Theater

Distanzerzeugung und Illusionsbruch als Effekte lassen sich allerdings nicht nur über die Einschaltung einer vermittelnden Kommunikationsebene hervorbringen. Auch dem traditionellen dramatischen Theater stehen Mittel bereit, um diese Effekte zu produzieren.

Spiel im Spiel

Generell erzeugt jede Rahmung einer Handlung durch eine zweite Handlung einen Distanzierungseffekt. Das bekannteste Mittel theatraler Rahmung ist das **Spiel im Spiel**. Auf der Bühne wird wieder eine Bühne aufgestellt, wir sehen Zuschauer auf der Bühne, die dem Geschehen auf der zweiten Bühne folgen, es kommentieren, möglicherweise auch eingreifen. Dabei muss die Distanzerzeugung nicht mit einem Illusionsbruch einhergehen. Die Figuren der Rahmenhandlung müssen nicht notwendigerweise auf der vermittelnden Kommunikationsebene handeln, das heißt, zum Publikum hin sprechen (vgl. Kap. 10).

Offene Form des Dramas

Distanzierungseffekte bringen vor allem die Mittel der offenen Dramenform hervor. Wenn ein Theaterstück etwa große Zeit- und Raumsprünge einsetzt, anstatt einer einheitlichen, zusammenhängenden Handlung zwei auf den ersten Blick nicht zusammenhängende Handlungsstränge oder viele kleine unzusammenhängende Handlungssequenzen präsentiert, wenn eine Handlung abbricht, so sind all dies ebenfalls Effekte, die eine Distanzierung bis hin zum Illusionsbruch bewirken können. Der Zuschauer wird aus der Handlung herausgerissen und denkt darüber nach, was die Handlung A mit der Handlung B zu tun haben könnte, oder wie die Handlung C enden könnte. Alle diese Mittel der offenen Theaterform sind aber nicht genuin episch, sie treten nur meist im Verbund mit epischen Konzepten auf.

Sprache

Auch die Sprache der Figuren kann so angelegt sein, dass sich ein Distanzierungseffekt einstellt. So ist etwa die Figurenrede in SCHILLERS *Wilhelm Tell*, einem illusionistisch konzipierten Schauspiel, durch die Verwendung von Sprichwörtern und Sentenzen gekennzeichnet. Auf diese Weise wird die Aussage der Figuren über den Kontext der dramatischen Situation hinaus ins Politische verallgemeinert.

6 Zwei Beispiele für Formen epischen Theaters

Im Folgenden sollen zwei Dramen vorgestellt werden, die auf jeweils unterschiedliche Weise epische Elemente aufgreifen und für ihre religiösen oder politischen Zwecke einsetzen.

1 THOMAS NAOGEORG: *Tragoedia nova Pammachius.* Wittenberg 1538

Reformationstheater als Agitationstheater

Das Theater der Reformatoren kann in mancher Hinsicht mit dem politischen Theater des 20. Jahrhunderts verglichen werden. Den protestantischen Dramatikern ging es darum, ihre Positionen zu veranschaulichen und zu verteidigen. Während der pädagogische Nutzen bei den Schülern der Gymnasien, die diese Stücke meist aufführten, darin bestand, das Auftreten in der Öffentlichkeit zu lernen, sollten die Zuschauer im neuen Glauben gefestigt werden.

Erfolg des *Pammachius*

Die *Tragoedia nova Pammachius*, von THOMAS NAOGEORG (1508–1563) in lateinischer Sprache gedichtet, war eines der beliebtesten Reformationsdramen und erlebte schon im 16. Jahrhundert vier deutsche Übersetzungen.

Inhalt

NAOGEORGS *Pammachius* präsentiert sich von der Handlung her als eine Parabel, die die Machenschaften der katholischen Kirche entlarven möchte, aber bei dieser Entlarvung nicht stehen bleibt, sondern den Zuschauer zum Handeln, zum Eingreifen in den Lauf der Geschichte bewegen will. Die Handlung wird nicht um ihrer selbst willen vorgeführt, sondern muss vom Zuschauer auf die religiös-politischen Verhältnisse der Gegenwart übertragen werden.

Prolog

NAOGEORG setzt, wie im Drama des 16. Jahrhunderts üblich, eine vermittelnde Kommunikationsebene ein. Das Drama beginnt mit einem Prolog. Der Prologsprecher, der nur auf der vermittelnden Kommunikationsebene auftritt, spricht das Publikum mit einer Prologformel direkt an:

„Was wir euch brengen / ob ihrs wissen wolt/
Mein lieben Herrn / bald ihrs vornemen solt/“
(NAOGEORG 1975, 23)

Es folgt dann im Prolog eine kurze Inhaltsangabe, in der berichtet wird, wie der Papst Pammachius von Gott abfällt und einen Bund mit dem Teufel eingeht. Außerdem wird im Prolog die Handlung auf die Gegenwart übertragen, das heißt, die Wahrnehmung der Handlung durch den Zuschauer wird durch die vermittelnde Kommunikationsebene gesteuert.

Rahmenhandlung

Doch damit nicht genug der epischen Elemente. Die Handlung vom verführten Papst wird durch eine **Rahmenhandlung**, die im Himmel spielt, nochmals gebrochen. Hier unterhalten sich metaphysische Figuren, vor allem Christus und die Apostel, über den Lauf der Welt und kommentieren das Geschehen auf der Erde. Diese Figuren der Rahmenhandlung können zwar in die Handlung auf der inneren Kommunikationsebene eingreifen, sie besitzen aber einen anderen Status als die Figuren, die sich ausschließlich auf der inneren Kommunikationsebene bewegen. Sie verfügen über ein Mehrwissen und ihren Kommentaren wird zumindest von den protestantischen Lesern und Zuschauern ein höherer Wahrheitsgehalt zugesprochen. Die Pammachius-Handlung als Binnenhandlung wird der Rahmenhandlung auf diese Weise untergeordnet. So ergibt sich eine **Hierarchisierung der Handlungsebenen**.

Allegorische Figuren

Die Ebene der himmlischen Handlung wird immer wieder aufgenommen. So spielt der vierte Akt zu Beginn wieder im Himmel. Zwei allegorische Figuren treten auf: Veritas (die Wahrheit) und Parrhesie (die

Meinungsfreiheit) mussten wegen des Papstes die Erde verlassen und sind in den Himmel, ihren angestammten Wohnsitz, zurückgekehrt. Sie agieren als allegorische Figuren auf der vermittelnden Kommunikationsebene und kommentieren das Verhalten des Papstes. Christus, Petrus und Paulus beobachten die Ausschweifungen ihres Stellvertreters auf Erden. Hier können Wahrheit und Meinungsfreiheit tatsächlich nicht wohnen, das sehen sie ein. Christus überblickt nun die Welt, einen Ort suchend, an dem die Wahrheit und die Meinungsfreiheit eine Heimstatt haben könnten. In einer großartigen Szene zeigt Christus der Wahrheit ihre neue Bleibe: in Wittenberg bei Theophilus. Theophilus, der von Gott Geliebte, ist natürlich niemand anderer als Martin Luther.

Offenes Ende

Der fünfte Akt handelt – doch dies ist abermals ein genialer Einfall NAOGEORGS: Es gibt keinen fünften Akt. Stattdessen tritt der Epilog-Sprecher auf und verkündet, dass die Zuschauer nicht auf den fünften Akt warten sollen. Der fünfte Akt spiele außerhalb des Theaters in der Realität. Dort könne man das Treiben des Papstes erleben. Somit werden die Zuschauer implizit zum Eingreifen in diese Realität aufgefordert. Wir erleben klassisches Agitationstheater, wie es uns vierhundert Jahre später in der Weimarer Republik wiederbegegnet.

NAOGEORG setzt folgende episierenden Effekte ein:

- die vermittelnde Kommunikationsebene (Prolog, Epilog)
- allegorische Figuren
- Hierarchisierung der Binnenhandlung durch Rahmenhandlung
- offene Dramenform in Bezug auf die Handlung (Schluss des Stückes fehlt)

2 BERTOLT BRECHT: *Die Maßnahme*. Berlin 1930

Schuloper

BRECHTS knappes **Lehrstück** ist eigentlich eine Schuloper, die Musik stammt von HANNS EISLER. Das Stück ist für ein Laienensemble (Arbeiter, Schüler) konzipiert. BRECHT bricht radikal mit dem Verfahren des Illusionstheaters. Die Handlung wird nicht unvermittelt präsentiert, sondern im Rückblick rekonstruierend und erläuternd in einer Rahmenhandlung vorgespielt. Die Rahmenhandlung besteht aus einer Art Gerichtsversammlung und enthält eine Rechtfertigung, die die Agitatoren vor einem Kontrollchor ablegen müssen.

Rahmenhandlung

Der Kontrollchor stellt so etwas wie das Kollektiv schlechthin dar. Möglicherweise steht der Kontrollchor auch für die kommunistische Partei in ihrer Gesamtheit. Jedenfalls müssen sich die vier Agitatoren vor dem Chor dafür rechtfertigen, dass sie einen Genossen aus politischen Gründen getötet haben. In insgesamt acht Szenen erklären sie ihr Verhalten gegenüber dem Kontrollchor. An fast jede dieser Szenen schließt sich eine Diskussion der Agitatoren mit dem Kontrollchor an, und danach fällt er sein Urteil. Jedes Mal heißt der Chor das Verhalten der Agitatoren, also auch den abschließenden Mord, gut.

Erzählerfiguren

Alle acht Szenen beginnen zunächst mit einer Erzählung. Im für die Epik typischen Präteritum berichten die vier Agitatoren:

„Wir kamen als Agitatoren aus Moskau, wir sollten in die Stadt Mukden fahren, um Propaganda zu machen, und in den Betrieben aufbauen die chinesische Partei. Wir sollten uns im Parteihaus melden, welches das letzte nach der Grenze zu war, und einen Führer anfordern. Da trat uns im Vorzimmer ein junger Genosse entgegen, und wir sprachen von der Art unserer Aufgabe. Wir wiederholen das Gespräch.“ (BRECHT 1998, 12)

Vorführen statt Spielen

Die vier Agitatoren führen nun innerhalb dieses narrativen Rahmens einen kleinen Dialog auf. Sie bleiben dabei als Agitatoren auf der Bühne und deuten das Rollenspiel nur an. Das heißt, sie zeigen deutlich, dass sie Theater spielen, um zu verhindern, dass eine illusionistische Wirkung entsteht. In der Regieanweisung heißt es: „Sie stellen sich drei gegen einen auf, einer von den vieren stellt den jungen Genossen dar.“ Auf diese Weise spielen die vier Agitatoren dann vor, wie sie dem jungen Genossen die Aufgabe anvertrauen. Nachdem sie die Szene gespielt haben, treten sie wieder in ihre Rolle als Erzähler zurück:

„So war der junge Genosse von der Grenzstation einverstanden mit der Art unserer Arbeit, und wir traten, vier Männer und eine Frau, vor den Leiter des Parteihauses.“ (BRECHT 1998, 16)

Als weiteres distanzierendes Moment wird in jede Szene ein Song eingebaut, der die in der Szene demonstrierte Problematik auf eine allgemeinere Ebene hebt und sich durch Versform und Vertonung deutlich von den gesprochenen Passsagen des Stückes unterscheidet.

Neues Figurenkonzept

Hinzu tritt als weiterer Unterschied gegenüber dem Illusionstheater BRECHTS Neukonzeption der Figuren. Mit BRECHTS entindividualisierten Figuren (Typen) ist ein Maximum an Entfernung zum naturalistischen Charakterdarsteller, wie ihn das Illusionstheater liebte, erreicht. In der *Maßnahme* werden keine Charaktere eingeführt, die sich durch eine komplexe Psyche auszeichnen. Vielmehr geht es um elementare, lebensbedrohliche Situationen, in denen die Figuren nur als sogenannte **kalte Persona** bestehen können. Die kalte Persona war ein von bestimmten Autoren der 20er Jahre entwickeltes Verhaltensmodell, um in der modernen Gesellschaft überleben zu können. Man hat diese Figuren BRECHTS mit der behavioristischen Verhaltensforschung verglichen. Die Behavioristen gehen bei der Beobachtung von Verhalten nicht von einem Inneren aus, also von dem, was wir traditionell Seele oder Psyche nennen, sondern nur vom dem, was am Äußeren beobachtet werden kann. In Bezug auf BRECHTS *Maßnahme* muss man allerdings sagen, dass das behavioristische Modell zwar von den Agitatoren angestrebt wird, aber der junge Genosse es nicht schafft, seine Individualität in eine kalte Persona zu verwandeln. Er bleibt ungeachtet seines guten Willens auf halbem Wege stehen.

Handlung aristotelisch

Was die *Maßnahme* trotz aller epischen Elemente mit dem aristotelischen Theater verbindet, ist die durchgehende und zusammenhängende Handlung. In diesem Punkt wenigstens ist BRECHTS episches Theater aristotelisch. Die Handlung wird zwar oft durch epische Einschnitte unterbrochen, doch ist sie kausal aufgebaut (ein Handlungsschritt folgt aus dem andern) und weist, wie ARISTOTELES das forderte, einen klaren Anfang und ein klares Ende auf. Der Anfang: Der junge Genosse erhält von der Partei seinen Auftrag. Das Ende: Der junge Genosse wird von den Agitatoren getötet. Es gibt keine Nebenhandlung und keine Episoden.

Es sind also mehrere Elemente, die eine illusionistische Wirkung des Theaters erst gar nicht aufkommen lassen:
- die Erzählerfunktion mit der Rahmenhandlung
- das Vorführen von Rollenspielen
- die kommentierende Funktion der Songs
- die antipsychologische Konzeption der Figuren

1 Metadrama: Theater über das Theater

DEFINITION

*Der Begriff Metadrama bzw. Metatheater bezeichnet ein Drama oder ein Theater, das sich selbst und seine eigenen Bedingungen thematisiert. Ein Metadrama kann sich mit den Gesetzmäßigkeiten des Dramas beschäftigen, seinen Konstruktionsregeln, mit den einzelnen Elementen, aus denen es zusammengesetzt ist. Metatheater thematisiert den Theaterbetrieb, zeigt im Theater, wie Theater entsteht und funktioniert. Metadrama und Metatheater sind somit **selbstreflexiv**, sie beziehen sich auf sich selbst.*

Spiel im Spiel

Die bekannteste Form des Metadramas ist das **Spiel im Spiel**. In einem Drama (Rahmenebene) wird ein zweites Drama (Binnenebene) aufgeführt. Die Figuren der Rahmenebene können als Zuschauer dem Spiel auf der Binnenebene zuschauen, sie können eingreifen und auch selbst eine Rolle im Spiel auf der Binnenebene übernehmen.

Theaterprolog

Metadrama entsteht ferner durch den Einsatz epischer Mittel (vgl. Kapitel 11). Indem das Drama der inneren Kommunikationsebene auf der vermittelnden Kommunikationsebene kommentiert wird, wird die Kommentarebene zur Metaebene und damit das Drama als Ganzes zum Metadrama. Die im Theater vom 17. bis zum 19. Jahrhundert am häufigsten anzutreffende Form des Metatheaters ist der Theaterprolog. Im **Theaterprolog**, der mit dem nachfolgenden Drama meist nur lose verbunden ist, können Fragen des Theaterbetriebs geklärt werden: Die Einführung eines neuen Programms kann gerechtfertigt, eine veränderte Auffassung von Theaterspiel kann hier propagiert werden. Es können jedoch auch erläuternde Hinweise auf das nachfolgende Stück gegeben werden. Das „Vorspiel auf dem Theater“ aus GOETHES *Faust I* ist wohl das bekannteste Beispiel für diesen Typus von Metatheater.

Verkleidungskomödie

Auch innerhalb eines Dramas können durch das Vorführen theatraler Mittel metadramatische Effekte entstehen, etwa wenn in einer Verkleidungskomödie die Figuren die Rollen tauschen und so die Rollenhaftigkeit des Theaterspiels verdeutlichen.

Distanzierung

Mit dem Metadrama ist wie beim epischen Theater immer ein distanzierender Effekt verbunden. Die Zuschauer werden nicht in die Handlung hineingezogen, sie vergessen nicht, dass sie im Theater sitzen, weil sie immer wieder auf die Theatralität des Theaters hingewiesen werden. Metatheater geht in der Regel mit anti-illusionistischen Effekten einher. Ausnahmen sind jedoch möglich, wie das weiter unten diskutierte Beispiel von GERHART HAUPTMANNS *Ratten* zeigen wird.

Travestie

Metatheater muss dabei aber kein rein intellektuelles Theater sein. Mit der im 18. und 19. Jahrhundert weit verbreiteten Form der **Parodie** (**Travestie**) stellt auch das Unterhaltungstheater eine Form von Metatheater bereit. Ein erfolgreiches Theaterstück der hohen Bühne wird im Unterhaltungstheater parodiert. Die Parodie bleibt dabei permanent auf das hohe Stück bezogen. Im Folgenden werden die oben eingeführten Erscheinungsformen von Metadrama an Beispielen illustriert. Dabei geht es auch darum zu zeigen, welche verschiedenen Funktionen Metadrama erfüllen kann.

2 Theaterprologe

Theaterprolog ist Aufführungstext

Die am häufigsten anzutreffende Form des Metatheaters stellt der Theaterprolog dar. Meist ist der Theaterprolog kein fester Text. Er wird nicht zusammen mit dem Drama gedruckt, sondern ist für eine bestimmte Aufführung verfasst worden, bei der er vorgetragen wird. Der Theaterprolog tendiert dazu, ein reiner Aufführungstext zu sein, der von Abend zu Abend wechseln kann, je nachdem, wie die Situation es erfordert. Da nur wenige Theaterprologe, wie etwa das „Vorspiel auf dem Theater" aus Goethes *Faust I*, als integraler Bestandteil mit dem Drama gedruckt wurden, ist die Berücksichtigung der Aufführungspraxis unbedingt notwendig. Bis 1918 war es in Deutschland üblich, die Aufführungen von Dramen durch Prologe und Epiloge zu rahmen, so dass durch solche Rahmen Elemente des epischen Theaters mit dem Illusionstheater kombiniert wurden.

Inhalte des Theaterprologs

Der Theaterprolog ist Metatheater, weil in ihm die Rahmenbedingungen von Theater thematisiert werden. Meist ist der Prolog auf der vermittelnden Kommunikationsebene angesiedelt, in Form einer direkten Ansprache des Prologsprechers an das Publikum. Im Theaterprolog können folgende Themen behandelt werden:

- die Erwartungshaltung des Publikums
- Veränderungen im Programm: neuer Spielplan, neue Schauspieler, neue Direktion
- Erläuterungen zum aufzuführenden Drama
- Diskussion theaterästhetischer Konzepte
- direkte Bezugnahme auf Ehrengäste im Publikum
- Bezugnahme auf aktuelle politische oder gesellschaftliche Ereignisse

Anstelle einer direkten Ansprache auf der vermittelnden Ebene kann jedoch auch eine Szene vorgeführt werden, in der die genannten Themen abgehandelt werden. So gestaltet Goethe das „Vorspiel auf dem Theater" in Form einer Diskussion zwischen dem Direktor eines Theaters, seinem Theaterdichter und der lustigen Person, jener Figur, die vor allem bei den Wanderbühnen die Rolle des Spaßmachers spielte und die wichtigste Figur der Truppe war. In GOETHES Prolog wird die von GOTTSCHED entfachte zentrale Theaterkontroverse des 18. Jahrhunderts – gereinigtes Literaturtheater oder körperbezogenes Aktionstheater – noch einmal vorgeführt und als a priori falsche Alternative verabschiedet.

Der Hamburger Jahr-Marckt

Der Theaterprolog ist jedoch nicht nur typisch für das Sprechtheater, er findet sich auch im Musiktheater. In einer Hamburger Oper aus dem Jahre 1725, *Der Hamburger Jahr-Marckt Oder der Glückliche Betrug*, werden zunächst drei sich prügelnde Plakatanschläger vorgeführt. Jeder möchte sein Plakat am Turm anschlagen, der eine für die Oper, der zweite für die Komödie und der dritte für das Marionettentheater. Die Konkurrenzsituation unter den Hamburger Theatern wird so zunächst ganz handgreiflich veranschaulicht. Herr Tadelgerne und Herr Unpartheyisch treten hinzu und heben den Streit auf ein höheres Niveau. In ihrem Gespräch geht es um die Hamburger Oper. Tadelgerne erweist sich als intimer Kenner der Hamburger Operngeschichte und beklagt, dass früher alles besser gewesen sei. Man diskutiert über die Berechtigung der Oper als Kunstform, über das gegenwärtige Programm, aber auch allgemeiner über den Aufbau der Libretti und die Schönheit der Musik.

Allegorische Figuren

Typisch für den Theaterprolog bis weit ins 19. Jahrhundert hinein ist die Verwendung allegorischer oder mythologischer Figuren. In den Opernprologen treten oft die an der Oper beteiligten Künste als Figuren auf und streiten sich drüber, welche Kunst die edlere und für die Oper wichtigere sei. Auch die Figuren in GOETHES „Vorspiel auf dem Theater“ sind noch nach dem allegorischen Modell entworfen, die lustige Person etwa steht für die Prinzipien des Unterhaltungstheaters.

3 Spiel im Spiel

Typologie

Um die verschiedenen Typen des Spiels im Spiel zu systematisieren, kann man, einem Vorschlag MANFRED PFISTERS folgend (PFISTER 1988, 300f.), eine Skala aufmachen, wie stark die Figuren auf der Rahmen- und Binnenebene sich miteinander mischen. Das eine Extrem ergibt sich, wenn Rahmen- und Binnenebene deutlich getrennt bleiben, das andere Extrem wäre die Vermischung beider Ebenen, so dass der reale Zuschauer sie nicht mehr trennen kann. Zwischen diesen beiden äußeren Polen gibt es viele Zwischenstufen.

GRYPHIUS' *Absurda Comica*

Ein einfaches Beispiel bietet die ANDREAS GRYPHIUS zugeschriebene *Absurda Comica oder Herr Peter Squentz*. Der Inhalt ist mit dem Handwerkerspiel aus SHAKESPEARES *Sommernachtstraum* weitgehend identisch. GRYPHIUS selbst hat SHAKESPEARES Stück nicht gekannt, er muss über indirekte Vermittlung zu dem Stoff gelangt sein. In dem „Schimpf-Spiel“ führen die Handwerker des Dorfes Rumpelskirchen vor dem König

Theodorus, einem Theaterliebhaber, die bei dem römischen Dichter OVID überlieferte Liebesgeschichte zwischen Pyramus und Thisbe als Tragödie auf.

Trennung von Binnen- und Rahmenhandlung

Die adligen Figuren treten nicht im Binnenspiel auf. Sie bleiben Zuschauer, nur die Handwerker treten auf beiden Ebenen auf. Das Stück wird durch Kommentare der adligen Zuschauer wie auch durch Beiseitesprechen der bäuerlichen Schauspieler permanent unterbrochen. Die adligen Zuschauer machen sich über die mangelnden Fähigkeiten der Schauspieler lustig. Die Schauspieler wiederum haben ein Problem damit, in die Fiktion des Stückes hineinzufinden. Sie bleiben Bauern, auch wenn sie antike Figuren spielen wollen. Insofern kann man sagen, dass sie nicht aus ihren Rollen fallen, sondern gar nicht erst in diese hineingelangen.

Funktion des Spiels im Spiel

Inwiefern ist dieses Theater selbstreflexiv? Der Autor des Schimpf-Spiels entwirft als Negativbeispiel ein Theater, wie es nicht sein soll. An mehreren Stellen wird explizit deutlich, dass das Theater, so wie es die Handwerker aufführen, ein Meistersingertheater ist. Es handelt sich also um ein Drama, das aus dem 16. Jahrhundert stammen und von HANS SACHS sein könnte. Dieses Drama ist durch den Knittelvers charakterisiert, der sich hier von seiner holprigsten Seite zeigt. Die Handwerker aus dem Dorf sind nicht mit den neueren Tendenzen der Verskunst, wie sie durch MARTIN OPITZ formuliert wurden, vertraut. Die unbeholfene, veraltete Metrik ist ein erster Hinweis auf das mangelnde Decorum des Stückes. Noch deutlicher zeigt sich das fehlende Decorum in der Sprache der Figuren. Anstatt dass die hohen Figuren – bei Pyramus und Thisbe handelt es sich immerhin um eine Tragödie – einen gehobenen, rhetorisch elaborierten Stil sprechen, fallen sie immer wieder in einen bäuerlichen Jargon:
„Ein kühner Degen heist Piramus.
Der Tragiret den ersten Actus.
Die Liebe/ der reudichte schäbichte Hund /
Hat ihm seine 5. Sinnen verwundt/"
(GRYPHIUS 1983, 26f.)

Ex negativo wird so die Funktion des Theaters für die höfische Gesellschaft des 17. Jahrhunderts deutlich. Theater stellt den Oberschichten ein Modell bereit, um soziale Unterschiede zu inszenieren. Das, was die Handwerker nicht vermögen, sich nämlich sozial zu distinguieren, das zeichnet den Adel aus. Die Handwerkerschauspieler selbst bezeichnen ihre Fehler als Säue. Und die zuschauenden Adligen machen sich einen Spaß daraus, die Säue zu zählen und den Lohn am Ende der Vorstellung nach den Säuen zu bemessen. So, wie die Handwerker ihr Theater präsentiert haben, handelt es sich insgesamt um eine Sauerei. Eine Sauerei allerdings, die nicht funktionslos ist, denn durch das säuische Handwerkertheater kann das höfische Theater umso reiner erstrahlen. Höfisches

Theater schützt vor Säuen. Die strikte Abgrenzung der Binnenebene von der Rahmenebene veranschaulicht und legitimiert auf diese Weise die soziale Abgrenzung in der Gesellschaft.

SCHNITZLERS *Der grüne Kakadu*

Werden die primäre und die sekundäre Spielebene im *Peter Squentz* deutlich voneinander geschieden, eine Trennung, aus der das Spiel seinen theaterreflexiven Nutzen zieht, so geht es in ARTHUR SCHNITZLERS 1899 publiziertem Einakter *Der grüne Kakadu. Eine Groteske in einem Akt* gerade um die Vermischung beider Ebenen. Waren bei der *Absurda Comica* Binnen- und Rahmenhandlung auch räumlich deutlich getrennt (als Bühne auf der Bühne), so fällt diese Trennung bei SCHNITZLER fort. Schauplatz des Einakters ist eine Kneipe in Paris am 14. Juli 1789, also am Tag des Sturmes auf die Bastille. Die Kneipe wird von einem Wirt geführt, der früher ein Theaterunternehmen leitete, doch beim Wechsel in die Gastronomie seine Theaterleidenschaft nicht aufgegeben hat. Er besitzt nämlich immer noch eine Truppe von Schauspielern und Schauspielerinnen, die jeden Abend in seiner Kneipe auftreten. Jedoch wird das Stück, das sie spielen, nicht mehr als Theater markiert. Die explizite Rahmung als Theater fehlt somit. Vielmehr improvisieren die Schauspieler Verbrecher- und Prostituiertenrollen. Die Besucher der Kneipe, vornehme Adlige, wissen meist um das Spiel und besuchen gerade deshalb das Etablissement. Der Komplexitätsgrad erhöht sich, als ein tatsächlicher Verbrecher darum bittet, mitspielen zu dürfen. Auch einige der adligen Zuschauer versuchen, sich die Rollen von Ganoven und Prostituierten anzuverwandeln.

Keine Trennung von Binnen- und Rahmenhandlung

Dieses Spiel von Sein und Scheinen, das sich zunächst auf der erotischen Ebene entfaltet, wird nun überlagert durch das Spiel auf der politischen Ebene. Es ist ja der Tag des Sturmes auf die Bastille. Zu Beginn des Einakters finden die Adligen das empörte Volk noch malerisch und betrachten es als Bestandteil einer Theateraufführung. Doch nach und nach wird deutlich, dass es sich bei den Ereignissen um eine folgenreiche, tatsächliche Umwälzung handelt, spätestens als einer der Adligen ermordet wird. Die hereinströmenden Volksmassen verhindern die Bestrafung des Mörders. Der Mord, so real er auch sein mag, wird zum Anlass einer neuen Inszenierung: Der in der Kneipe anwesende Philosoph Grasset hält eine Rede, in der er den Mord im Sinne der Revolution ästhetisiert: „Nirgends kann der Ruf ‚es lebe die Freiheit!' schöner klingen als an der Leiche eines Herzogs." Damit wird der Mord in eine neue Inszenierung, in die politische Inszenierung der Freiheit, eingebaut. Dass auch eine Revolution inszeniert werden muss, wurde schon zu Beginn des Stückes klar, als der Philosoph darauf hinwies, dass seine politische Karriere hier in dieser Kneipe begann, wo er aufrührerische Reden hielt, um die Adligen zu belustigen. Obwohl also der Mord ein tatsächlicher Mord ist und die Revolution eine tatsächliche Revolution, müssen beide auch inszeniert werden.

Rahmung entscheidet

Theater erweist sich in Schnitzlers Groteske letztlich als eine Frage der Rahmung. Eine Handlung wird zum Theater, wenn sie als solche gerahmt werden kann (vgl. Kap. 1). Durch einen anderen Rahmen kann dieselbe Handlung zu einem politischen Akt werden. Allerdings lässt Schnitzler auch die Grenzen der Rahmungsversuche deutlich werden: Der ermordete Herzog bleibt tot, ganz gleich in welcher Rahmung.

4 Metatheater als Produkt epischer Techniken

Romantische Komödie

Besonders die romantische Komödienproduktion ist reich an Beispielen für das Metatheater. Das brillanteste Beispiel stellt wohl Ludwig Tiecks (1773–1853) Schauspiel *Die verkehrte Welt* dar. Das Schauspiel ist, wie so viele Theaterstücke der Romantiker, zu Lebzeiten des Autors niemals aufgeführt worden und erschien zuerst 1800 als Einzeldruck. Das Motiv der verkehrten Welt ist ein Motiv, das schon im Theater der Frühen Neuzeit aufgegriffen wurde. Der Handlungsimpuls resultiert aus einer Verkehrung der Ordnung, etwa dass die Diener herrschen und die Herren dienen müssen. Der Topos der verkehrten Welt spielte schon in den Fastnachtspielen eine strukturstiftende Rolle. Doch das traditionelle Konzept wird bei Tieck nur am Rande anzitiert, etwa wenn die Schafe den Schäfer scheren oder wenn Skaramuz, eine Dienerfigur der Commedia dell'Arte, den Herrscher spielt. Schließlich auch, wenn der Prolog am Schluss des Stückes, der Epilog aber zu Beginn präsentiert wird.

Aus-der-Rolle-Fallen

Im Zentrum steht die Selbstreflexion des Theaters. Dies geschieht zum einen durch das Spiel im Spiel, das hier sogar noch gesteigert wird zu einem Spiel im Spiel im Spiel, und zum anderen durch ein permanentes Aus-der-Rolle-Fallen der Figuren, das selbstreflexiven Zwecken dient. So kommt in Tiecks Stück ein Wirt vor, der sich aber nicht quasi realistisch wie ein Wirt verhält, sondern permanent über Wirte in den Dramen des 18. Jahrhunderts nachdenkt. So beklagt er sich bei seinem ersten Auftreten darüber, dass früher die Dramen häufig in Wirtshäusern spielten und die Wirte viel zu tun hatten. Im vierten Akt kann er sich dann aber freuen, als sein Wirtshaus endlich zum Schauplatz einer Verschwörung wird. Der Wirt fällt nicht nur aus seiner Rolle als Wirt, er reflektiert auch über dieses Aus-der-Rolle-Fallen. Seiner Tochter gegenüber bemerkt er:

„Es ging mir einige Mal wie dem Midas, der seine langen Ohren durchaus nicht verbergen konnte. – Sieh, jetzt bin ich nun zum Beispiel recht eklatant aus meinem Charakter herausgefallen! – Wie kann ein Wirt eine gelehrte oder witzige Anspielung auf den Midas machen! Außer, es müßte denn vorher sehr weitläufig motiviert und präpariert sein, man müßte erfahren, der Wirt habe einer vorzüglich guten Erziehung genossen, er habe sogar die Alten [=antiken Klassiker] gelesen, und sei nur durch wunderliche Zufälle dahin gekommen, ein Wirtshaus zu halten.“
(Tieck 1996, 94f.)

Auf diese Weise werden das Theater und die Art, wie es entsteht, zum Thema des Schauspiels gemacht. Die Handlung selbst ist unzusammenhängend und sprunghaft. Immer wieder greifen Zuschauer ein, die einen bestimmten Theatereffekt sehen wollen. Den produziert der Maschinist selbst dann, wenn er gar nicht zur Handlung passt, so etwa ein Gewitter.

Funktion

Es stellt sich die Frage nach der Funktion eines solchen Theaters. Die Romantiker (neben TIECK wären hier vor allem CLEMENS BRENTANO, ACHIM VON ARNIM und in geringerem Maße auch JOSEPH VON EICHENDORFF zu nennen) wenden sich gegen das Unterhaltungstheater ihrer Zeit, das vor allem ein Illusionstheater ist. Zudem steht das Unterhaltungstheater immer noch in der Tradition der Aufklärung. Es ist also ein rationalistisches Theater, das letztlich nach den Prinzipien GOTTSCHEDS aufgebaut ist. Die Romantiker lehnen das zweckbestimmte, vernunftgemäße Theater ab und möchten ein poetisches, d.h. zweckfreies, nicht rationalistisches Theater. Sie wollen ein spielerisches Theater, das mit permanenten Illusionsbrechungen arbeitet, um kritische Reflexion in Gang zu setzen.

5 Travestie als Metatheater

Begriffsklärung

Eine weitere Möglichkeit von Selbstreferentialität des Theaters entsteht durch die Parodie, im 19. Jahrhundert meist als **Travestie** bezeichnet. Indem ein Stück ein anderes, erfolgreiches Theaterstück parodiert, bezieht es sich auf dieses Stück. Um die Travestie verstehen und genießen zu können, müssen die Zuschauer das parodierte Original kennen. Bei der Travestierung entsteht jedoch nicht nur ein intertextueller Bezug zwischen Original und Travestie, sondern die Travestie macht durch Überzeichnung auch die dramentechnischen Mittel deutlich, derer sich das Originalstück bedient. Die Travestie leistet so Theaterarbeit.

NESTROYS *Judith und Holofernes*

Beliebt waren Travestien vor allem ab der zweiten Hälfte des 18. Jahrhunderts und dann das ganze 19. Jahrhundert hindurch. Besonders das sogenannte Unterhaltungstheater liebte die Travestie. In Wien, wo es eine besonders reiche Tradition gab, sind die Stücke JOHANN NESTROYS zu nennen. Travestiert wurde alles, was auf der Bühne erfolgreich war: die Opern MEYERBEERS und WAGNERS, aber auch das Sprechtheater. Als Beispiel mag JOHANN NESTROYS *Judith und Holofernes* dienen. Das Stück kam 1849 auf die Wiener Bühne und travestierte die 1840 vollendete Tragödie *Judith* von FRIEDRICH HEBBEL (1813–1863). NESTROYS Travestie parodiert vor allem die Rhetorizität der Figurenreden, mit der bei HEBBEL etwa Holofernes' maßlose Selbsteingenommenheit und Grausamkeit charakterisiert wird.

Funktion der Travestie

NESTROY verknüpft dabei das hohe Pathos von HEBBELS Vorlage mit der legeren Wiener Alltagssprache. Die Travestie ist Metatheater, weil sie die Tragödie aus der Perspektive des Alltags wahrnimmt und dadurch relativiert. Gleichzeitig werden die theatralen Mittel des Theaters als Mittel vorgeführt. Dies geschieht etwa, wenn die Judith bei NESTROY einen überdimensional großen Kopf als das abgetrennte Haupt des Holofernes vorzeigt. Dieser ist bei NESTROY gar nicht enthauptet worden, aber seine Truppen fliehen angesichts des großen Kopfes, und so hat er wie bei HEBBEL seine Macht eingebüßt. Zum Schluss stellt sich zudem heraus, dass es sich bei Judith nicht um eine Frau handelte, sondern um einen verkleideten Knaben, noch ein Theatercoup. Das ganze Geschehen wird so als ein bloß theatrales Geschehen entlarvt. Und das blieb womöglich nicht ohne Wirkung, wenn das Publikum die nächste Aufführung von HEBBELS *Judith* besuchte. NESTROY achtete darauf, seine Travestien immer dann zu spielen, wenn gleichzeitig die Originalstücke in Wiener Theatern aufgeführt wurden. Man sollte dem Unterhaltungstheater also nicht eine rein affirmative Wirkung unterstellen oder gar vorwerfen. Unterhaltungstheater kann eine theaterkritische Funktion ausfüllen und muss auch im 19. Jahrhundert keineswegs auf das Illusionstheater beschränkt bleiben, wie die Romantiker kritisierten. Die Mittel, die NESTROY einsetzt, sind ja nicht qualitativ verschieden von denen, die TIECK verwendet.

6 Metatheater als Illusionstheater?

DEFINITION

Metatheater ist ein Theater, das über das Theater und seine Mittel nachdenkt, diese Mittel vorführt und destruiert. Metatheater tendiert daher immer zum anti-illusionistischen Theater.

Der Zuschauer wird aus der Illusion herausgerissen, wie die Zuschauer-Figuren bei TIECK ja selbst beklagen. Je stärker sich ein Theaterkonzept der Illusionswirkung verschreibt, desto weniger kann in ihm eine selbstreflexive Funktion ausgeprägt werden. Deswegen ist zum Beispiel im Theater des Naturalismus kein Metatheater zu finden, weil dadurch das naturalistische Konzept gestört würde. Es gibt allerdings Ausnahmen: die bekannteste ist GERHART HAUPTMANNS Berliner Tragikomödie *Die Ratten* von 1911. HAUPTMANN bringt das Kunststück fertig, ein Metatheater in ein naturalistisches Stück zu integrieren, ohne dass die Illusionswirkung verloren ginge.

Die Ratten

HAUPTMANN legt die Handlung so an, dass ein Theaterdirektor auftreten kann, der in einem Mietshaus einen Speicher gemietet hat. Dort lagert er Theaterrequisiten und gibt seinen Schülern Schauspielunterricht. Harro

Hassenreuther ist ein Vertreter des idealistischen Theaters à la SCHILLER. Im dritten Akt, dem Theaterakt, gibt er drei seiner Schüler Sprechunterricht. Sie müssen aus SCHILLERS *Braut von Messina* deklamieren. Einer der Schüler, Spitta, in Hasenreuthers Tochter verliebt, hat dichterische Ambitionen. Er vertritt das neue naturalistische Dichtungskonzept, das um 1911 allerdings schon ein wenig in die Jahre gekommen war. Spitta und Hassenreuther geraten heftig aneinander. Beide verteidigen ihr Theaterkonzept mit ganzer Seele, wobei die zufällig hinzutretende Hauptfigur der *Ratten*, Frau John, vom Theaterdirektor als Beispiel für eine gänzlich untragische Figur gewählt wird. Das ist, innerhalb der Konventionen naturalistischer Dramatik verbleibend, gleichwohl selbstreflexiv – denn, wie die Zuschauer wissen, ist Frau John die tragische Heldin des Stückes, das gespielt wird. Am Ende des dritten Aktes, an dem sich eine abstruse Kindsvertauschung abzeichnet, bemerkt Hassenreuter zu Spitta: „Erfinden sie sowas mal, guter Spitta." Damit klopft sich der naturalistische Dichter quasi selbst auf die Schulter und lässt sein Konzept aus dem Munde eines Anhängers des idealistischen Theaters loben.

Metadrama im Illusionstheater

HAUPTMANN geht auf diese Weise an die Grenze dessen, was im naturalistischen Theaterkonzept an dramatischer Selbstreflexion möglich ist. Keine der Figuren fällt aus der Rolle, wodurch ein Bruch des Rollenkonzeptes und damit ein Illusionsbruch entstünde, an keiner Stelle wird die vermittelnde Kommunikationsebene betreten, und doch kommt Metatheater zustande.

7 Postdramatisches Theater

Medienkonkurrenz

Geht man von der These aus, dass das Theater seit dem 20. Jahrhundert einer zunehmenden Medienkonkurrenz unterworfen ist, dann wird verständlich, warum das Theater seither permanent Reformen hervorbringt, die sich auf die genuin theatralen Mittel des Theaters besinnen. Theater seit dem 20. Jahrhundert tendiert dazu, selbstreflexiv zu sein, weil es sich in einer neuen Medienkonkurrenz immer wieder vergewissern muss, was es denn eigentlich kann und vor allem auch besser kann als beispielsweise der Film.

Die bislang letzte Stufe der Selbstreflexion des Theaters ist im sogenannten **postdramatischen Theater** gegeben. Der Begriff ist von dem Theaterwissenschaftler HANS-THIES LEHMANN geprägt worden. Sein gleichnamiges Buch erschien 1999. LEHMANN versucht, bestimmte Formen des Theaters seit den 70er Jahren als zusammengehörig zu erfassen. Er sieht dabei den eigentlichen Bruch in der westlichen Theatergeschichte erst mit der Entstehung des postdramatischen Theaters gegeben. Alle Entwürfe von Theater, die es davor gab, auch das epische Theater, seien letztlich dem Konzept des dramatischen Theaters verpflichtet.

Dramatisches Theater

Dramatisches Theater ist durch zwei Aspekte bestimmt, die schon ARISTOTELES forderte: durch Handlung und Mimesis. Dramatisches Theater ist immer nachahmend. In ihm wird eine Handlung nachgeahmt. Das heißt, von der Referenzstruktur her verweist es auf etwas Außertheatrales, selbst wenn es sich um eine fiktionale Handlung handelt. Es verweist auf die Gesellschaft, die es hervorbringt, es steht in einem Austauschverhältnis mit ihr. In diesem Sinne funktioniert es wie traditionelle, nicht-abstrakte Malerei, es ist gegenständlich, es bildet etwas außerhalb des Theaters ab. Wenn im Theater ein Mensch einen anderen verkörpert, ist das Nachahmungsverhältnis nicht sehr abstrakt. Auch wenn der arme junge Schauspieler einen reichen alten König darstellt, ist doch über die Körperlichkeit eine prinzipielle Ähnlichkeit gegeben.

Mimesis und Handlung

Die Mimesis des Theaters ist also kein zufälliges Merkmal, sondern hängt mit seiner spezifischen Medialität, dem Einsatz menschlicher Körper, zusammen. Dadurch stellt sich eine bestimmte Art von Illusionswirkung ein. Wenn Schauspieler auf dem Theater Handlungen vorspielen, liegt keine mediale Verfremdung gegenüber dem Handeln von Menschen in der Gesellschaft vor.

Text

Neben der Mimesis und der Handlung ist das dritte wichtige Element des dramatischen Theaters der Text. Dramatisches Theater ist literarisches Theater, es geht vom Wort aus. Und dies in einem elementaren Sinn. Die Handlung soll ja zusammenhängend sein, das forderte schon ARISTOTELES, und noch BRECHT mit seinem epischen Theater hält sich daran. Es gibt eine Komplizenschaft von Logik und Drama. Die Handlung muss logisch sein, das heißt, sich als lückenlose Kausalkette vollziehen.

Radikaler Bruch

Erst das postdramatische Theater, so LEHMANN, breche mit dieser dramatischen Dreifaltigkeit von Mimesis, Handlung und Wort/Logik. Nun gab es allerdings schon Vorläufer, doch diese Vorläufer brachen meistens nur mit einem oder zweien dieser drei Basiselemente. Das Metatheater bricht mit der Referenz des Theaters auf Außertheatrales und verweist auf sich selbst, wie das postdramatische Theater. Doch behält es meist die Handlung bei, auch wenn sie unterbrochen wird, und immer bleibt es wortzentriert. Das wird besonders bei TIECK deutlich, der in der *verkehrten Welt* trotz der weitgehenden Auflösung der Handlung dennoch ein Literaturtheater konzipiert, dessen viele Anspielungen auf andere Texte sich eigentlich am besten beim Lesen nachvollziehen lassen.

Definition

Postdramatisches Theater wäre demnach ein Theater, bei dem nicht der Text, nicht die Mimesis und nicht die Handlung im Zentrum stünden.

Aufführungstext

1. Postdramatisches Theater lenkt das Interesse weg vom Theatertext hin zum Aufführungstext. Allerdings bedeutet das nicht, dass Sprache im

postdramatischen Theater keine Rolle mehr spielt. Sie wird nun jedoch anders eingesetzt. Sie dient nicht mehr der Kommunikation, der Mitteilung, dem Dialog, sondern wird zum klanglichen Mittel, zum Selbstzweck. Sie wird zu einer bestimmten Art von Musik. Dieser Effekt kann erreicht werden durch eine Behandlung der Sprache im Sinne der konkreten Poesie. Dies kann aber auch geschehen, indem etwa Zitatmontagen aneinander gereiht werden, so dass, wie ELFRIEDE JELINEK sagt, eine Sprachfläche entsteht. In der Musik würde man von Klangteppich sprechen.

Verzicht auf Handlung

2. Charakteristisch für das postdramatische Theater ist der Verzicht auf Handlung. Dramen, die auf Handlung verzichten, das scheint fast so etwas wie ein Widerspruch in sich. Dennoch gibt es in dieser Hinsicht schon einige Vorläufer im Fin de Siècle, wie etwa das **lyrische Drama**. Autoren wie HOFMANNSTHAL versuchten, auf Dramatik und Handlung zu verzichten und eine Stimmung oder eine Situation darzustellen. Im lyrischen Drama wird auf die Erzeugung von Spannung weitgehend verzichtet, da die Spannung nicht an die äußere Handlung geknüpft werden kann.

Bildhaftigkeit

Vorbild für das postdramatische Theater sind aber nicht so sehr Vorläufer wie das lyrische Drama, sondern vor allem Bilder. Das Theater ist wie ein Bild angelegt, wobei hier an ein statisches Bild zu denken wäre. Bildartig ist das postdramatische Theater auch, weil es simultan wirken möchte. Es bietet viele Zeichen aus unterschiedlichen Zeichensystemen gleichzeitig an, jedoch nicht mehr geordnet und hierarchisiert, sondern ungeordnet und nicht aufeinander beziehbar. Dies wird vor allem durch eine Überfülle von gleichzeitig nebeneinander existierenden Zeichen erreicht, einer systematischen Reizüberflutung, so dass der Zuschauer nur noch fragmentarisch wahrnehmen kann, nicht mehr weiß, was wichtig ist und wie was zusammenhängt.

Verzicht auf Dialogstrukturen

Die dramatische Handlung kann natürlich auch dadurch destruiert werden, dass man auf das klassische Mittel der Handlung, die Dialogführung, verzichtet. Viele postdramatische Stücke enthalten keine Sprecherzuweisungen. Wenn sie Figuren verwenden, dann eher so wie in Traumsequenzen, so dass die Konstanz der Figuren nicht erhalten bleibt, sondern eine Figur sich permanent in eine andere verwandelt.

Verzicht auf Mimesis

3. Das dritte Merkmal des postdramatischen Theaters ist sein Verzicht auf Mimesis. Es geht nicht länger um die Nachahmung von etwas Außertheatralem, sondern um den Selbstbezug. Insofern ist postdramatisches Theater Metatheater in Reinform. Es möchte sich im Zeitalter von Kino und Fernsehen seiner eigensten Mittel vergewissern. Die auf dem Theater verwendeten Dinge sind nicht mehr Requisiten, sondern verweisen auf sich selbst. Sie sind das Material, aus dem sie

sind. An die Stelle der vorwärtsstrebenden Handlung, die eine andere Handlung abbildet, wird das in sich selbst kreisende Ritual gesetzt.

Materialhalde

Man kann sich das Theater als Materialhalde vorstellen, als Trödelladen oder Müllkippe. Es stehen Dinge, aber auch Figuren herum, die nicht mehr gebraucht werden, die aus ihrem funktionalen Zusammenhang gerissen worden sind. Genauso werden auch die dramatischen Texte aufgefasst. Sie dienen als Materialhalde, als Wortsteinbruch, aus dem man sich Sätze heraus bricht, die sich aber nicht zu einer neuen Handlung zusammenfügen lassen. Auch die geschichtlichen Ereignisse stellen eine solche Materialhalde dar, aus der das postdramatische Theater sich bedient.

Körperlichkeit

Das Ersetzen der Mimesis geht mit der Selbstreferentialität auf den Körper einher. Charakteristisch für das Medium Theater ist ja die Anwesenheit tatsächlicher menschlicher Körper. Der Körper wird nicht mehr als Mittel für das Rollenspiel eingesetzt, sondern verweist wie beim Sport auf sich selbst, auf seine Nacktheit, seine Verletzlichkeit oder seine Ausscheidungen. Da die Körperlichkeit des Körpers nicht so sehr durch die Fernsinne Sehen und Hören spürbar wird, die im traditionellen Theater vorrangig aktiviert werden, sondern eigentlich eher durch die Nahsinne Tasten und Fühlen, experimentiert das postdramatische Theater mit Formen, die versuchen, die körperliche Distanz zwischen Zuschauern und Schauspielern aufzuheben. Körperlichkeit kann aber auch ex negativo thematisiert werden, durch den Einsatz von Puppen, Marionetten und sonstigen Figuren, durch die menschliche Körper ersetzt werden.

Kein Lesedrama

Aus dem bisher Gesagten könnte man schließen, dass die Analyse eines postdramatischen Theatertextes eigentlich einen Widerspruch in sich darstellt. Denn auf diese Weise würde unsere Analyse schon mit einem Missverständnis einsetzen. Wir würden, den Theatertext analysierend, genau auf jener Ebene des literarischen Dramas verharren, die das postdramatische Theater verlassen möchte. Dem postdramatischen Selbstverständnis gemäß müssten wir vielmehr eine konkrete Aufführung eines postdramatischen Stückes analysieren.

Topos Literaturtheater

Allerdings sollten wir uns von den postdramatischen Manifesten nicht verunsichern lassen. Sie sind wie alle theatertheoretischen Texte Programmschriften mit einer bestimmten Beweisabsicht und stehen in einer langen Tradition der **Literaturtheater-Kritik**. Auffällig bleibt immerhin, dass auch postdramatische Stücke als Lesetexte gedruckt werden. So sind etwa alle Dramen von HEINER MÜLLER, ELFRIEDE JELINEK oder PETER HANDKE als Buchausgaben erhältlich. Bei aller Rhetorik gegen das böse Literarische, das uns das Theater verdorben hat, können wir die Theatertexte doch immerhin als Spur auffassen, die uns die Richtung weist, auch wenn die Fußabdrücke eines Menschen niemals mit dem Menschen identisch sind.

Heiner Müller

Betrachten wir den Beginn von Heiner Müllers *Verkommenes Ufer Medeamaterial Landschaft mit Argonauten*, 1982 zuerst veröffentlicht.

„VERKOMMENES UFER MEDEAMATERIAL
LANDSCHAFT MIT ARGONAUTEN
See bei Straußberg Verkommenes Ufer Spur
Flachstirniger Argonauten

Schilfborsten Totes Geäst
DIESER BAUM WIRD MICH NICHT ÜBERWACHSEN
Fischleichen
Glänzen im Schlamm Keksschachteln Kothaufen FROMMS ACT
CASINO
Die zerrissenen Monatsbinden Das Blut
Der Weiber von Kolchis
ABER DU MUSST AUFPASSEN JA
JA JA JA
SCHLAMMFOTZE SAG ICH ZU IHR DAS IST MEIN MANN
STOSS MICH KOMM MEIN SÜSSER
Bis ihm die Argo den Schädel zertrümmert das nicht mehr gebrauchte
Schiff"
(Müller 2002, 73)

Theater als Bild

Zunächst fällt das Bildartige des Stückes auf. Das Stück hat keine Handlung. Es besteht vielmehr aus Handlungsfragmenten, die dem Medea-Mythos entnommen sind. Die erste Szene ist statisch, eine typische Bildbeschreibung. Ohne Sprecherzuweisung, ohne Dialogstrukturen.

Zitatcollage

Beschrieben wird ein Ufer, ein in der Tat verkommenes Ufer, an dem sich Müll angesammelt hat. Es ist eine Materialhalde, bestehend aus menschlichen Ausscheidungen, Kondomen, Keksschachteln, Monatsbinden. In den Müll eingebettet, gleichermaßen Müll, einige Sätze aus Medeadramen. Das Stück als Ganzes erweist sich als Zitatcollage aus Medeadramen, von Euripides über Grillparzer bis zu Hans Henny Jahnn (= Metadrama). In den Müll am Ufer eingelagert sind Stichworte des Medea-Mythos, etwa das Schiff Argo, mit dem Jason und seine Geliebte Medea aus Kolchis flohen. Gleichzeitig ist die Körperlichkeit im Text schon spürbar, die auf der Bühne dann noch viel direkter, körperlicher eben, ausgespielt werden kann. Es sind vor allem die Ausscheidungen des Körpers, die auch in Hans Henny Jahnns Medea-Drama schon eine strukturbildende Rolle spielten. Körperlichkeit evozieren auch die sexuellen Beziehungen zwischen Mann und Frau oder das Kinderzeugen – Themen, die im Mythos zwischen Medea und Jason wichtig waren. Medea hatte ihrer beider Kinder getötet, um sich an Jason zu rächen, weil er sie verlassen hatte. Gleichwohl wird durch die Fragmentierung das Erzählen einer Liebesgeschichte vermieden. Es gibt keine Handlung.

11 Fragenkatalog zur Dramenanalyse mit einer Beispielanalyse von KLEISTS *Zerbrochnem Krug*

1 Fragen nach der Textgrundlage

Vgl. Kap. 1

1. Welche Art von Dramentext liegt vor? Eine Leseausgabe, eine Bühnenfassung, ein Regie- oder ein Souffliebuch?
2. Gab es Aufführungen zu Lebzeiten des Autors?
3. Sind zu Lebzeiten des Autors verschiedene Fassungen des Dramas entstanden?
4. Unterscheiden sie sich?
5. In welchem Zusammenhang stehen die einzelnen Textzeugen zueinander?
6. Welche Institutionen sind mit der Textproduktion und Aufführung verbunden?

Textausgabe

Im Falle von KLEISTS *Zerbrochnem Krug* kann man sich zu Fragen der Überlieferung in einer kritischen Ausgabe informieren, etwa der des deutschen Klassiker-Verlages oder der Brandenburgischen KLEIST-Ausgabe. Auch die Reihe *Erläuterungen und Dokumente* des Reclam-Verlags bietet einen ersten Zugang. Schlägt man in einer dieser Ausgaben nach, so erfährt man im Kommentar, dass es drei Überlieferungszeugen gibt: KLEISTS Handschrift, die den Text nicht ganz vollständig enthält, ferner drei Szenen, die 1808 in der Zeitschrift *Phöbus* abgedruckt worden sind, und schließlich den Erstdruck von 1811. Auffällig ist vor allem die in der Handschrift umfangreichere Schlusssszene. Sie enthält mehr als vierhundert zusätzliche Verse. Diese Erstfassung des Schlusses ist im Erstdruck als Anhang hinzugefügt („Variant").

Aufführungsgeschichte

Mit der Überlieferungsgeschichte des Textes untrennbar verbunden präsentiert sich die Aufführungsgeschichte. JOHANN WOLFGANG GOETHE hat den *Zerbrochnen Krug* 1808 in Weimar am Hoftheater aufführen lassen und das Drama für diese Aufführung bearbeitet (Bühnenfassung). Dabei hat er KLEISTS Einakter in einen Dreiakter umgewandelt, außerdem den Text stark gekürzt. Die Uraufführung am 2. März 1808 war wohl ein Misserfolg, obwohl die Aussagen darüber nicht eindeutig sind. KLEIST ließ daraufhin drei Szenen in der Zeitschrift *Phöbus* publizieren, um zu zeigen, dass der Misserfolg an der Inszenierung gelegen habe.

Text- und Aufführungsgeschichte

Die Aufführungsgeschichte kann meist bei der Rekonstruktion der Textgrundlage nicht außer Acht gelassen werden, da viele Änderungen nur über die frühe Aufführungsgeschichte verständlich werden. Eine genuin theaterwissenschaftliche Herangehensweise würde hierbei allerdings versuchen, die Aufführung GOETHES zu rekonstruieren, d. h. zumindest den Inszenierungstext zu rekonstruieren. Das ist im Falle des *Zerbrochnen Kruges* möglich, da wir sehr viele Berichte über die Aufführung besitzen und das Weimarer Hoftheater unter GOETHES Leitung relativ gut erforscht ist.

2 Fragen zu Gattung und dramentheoretischen Äußerungen

Vgl. Kap. 2 und 3

1. Welche Gattungsbezeichnung trägt das Drama?
2. Ordnet es sich damit dem Musik- oder dem Sprechtheater zu?
3. Wechseln diese Bezeichnungen von Fassung zu Fassung?
4. Wird die durch die Gattungsbezeichnung aufgebaute Erwartungshaltung durch das Drama erfüllt oder enttäuscht?
5. Äußert sich der Verfasser des Dramas in gattungstheoretischer Hinsicht?
6. Finden wir Hinweise in den Paratexten des Dramendruckes selbst?
7. Finden wir Briefstellen, Tagebucheintragungen, überlieferte Gespräche?
8. Wie soll das Drama wirken? Äußert sich der Autor darüber? Welcher Erwartungshorizont besteht bei den Zeitgenossen hinsichtlich der Wirkung?
9. Wie sieht der zeitgenössische Kontext aus, in dem das Drama steht? Entspricht die verwendete Gattung den Konventionen der Zeit oder weicht sie in bestimmter Hinsicht davon ab?
10. Welche Gattungstransformationen finden sich? Wurde das Drama verfilmt, als Roman bearbeitet, als Oper vertont? Welche Veränderungen lassen sich dabei feststellen?

Lustspiel

Der Zerbrochne Krug trägt die Gattungsbezeichnung „Ein Lustspiel“, die seit dem frühen 18. Jahrhundert in Deutschland üblich gewordene Bezeichnung für Komödie. KLEIST selbst hat sich nicht theoretisch zur Komödie geäußert. Als Paratext zum *Zerbrochnen Krug* gibt es nur eine kurze Vorrede.

Weitere Lustspiele KLEISTS

Wenn der Autor sich selbst nicht in gattungstheoretischer Hinsicht geäußert hat, ist zunächst auf das Umfeld einzugehen, um das Lustspiel im Kontext der Zeit zu verorten. Auch weitere Komödien des Autors wären vergleichend heranzuziehen, in unserem Falle etwa KLEISTS *Amphitryon.*

Gattungstradition

KLEISTS *Zerbrochner Krug* ist zwischen 1802 und 1806 entstanden und 1808 uraufgeführt worden. Es ist also zunächst nach den Konventionen der Gattung Lustspiel im ersten Jahrzehnt des 19. Jahrhunderts zu fragen. Ordnet sich KLEISTS Werk hier ein oder bleibt es ein Einzelgänger? (zum Folgenden vgl. JAPP 1996)

Romantische Komödie?

Drei große Richtungen hinsichtlich der Auffassung von Komödie lassen sich zu Beginn des 19. Jahrhunderts ausmachen. Die erste Richtung ist die romantische Komödie, Werke von TIECK, ARNIM, BRENTANO, EICHENDORFF, zudem theoretische Äußerungen hauptsächlich von FRIEDRICH SCHLEGEL. UWE JAPP hat die romantische Komödienproduktion in zwei Typen eingeteilt, den parabatischen und den illudierenden. Der parabatische Typ setzt vor allem auf Illusionsbrechung, aus der Rolle fallende Figuren, Spiel im Spiel, Parabase usw.; der illudierende Typ ist vor allem durch ein fortwährendes Intrigenspiel gekennzeichnet, während epische Mittel nicht eingesetzt werden (JAPP 1999). Beide Typen der romantischen Komödie unterscheiden sich deutlich von KLEISTS Stück. Ganz klar liegt der Fall beim parabatischen Typ. Es gibt kein Aus-der-Rolle-Fallen, keine Parabasen, keine epischen Momente im *Zerbrochnen Krug*. Aber auch eine Intrige fehlt letztlich. Denn Adams Verhalten, das anfangs ja immerhin noch als eine Intrige gegen Ruprecht und Eve verstanden werden kann, mit dem Ziel, sich Eve gefügig zu machen, wird schon früh im Stück zu einer bloßen Verteidigung, einem kurzatmigen Reagieren, ohne dass noch Raum bliebe für das bei der Intrige notwendige Agieren. Adam wird schon bald so sehr in die Enge getrieben, dass er immer phantastischere Ausflüchte erfindet, aber eben keine Intrige mehr zustande bringt. So ist unser Befund hinsichtlich der romantischen Komödie negativ. *Der zerbrochne Krug* hat nichts von einer romantischen Komödie.

Klassische Komödie?

Die zweite Richtung bildet die klassische Komödie. Das erste Jahrzehnt des 19. Jahrhunderts war auch die Zeit der Weimarer Klassik. Nun haben die Klassiker allerdings kaum Komödien verfasst. SCHILLER hat lediglich einige Komödien übersetzt, und von GOETHE gibt es einige Komödien, die im Zusammenhang mit der französischen Revolution stehen, etwa den *Bürgergeneral*. Gleichwohl haben sich die beiden theoretisch zur Komödie geäußert. SCHILLER etwa verlangt von der Komödie, sie solle von allen belehrenden und überredenden Aufgaben frei sein, „eine geistreiche Heiterkeit und Freiheit des Gemüts" hervorbringen, also ein Lachen um des Lachens willen, keine moralische Funktionalisierung. Diese von KANT beeinflusste Vorstellung, das wird schnell deutlich, passt nicht auf KLEISTS Lustspiel. Zwar gibt es hier für die Leser und Zuschauer viel zu lachen, doch dieses Lachen ist nie so ganz unbeschwert und teilnahmslos distanziert, wie SCHILLER es fordert. Dafür geht es bei KLEIST um zu wichtige Dinge, geht es letztlich um die Aufdeckung eines Verbrechens, eines Erpressungsversuchs, um ein eminent moralisches Thema. Auch zur Komödienauffassung der Klassiker lässt sich demnach kein Bezug herstellen.

Komödie der Aufklärung?

Als drittes Bezugsfeld bleibt nun noch die traditionelle Komödie der Aufklärung, also das gottschedsche Konzept der sächsischen Typenkomödie, ergänzt durch den Typus der Comédie larmoyante. Typenkomödie wie weinerliches Lustspiel leben im ersten Jahrzehnt des 19. Jahrhundert immer noch fort, und zwar vor allem im Unterhaltungstheater. Eine gewisse Nähe zur Aufklärungskomödie scheint denn auch beim *Zerbrochnen Krug* gegeben zu sein. Auf den ersten Blick jedenfalls steht KLEISTS Lustspiel dem gottschedschen Konzept der Komödie gar nicht so fern. Wenn man so will, handelt es sich auch beim *Zerbrochnen Krug* um eine

Verlachkomödie. Es geht um eine lasterhafte Handlung, ein Laster wird entlarvt und dem Verlachen preisgegeben. Allerdings versteht GOTTSCHED unter „Laster" nur ein harmloses Laster, das jeder Mensch haben kann. Beim Vergehen des Dorfrichters Adam handelt es sich dagegen nicht um ein harmloses Laster, sondern um einen brutalen Erpressungsversuch. Das Delikt des Dorfrichters an sich hat nichts Lachhaftes. GOTTSCHED würde außerdem nicht nur an der Schwere des Delikts, sondern am formalen Aufbau des Lustspiels Kritik geübt haben, an seiner Einaktigkeit (anstatt den üblicherweise drei oder fünf Akten), seinen vielen Wortspielen usw.

Antike Komödie?

Was bleibt nun an Zuordnungsmöglichkeiten übrig, nachdem wir die drei wichtigsten Komödienmodelle der Zeit, das romantische, das klassische und das aufklärerische, als für den *Zerbrochnen Krug* nicht passend zurückweisen mussten? Will man sich nicht damit zufrieden geben, dass es sich bei KLEISTS Lustspiel um einen Solitär handelt, so kann man auf die antike Komödientradition verweisen, die Lustspiele von ARISTOPHANES, PLAUTUS und TERENZ, eine Tradition, die KLEIST gekannt hat. Hier gibt es auch die Entlarvungskomödie, bei der ein Betrüger überführt wird.

Nähe zur Tragödie

KLEIST selbst legt in der Vorrede, wenn er auf eine Parallele zum Ödipus-Stoff aufmerksam macht, eine andere Fährte. *Der zerbrochne Krug* wird so zu einem spiegelverkehrten Ödipusdrama. Zunächst fallen die Gemeinsamkeiten auf: Ödipus wie Adam hinken, beide haben einen Klumpfuß, beide müssen einen Fall aufklären, bei dem sie selbst der Schuldige sind. Dem Orakel in der antiken Tragödie (Theben könne erst von der Pest befreit werden, wenn der Mörder des Laios gefunden sei), entspricht der Traum des Richters Adam. Darüber hinaus gibt es jedoch signifikante Umkehrungen: Ödipus, der unwissend seinen Vater Laios erschlagen und seine Mutter geheiratet hatte, setzt alles daran, die Tat aufzuklären. Als das Verhängnis offenbar wird, sticht er sich die Augen aus und zieht in die Fremde. Dorfrichter Adam hingegen hat seine Tat keineswegs unwissend begangen, sondern mit voller Absicht. Im Gegensatz zu Ödipus unternimmt er alles, um die Tat zu vertuschen. Sie wird nicht wegen, sondern trotz seiner Bemühungen aufgeklärt. Mit dieser Spur, die KLEIST in der Vorrede auslegt, sprengt er das Gattungsschema. Das Lustspiel verweist auf die Tragödie und macht so deutlich, dass es im Kern um eine ernste Sache geht, selbst wenn die blutigen Schrecken des Ödipusstoffes fehlen.

3 Fragen zu Stoffgeschichte, Mythos, Ritual

Vgl. Kap. 2 und 6

1. Steht das Drama in einer stoffgeschichtlichen Tradition?
2. Werden mehrere Stoffe miteinander kombiniert? Werden einzelne Motive aus anderen Stoffen übernommen oder neu kombiniert?

3. Welches sind die charakteristischen Abweichungen von der Stofftradition und wie sind sie zu deuten?
4. Liegt eine rituelle Eingebundenheit des Dramas vor? Ist es etwa für das Kirchenjahr bestimmt (was auch auf scheinbar weltliche Anlässe wie Fastnachtspiele zutreffen kann)?
5. Liegt Re-Ritualisierung im Zusammenhang mit dem Aufführungsanlass vor?
6. Welche Riten werden im Drama aktualisiert? Übergangsriten, sonstige Formen?
7. Soziales Drama im Sinne Victor Turners?
8. Liegt die Aktualisierung eines oder mehrerer Mythen vor?
9. Sind einzelne Handlungssegmente durch Rituale strukturiert?
10. Gibt es Zwangsrituale?
11. Welche Funktion haben die Rituale im Drama? Sollen sie die Handlung legitimieren oder destruieren (postdramatisches Theater)?

Entstehungsgeschichte

Bekanntlich geht die Anregung für das Lustspiel auf einen Kupferstich zurück, den Kleist bei seinem Schweizer Aufenthalt im Hause von Heinrich Zschokke zu Gesicht bekam. Der Kupferstich wie auch ein Gemälde tragen den Titel „Der zerbrochne Krug“ und stehen in einer ikonographischen Tradition. Der zerbrochene Krug deutet auf den Verlust der Jungfernschaft. In dem Kupferstich sehen wir ein junges Paar vor einem Richter in selbstgefälliger Pose, das Paar wird durch eine ältere Frau getrennt, die anklagend auf den jungen Mann weist. Der kaputte Krug hängt am rechten Arm des jungen Mädchens, auch dies wieder ein deutlicher Hinweis auf die Sexualität bzw. verlorene Unschuld des Mädchens. Im Zusammenhang mit dem Krug ist auf ein in ganz Europa verbreitetes Sprichwort hinzuweisen: „Der Krug geht so lange zum Brunnen, bis er bricht.“

Stofftradition

Von Felix Weisse (1726–1804), einem Dramatiker der Aufklärung, gibt es ein Drama, das stofflich dem kleistschen Lustspiel sehr nahe kommt: *Der Krug geht so lange zum Wasser, bis er zerbricht; oder der Amtmann* von 1786. In diesem Einakter ist die Grundstruktur des kleistschen Lustspiels schon enthalten: Der Richter, ein Herr Greif, ist der Schuldige und wird von einer übergeordneten Instanz, einem Hofrat, des Amtes enthoben. Der Hofrat entspricht dem Gerichtsrat Walter. Geht man dem Motiv des falschen Richters nach, so stößt man neben der biblischen Susanna-Geschichte vor allem auf Aristophanes’ Komödie *Die Wespen* (422 v. Chr.), eine Satire auf das damals in Athen grassierende Prozess-Unwesen, wobei jedoch keine direkten Bezüge zum *Zerbrochnen Krug* herzustellen sind.

Mythenrezeption

Ein weiterer Bezug zu einem strukturierenden Prätext stellt sich über die Namen ein. Adam und Eva evozieren den biblischen Sündenfall und die Vertreibung aus dem Paradies. Innerhalb dieser Konstellation käme dem Gerichtsrat Walter die göttliche Position, oder jedenfalls eine Stellvertreterfunktion, zu. Wie im Falle des Ödipus kann auch beim Beispiel der biblischen Geschichte eher von einer Umkehrung des Mythos gesprochen werden, denn die Figur des Verführers übernimmt bei Kleist ja Adam. Dem biblischen Adam entspricht bei Kleist eigentlich zunächst der Bauernsohn Ruprecht. Der Dorfrichter Adam ist allerdings auch der „alte Adam", eine biblische Bezeichnung für den sündigen Menschen, für den „lockern Ältervater, der so beim Anbeginn der Dinge fiel" (Vers 9f.). Als Verführer und über den Klumpfuß nimmt er allerdings auch die Rolle des Teufels ein. Legt man den biblischen Mythos als Prätext zugrunde, geht es in der Gerichtsverhandlung um nicht weniger als **den** Sündenfall schlechthin, jenen Sündenfall, der zur Vertreibung des ersten Menschenpaars aus dem Paradies führte. Der Krug bleibt auch am Ende zerbrochen, was in der mythengeschichtlichen Lesart bedeutet, dass das Paradies ein für allemal dahin ist.

Mythos und Geschichte

Nun wäre allerdings die mythische Bedeutung des Kruges, als Zeichen für den Sündenfall, mit seiner Geschichte in Verbindung zu setzen. Der Krug wird von Frau Marthe sehr ausführlich beschrieben. Historisch ist in diesem Zusammenhang sowohl das, was auf dem Krug als Bild dargestellt wird – die spanischen Provinzen werden von Karl dem V. an Philipp den II. übergeben – als auch die Geschichte der wechselnden Besitzer des Kruges. Diese Besitzergeschichte wird ausführlich von Frau Marthe berichtet. Stellt die Geschichte der Übergabe an die Spanier eine Geschichte der Unfreiheit und Unterdrückung dar, so ist die Geschichte der Besitzer des Kruges kontrapunktisch dazu eine Befreiungsgeschichte. Denn der Krug wurde einem Spanier im Befreiungskampf geraubt, als er gerade daraus trinken wollte (Vers 680ff.). Die historische Dimension des Kruges ist sozusagen an eine Dialektik von Freiheit und Unfreiheit geknüpft. Das entspricht im Großen und Ganzen der aufklärerischen Deutung des Sündenfalls, so wie sie bei Schiller und Kant erscheint. Der Sündenfall wird positiv gewertet, weil erst er den Menschen in die Freiheit setzt, einen Zustand, der durch Gesetze und der Möglichkeit von deren Übertretungen gekennzeichnet ist. Im Krug präsentiert sich mithin ein weltgeschichtliches Modell, der kleine Dorfprozess ist so gesehen der Prozess schlechthin.

Rituale?

Im Zusammenhang mit dem Ödipus- und dem Sündenfallmythos ist nach der Funktion der Rituale zu fragen. Im Falle des *Zerbrochnen Kruges* haben wir eine rituelle Ebene durch die Aktualisierung der Mythen vorliegen. Die Gerichtsverhandlung stellt kein Ritual dar. Sie mag zwar von rituellen Elementen begleitet sein, ist im Prinzip aber ein Verfahren und damit nach Meinung der meisten Ritualtheoretiker grundlegend von einem Ritual unterschieden.

4 Fragen zu Raum, Zeit, Handlung

Vgl. Kap. 4 und 5

1. Liegt dramatisches, episches oder postdramatisches Drama vor?
2. Lassen sich Mischungen feststellen?
3. Lässt sich das Drama eher der offenen oder der geschlossenen Dramenform zuordnen? Daraus ergibt sich die Be- oder Missachtung der drei Einheiten: Ort, Zeit, Handlung.
4. Falls die geschlossene Dramenform vorliegt: Wie ist die Handlung aufgebaut? Verhältnis von Story und Plot? Point of Attack?
5. Handelt es sich um ein analytisches oder um ein synthetisches Drama?
6. Wie wird die Handlung präsentiert, szenisch oder narrativ? Sind die einzelnen Teile des Dramas auszumachen: Exposition, steigende Handlung, Höhepunkt, fallende Handlung, Katastrophe, Anagnorisis?

Einakter

Kleists Lustspiel ist ein Einakter – eine seit dem 18. Jahrhundert sowohl für Tragödien als auch Komödien beliebte Form – und verzichtet auf epische wie auch postdramatische Elemente. Die drei Einheiten werden gewahrt: Der Ort der Handlung ist durchgängig die Gerichtsstube im Wohnhaus des Dorfrichters Adam in einem niederländischen Dorf. Auch die Einheit der Zeit ist gegeben: Das Stück beginnt morgens mit dem Aufstehen Adams und endet wohl nachmittags mit seiner Flucht. Die Einheit der Handlung ergibt sich durch den aufzuklärenden Fall, einen Gerichtsprozess, bei dem ein Fall ohne Nebenhandlungen im Zentrum steht. Lediglich die extensive Beschreibung des Kruges und seiner Geschichte durch Frau Marthe vermittelt den Eindruck einer Abschweifung. Sie mag zwar von der Handlung im engeren Sinne her entbehrlich sein, rein von der Handlungsführung her betrachtet dient sie als retardierendes Moment der Spannungssteigerung, ist aber für die Deutung des Stückes, wie oben gezeigt, zentral.

Analytisches Drama

Der zerbrochne Krug stellt das Musterbeispiel eines analytischen Dramas dar, mit einem sehr spät liegenden Point of Attack (vgl. das Schaubild auf S. 71).

Vermittlung der Handlung

Das Verhältnis von szenischer Präsentation und narrativer Vermittlung ist im *Zerbrochnen Krug* traditionell verteilt: Die zu Beginn des Stückes schon geschehenen Ereignisse, also vor allem die Vorfälle in Marthes Haus, werden narrativ vermittelt. Alle Zeugenaussagen sind sozusagen Botenberichte. Die Gerichtsverhandlung selbst wird szenisch präsentiert. Teichoskopie finden wir ganz am Schluss, als der Dorfrichter flieht und seine Flucht von dem aus dem Fenster schauenden Schreiber Licht geschildert wird:

„Seht, wie der Richter Adam, bitt' ich euch,
Berg auf, Berg ab, als flöh er Rad und Galgen,
Das aufgepflügte Winterfeld durchstampft."
(Vers 1954ff.)

5 Fragen zu Figuren und Figurenkonstellationen

Vgl. Kap. 8

1. Wie sieht die Figurenkonstellation aus?
2. Wie die Figurenkonfiguration in den einzelnen Szenen?
3. Rollenspiel: Finden sich Verkleidungsszenen, Cross Dressing?
4. Wie werden die Figuren im Drama charakterisiert? Haben wir es mit Typen oder mit Charakteren zu tun?
5. Werden sie durch sprachliches oder/und nicht-sprachliches Handeln charakterisiert?
6. Wenn mit Charakteren: Sind sie statisch oder dynamisch angelegt, ein- oder mehrdimensional, rational oder psychologisch?

Typen

Von der Figurenkonstellation her nimmt der *Zerbrochne Krug* Elemente der antiken Komödie auf: Das junge Liebespaar Eve und Ruprecht, das durch einen Alten gestört wird, der die junge Frau heiraten oder zumindest sexuell besitzen möchte, sich am Schluss aber gegen das junge Paar nicht durchsetzen kann. KLEISTS Figurenkonstellation arbeitet ferner mit dem Typus des dummen, aber auch verschlagenen Bauern, wie er schon in der humanistischen Komödie vorkommt (vgl. REUCHLINS *Henno*, 1496/97).

Adam als individualisierter Charakter

KLEISTS Kunst der Figurencharakterisierung gipfelt in der Figur Adams. Während die ihn umgebenden Figuren vorwiegend eindimensional angelegt sind (sie haben genau eine Eigenschaft, die für sie von Anfang bis Ende des Stückes bestimmend sein wird), ist Adam ein ausgesprochen komplexer Charakter. Zwar ist in ihm noch der Typus einer Figur aus der Typenkomödie erkennbar (man hat ihn mit dem molièreschen *Tartuffe* verglichen, einem scheinheiligen Frömmling, der den anderen einen Menschen vorspielt, der er gar nicht ist), doch wird dieser Ausgangspunkt aus der Typenkomödie weitgehend überformt. Adam ist ein mehrdimensionaler, psychologischer Charakter, dessen Verhalten sich nicht auf einen Nenner bringen lässt. Er handelt keineswegs rational, hat keinen Plan, wie er den Kopf aus der Schlinge ziehen kann. Gerade die Art, wie er sich verhält – und dieses Verhalten manifestiert sich vor allem in seinem sprachlichen Handeln –, führt erst eigentlich dazu, dass die Schlinge sich immer enger zuzieht. Adam redet sich um Kopf und Kragen. Man hat den Eindruck, dass die Sprache in ihm selbständig wird und etwas anderes vorbringt als das, was für die Figur nützlich ist. Adam ersinnt immer abenteuerlichere Ausreden, erfindet die abstrusesten Erklärungen, die er gar nicht anbringen müsste, und gerät so in eine ausweglose Situation. Der Dorfrichter wird über die Sprache von einem sprachlichen Unterbewussten gesteuert, das aus ihm herausspricht und gegen das er machtlos ist. Das Thema der Dissoziation der Persönlichkeit ist auch ein Hauptthema in der etwa gleichzeitig entstandenen Komödie *Amphitryon*.

Charakter Walters

Gegenüber dem Dorfrichter fallen die anderen Figuren hinsichtlich ihrer Komplexität ab. Sie sind eindimensional. Eine Ausnahme bildet hier allerdings der merkwürdige Gerichtsrat Walter. Auch er ist nicht als eindimensionaler, rationaler Charakter zu beschreiben. Seiner Aufgabe, den Amtsmissbrauch aufzudecken, kommt er seltsam träge nach, mit einem gewissen Desinteresse. Am Ende hat es gar den Anschein, als ob er mit dem Dorfrichter fraternisierte. Obwohl er ab einem bestimmten Zeitpunkt den Sachverhalt durchschaut, versucht er die Würde des Gerichts aufrecht zu erhalten, freilich um einen hohen Preis.

6 Fragen zur Sprache

Vgl. Kap. 7

1. Liegt Vers oder Prosa vor?
2. Wie verhält sich der Befund zur Gattungskonvention?
3. Welche Rolle spielt die Sprache bei der Charakterisierung der Figuren?
4. Wie gestaltet sich die Dialogführung? Eher monologisch oder dialogisch? Gibt es Mischungen?
5. Welche Stilebenen lassen sich feststellen?
6. Welche Stilmittel werden eingesetzt und welche Funktion haben sie?

Blankvers

KLEISTS Komödie verwendet durchgängig den Blankvers. Dass auch Komödien in Versform abgefasst wurden – GOTTSCHED hatte Prosa gefordert – war schon in der ersten Hälfte des 18. Jahrhunderts nicht ungewöhnlich und ist im ersten Jahrzehnt des 19. Jahrhunderts eine Selbstverständlichkeit. KLEIST handhabt den Blankvers freilich virtuos, erlaubt viele Unregelmäßigkeiten, wie etwa sechs Hebungen oder einen stockenden Rhythmus.

Antilabe

Typisch für den *Zerbrochnen Krug* ist der massive Einsatz der Antilabe. Da KLEIST die Antilabe außergewöhnlich häufig in seinem Lustspiel anwendet, liegt es nahe, hierin ein stilistisches Prinzip zu erkennen. Das Zerbrochene, um das es im Lustspiel geht, wird auch auf der Ebene des Verses gestaltet, als zerbrochener Vers. Dieser metrische Befund wird gestützt durch rhetorische Figuren, vor allem Satzfiguren, die ebenfalls ein Zerbrechen evozieren. So etwa die Aposiopese (Abbruch eines Satzes):
„Adam: Ihr fraget, ob ich –?“ (Vers 550).
Oft werden Aposiopese und Antilabe kombiniert, um die fragmentierende Wirkung zu erhöhen. Weitere Satzfiguren, die den Eindruck des Zerbrechens der Syntax evozieren, sind das Anakoluth (ein inkonsequenter, fehlerhafter Satzbau) und das Hyperbaton (ein Auseinanderreißen zusammengehörender Wörter). Durch diese verstechnischen und rhetorischen Mittel entsteht jener für den *Zerbrochnen Krug* typische Sprachton, ein Gewirbel einzelner Satzteile:
„Adam: Fort! Sag ich.
Kuhkäse, Schinken, Butter, Würste, Flaschen,

Aus der Registratur geschafft! Und flink! –
Du nicht. Die Andre. – Maulaffe! Du ja!
– Gott's Blitz Margrethe! Liese soll, die Kuhmagd,
In die Registratur!"
(Vers 193ff.)

Kommunikationsstruktur

Wir finden im *Zerbrochnen Krug* keine großen Monologe, es dominieren Dialoge, allerdings Dialoge, in denen die Figuren aneinander vorbeireden.

Komik, Witz

Eine zweite wichtige Eigenschaft der Sprache im *Zerbrochnen Krug* ist ihr Witz. Obwohl das Thema des Lustspiels durchaus ernst ist und Züge einer knapp vermiedenen Tragödie trägt, prägt vor allem Sprachkomik das Stück. Nur gelegentlich gibt es im Theatertext Situationskomik, die die Schauspieler ausagieren können, so etwa zu Beginn der Szene, als Adam sich ankleiden möchte. Die Sprachkomik resultiert aus den vielen Wortspielen, die eine permanente Doppeldeutigkeit in die Reden des Dorfrichters hineinbringen. Meist werden Wörter oder Wendungen wörtlich genommen, so etwa gleich zu Beginn:
„Adam: Ja seht, zum Straucheln braucht's doch nichts, als Füße.
Auf diesem glatten Boden, ist ein Strauch hier?
Gestrauchelt bin ich hier;"
(Vers 3ff.)
Adam stellt eine etymologisch nicht gegebene Beziehung zwischen dem Substantiv Strauch und dem Verb straucheln her. Zum Straucheln benötigt man in der Tat keinen Strauch, da man über alles mögliche fallen kann. Adam selbst allerdings ist, wie sich später herausstellen wird, tatsächlich über einen Strauch gestrauchelt, nämlich am Weinspalier von Marthes Haus hängen geblieben. So enthüllt das Wortspiel ungewollt die Wahrheit.

7 Fragen zum epischen Theater und zum Metatheater

Vgl. Kap. 9 und 10

1. Findet sich im Drama eine vermittelnde Kommunikationsebene? Mit welchen Figuren wird sie besetzt, wie konstituiert sie sich?
2. Gibt es eine Rahmung der Handlung durch eine zweite Handlung?
3. Prolog, Epilog?
4. Spiel im Spiel?
5. Verkleidungsszenen?
6. Stellt das Drama die Parodie eines anderen Dramas dar?
7. Treten Figuren aus ihrer Rolle heraus?
8. Finden sich weitere V-Effekte?
9. Fehlt eine erkennbare Handlung?
10. Bei der Beantwortung all dieser Fragen ist immer auch nach der Funktion der jeweiligen dramentechnischen Mittel zu fragen. Was sollen sie beim Leser/Zuschauer bewirken?

11. Metatheater: Welche Aussagen über das Drama/Theater der Zeit werden gemacht? Kritik, neue Theaterkonzepte?

Aspekte des epischen Theaters oder des Metatheaters spielen in KLEISTS Lustspiel keine Rolle. Bei der Rekonstruktion der Aufführungsgeschichte würde man allerdings wohl auf Theaterprologe stoßen, die zu bestimmten Anlässen vor KLEISTS Lustspiel gesprochen worden sind.

TIPP

Nicht alle Fragen dieses Fragenkatalogs sind für alle Dramen gleichermaßen ergiebig! Es gilt also unter den Fragen auszuwählen und nur jene Fragen differenzierend weiterzuverfolgen, die das jeweilige Drama in seiner Besonderheit zu erschließen vermögen.

8 Analyse jenseits dramenspezifischer Fragestellungen

Methodenvielfalt auch bei der Dramenanalyse

Beim Abarbeiten der einzelnen Analyseschritte ist zu bedenken, dass eine Analyse, die nur die dramen- oder theaterspezifischen Gesichtspunkte eines Dramas berücksichtigt, notwendigerweise zu kurz greift. Das heißt, die allgemeinen Interpretationsmethoden von der traditionellen Hermeneutik über den Strukturalismus bis hin zu Poststrukturalismus, Gender Studies und Diskursanalyse können und müssen ebenfalls eingesetzt werden (vgl. den Überblick über diese Methoden in JESSING/KÖHNEN 2007 oder die Beispielanalysen in SCHÖSSLER 2003).

Diskursanalyse, Gender Studies

Eine Diskursanalyse etwa hätte beim *Zerbrochnen Krug* den juristischen Diskurs zu untersuchen, aber auch den psychologischen Diskurs der Zeit. Eine sozialgeschichtliche Untersuchungsmethode könnte nach der Rechtspraxis auf dem Lande fragen, eine Untersuchung im Rahmen der Gender Studies müsste die Konstruktion der Geschlechterrollen betrachten.

9 Gegebenenfalls: Analyse von Inszenierungstexten und Aufführungstexten

Aufführungsanalyse

Als Letztes ist schließlich der Übergang zur Theaterwissenschaft zu bedenken. Die literaturwissenschaftliche Analyse konzentriert sich auf den Theatertext. Aber wir hatten schon gesehen, dass zumindest der Inszenierungstext der Aufführungen zu Lebzeiten KLEISTS de facto miteinbezogen werden muss, vor allem die Weimarer Erstaufführung unter GOETHES Leitung. Denn nur so wird die Textgeschichte des Werkes verständlich. Die Rezeptionsforschung, eine methodische Ausrichtung innerhalb der Literaturwissenschaft, beschäftigt sich mit der Rezeption eines Werkes im Laufe der Geschichte. Bei einem Drama wäre es wenig sinnvoll, sich bei der Frage nach der Rezeption auf Lektüre-Zeugnisse zu beschränken. Die Aufführungen bilden bei einem Drama einen zentralen Teil der Rezeptionsgeschichte und dürfen nicht außer Acht gelassen werden.

Theaterwissenschaft

Hier betreten wir nun das Gebiet der Theaterwissenschaft. Eine genuin theaterwissenschaftliche Auseinandersetzung mit dem *Zerbrochnen Krug* müsste die einzelnen Inszenierungstexte zu rekonstruieren versuchen. Hierbei stehen verschiedene Analysemethoden zur Verfügung, die in theaterwissenschaftlichen Einführungen näher vorgestellt werden (vgl. Balme 2008, Hiss 1993, Fischer-Lichte 1988). Da Kleists Lustspiel nach dem anfänglichen Misserfolg eines der am häufigsten aufgeführten Theaterstücke in Deutschland war und ist, erhalten wir anhand der Inszenierungstexte einen lückenlosen Überblick über die verschiedenen Inszenierungsstile des 19. und 20. Jahrhunderts. Zumindest für die Aufführungen der letzten Jahrzehnte lassen sich auch verschiedene Aufführungstexte rekonstruieren, die auf Video oder DVD aufgezeichnet vorliegen.

1 Dramenliste

Die folgende chronologisch geordnete Dramenliste möchte einen Lektürevorschlag unterbreiten. Sie stellt eine Mischung dar aus Dramen, die „man“ gelesen haben sollte, und weniger bekannten Dramen, die es sich zu lesen lohnt. Die Jahreszahl bezieht sich auf den mutmaßlichen Entstehungszeitraum, ab 1500 auf das Jahr des Erstdruckes.
Ärgern Sie sich nicht, wenn Ihre Lieblingsdramen in dieser Liste nicht auftauchen. Stellen Sie Ihren eigenen Kanon zusammen!

um 960 Hrotsvit (Roswitha) von Gandersheim: *Pafnutius; Dulcitius; Abraham; Gallicanus; Calimachus; Sapientia.* Übers. in: Roswitha von Gandersheim: *Werke in deutscher Übertragung.* Übers. von Helene Homeyer. München u.a. 1973.

1. Hälfte des 14. Jahrhunderts *Innsbrucker Osterspiel.* In: *Das Innsbrucker Osterspiel. Das Osterspiel von Muri. Mittelhochdeutsch, neuhochdeutsch.* Hgg. und übers. von Rudolf Meier. Stuttgart 1980.

um 1480 *Das Donaueschinger Passionsspiel.* Hgg. von Anthonius H. Touber. Stuttgart 1985.

2. Hälfte des 15. Jahrhunderts Hans Folz: *Ein spil von narren [die Liebesnarren].* In: *Fastnachtspiele des 15. und 16. Jahrhunderts.* Hgg. von Dieter Wuttke. Stuttgart 1978.

1498 Johannes Reuchlin: *Henno.* Basel 1498. Hgg. und übers. von Harry C. Schnur. Stuttgart 1970.

1536 Paul Rebhun: *Ein Geistlich Spiel von der Gotfürchtigen und keuschen Frauen Susannen.* Hgg. von Hans-Gert Roloff. Stuttgart 1980.

1538 Thomas Naogeorg: *Tragoedia nova Pammachius.* In: Thomas Naogeorg: *Sämtliche Werke.* Hgg. von Hans-Gert Roloff. Bd. 1: Tragoedia nova Pammachius nebst der deutschen Übersetzung von Johann Tyrolff. Berlin, New York 1975.

1551 Hans Sachs: *Das Kälberbrüten.* In: *Fastnachtspiele des 15. und 16. Jahrhunderts.* Hgg. von Dieter Wuttke. Stuttgart 1978.

1593 Herzog Heinrich Julius von Braunschweig: *Buler und Bulerin. Tragoedia.* In: *Die Schauspiele des Herzogs Heinrich Julius von Braunschweig.* Hgg. von Wilhelm Ludwig Holland. Stuttgart 1855. Reprint: Amsterdam 1967.

1593 Daniel Cramer: *Plagium. Comoedia.* Wittenberg 1593. Deutsch von Johannes Sommer. Magdeburg 1605.

1657 Andreas Gryphius: *Catharina von Georgien oder Bewährete Beständigkeit.* Trauerspiel. Hgg. von Alois M. Haas. Stuttgart 1975.

1658 Andreas Gryphius (?): *Absurda Comica oder Herr Peter Squentz. Schimpff-Spiel.* Hgg. von Gerhard Dünnhaupt. Stuttgart 1983.

1660 Andreas Gryphius: *Verlibtes Gespenste, Gesangspil, Die gelibte Dornrose. Schertz-Spiel.* In: Andreas Gryphius: *Die Lustspiele.* Hgg. von Heinz Ludwig Arnold. München 1975.

1665 Daniel Caspar von Lohenstein: *Agrippina. Trauerspiel.* In: Daniel Caspar von Lohenstein: *Sämtliche Werke.* Abteilung II, Dramen 2: Agrippina; Epicharis. Hgg. von Lothar Mundt. Berlin, New York 2005.

1665 Caspar Stieler: *Der vermeinte Printz.* Lustspiel. Rudolstadt 1665.

1666 Jacob Bidermann: *Cenodoxus. Tragicomoedia* (erste Aufführung 1602). Deutsche Übers. von Johann Meichel (1635). Hgg. von Rolf Tarot. Stuttgart 1965.

1683 Christian Weise: *Masaniello. Trauerspiel.* Hgg. von Fritz Martini. Stuttgart 1972.

1700 CHRISTIAN REUTER: *Graf Ehrenfried. Lustspiel.* Hgg. von Wolfgang Hecht. Tübingen 1961.

1725 JOHANN PHILIPP PRAETORIUS: *Der Hamburger Jahr-Marckt oder der Glückliche Betrug. Sing-Spiel.* In: Reinhart Meyer: *Die Hamburger Oper.* Eine Sammlung von Texten der Hamburger Oper aus der Zeit 1678–1730. Bd. 3, München 1980, 127–183.

1732 JOHANN CHRISTOPH GOTTSCHED: *Sterbender Cato. Trauerspiel.* Hgg. von Horst Steinmetz. Stuttgart 1984.

1747 JOHANN ELIAS SCHLEGEL: *Die stumme Schönheit. Ein Lustspiel in einem Aufzuge.* In: Luise Adelgunde Viktorie Gottsched: *Der Witzling*; Johann Elias Schlegel: *Die stumme Schönheit.* Hgg. von Wolfgang Hecht. Berlin 1962.

1747 CHRISTIAN FÜRCHTEGOTT GELLERT: *Die zärtlichen Schwestern.* Ein Lustspiel. Hgg. von Horst Steinmetz. Stuttgart 1998.

1754 GOTTHOLD EPHRAIM LESSING: *Der junge Gelehrte. Ein Lustspiel.* Mit einem Nachwort und Erläuterungen von Alfred Anger. Stuttgart 1986.

1755 GOTTHOLD EPHRAIM LESSING: *Der Misogyn. Ein Lustspiel in drei Aufzügen.* In: Gotthold Ephraim Lessing: *Werke.* Hgg. von Herbert G. Göpfert. Bd. 1, München 1973.

1755 GOTTHOLD EPHRAIM LESSING: *Miss Sara Sampson. Ein Trauerspiel in fünf Aufzügen.* Stuttgart 1979.

1767 GOTTHOLD EPHRAIM LESSING: *Minna von Barnhelm oder das Soldatenglück. Ein Lustspiel in fünf Aufzügen.* Stuttgart 1981.

1772 GOTTHOLD EPHRAIM LESSING: *Emilia Galotti. Ein Trauerspiel in fünf Aufzügen.* Mit Anm. von Jan-Dirk Müller. Stuttgart 2002.

1773 JOHANN WOLFGANG VON GOETHE: *Götz von Berlichingen mit der eisernen Hand. Ein Schauspiel.* Stuttgart 1987.

1774 JOHANN WOLFGANG VON GOETHE: *Das Jahrmarkts-Fest zu Plundersweilern. Ein Schönbartspiel.* In: Johann Wolfgang Goethe: *Sämtliche Werke nach Epochen seines Schaffens.* Münchner Ausgabe. Band 2.2: Erstes Weimarer Jahrzehnt 1775–1786. Hgg. von Hartmut Reinhardt. München 1987.

1776 JAKOB MICHAEL REINHOLD LENZ: *Die Soldaten. Eine Komödie.* Nachwort von Manfred Windfuhr. Stuttgart 1981.

1776 JOHANN WOLFGANG VON GOETHE: *Stella. Ein Schauspiel für Liebende.* In: Johann Wolfgang Goethe: *Sämtliche Werke nach Epochen seines Schaffens.* Münchner Ausgabe. Band 1.2: Der junge Goethe 1757–1775. Hgg. von Gerhard Sauder. München 1987.

1779 GOTTHOLD EPHRAIM LESSING: *Nathan der Weise. Ein dramatisches Gedicht in fünf Aufzügen.* Stuttgart 1981.

1781 FRIEDRICH SCHILLER: *Die Räuber. Ein Schauspiel.* Stuttgart 1969.

1784 FRIEDRICH SCHILLER: *Kabale und Liebe. Ein bürgerliches Trauerspiel.* Stuttgart 1980.

1787 JOHANN WOLFGANG VON GOETHE: *Iphigenie auf Tauris. Ein Schauspiel.* Mit Anm. von Joachim Angst und Fritz Hackert. Stuttgart 1993.

1797 LUDWIG TIECK: *Der gestiefelte Kater. Kindermärchen.* Hgg. von Helmut Kreuzer. Stuttgart 1964.

1800 FRIEDRICH SCHILLER: *Wallenstein. Ein dramatisches Gedicht.* I: Wallensteins Lager. Die Piccolomini. Stuttgart 1979. II: Wallensteins Tod. Stuttgart 1979.

1800 LUDWIG TIECK: *Die verkehrte Welt. Ein historisches Schauspiel.* Hgg. von Walter Münz. Stuttgart 1996.

1801 Friedrich Schiller: *Die Jungfrau von Orleans. Eine romantische Tragödie.* Stuttgart 1983.
1803 August von Kotzebue: *Die deutschen Kleinstädter. Lustspiel.* Hgg. von Otto C. A. zur Nedden. Stuttgart 1963.
1804 Friedrich Schiller: *Wilhelm Tell. Schauspiel.* Stuttgart 1983.
1807 Heinrich von Kleist: *Amphitryon. Ein Lustspiel nach Molière.* Nachwort von Helmut Bachmaier. Stuttgart 1980.
1808 Johann Wolfgang von Goethe: *Faust. Der Tragödie erster Teil.* Stuttgart 1986.
1808 Heinrich von Kleist: *Penthesilea. Ein Trauerspiel.* Stuttgart 1983.
1811 Heinrich von Kleist: *Der zerbrochne Krug. Ein Lustspiel.* Stuttgart 1978.
1817 Franz Grillparzer: *Die Ahnfrau. Trauerspiel.* Stuttgart 1957.
1827 Christian Dietrich Grabbe: *Scherz, Satire, Ironie und tiefere Bedeutung. Ein Lustspiel in drei Aufzügen.* Nachwort und Anm. von Alfred Bergmann. Stuttgart 1970.
1831 Christian Dietrich Grabbe: *Napoleon oder die hundert Tage. Ein Drama in fünf Aufzügen.* Nachwort von Alfred Bergmann. Stuttgart 1985.
1835 Johann Nestroy: *Zu ebener Erde und erster Stock oder die Launen des Glücks.* In: Johann Nestroy: *Komödien.* Ausgabe in drei Bänden. Hgg. von Franz H. Mautner. Bd. 1, Frankfurt a.M. 1970.
1837 Johann Nestroy: *Das Haus der Temperamente.* In: Johann Nestroy: *Komödien.* Ausgabe in drei Bänden. Hgg. von Franz H. Mautner. Bd. 2, Frankfurt a.M. 1970.
1838 Georg Büchner: *Leonce und Lena. Lustspiel.* Studienausgabe. Hgg. von Burghard Dedner. Stuttgart 2003.
1841 Friedrich Hebbel: *Judith. Tragödie.* Nachwort von Helmut Bachmaier. Stuttgart 1984.
1841 Ernst Elias Niebergall: *Datterich.* Hgg. von Horst Denkler u.a. Stuttgart 1999.
1844 Friedrich Hebbel: *Maria Magdalena. Ein bürgerliches Trauerspiel in drei Akten.* Stuttgart 1990.
1849 Johann Nestroy: *Judith und Holofernes.* In: Johann Nestroy: *Komödien.* Ausgabe in 3 Bd. Hgg. von Franz H. Mautner. Bd. 3, Frankfurt a.M. 1970.
1854 Gustav Freytag: *Die Journalisten. Lustspiel.* Nachwort von Bernd Goldmann. Stuttgart 1977.
1878 Georg Büchner: *Woyzeck* (entstanden 1836). Studienausgabe. Hgg. von Burghard Dedner. Stuttgart 1999.
1882 Richard Wagner: *Parsifal. Bühnenweihfestspiel.* Hgg. von Egon Voss. Stuttgart 2006.
1889 Gerhart Hauptmann: *Vor Sonnenaufgang. Soziales Drama.* Frankfurt a. M., Berlin 1959.
1891 Frank Wedekind: *Frühlings Erwachen. Eine Kindertragödie.* Mit einem Nachwort von Georg Hensel. Stuttgart 1971.
1898 Hugo von Hofmannsthal: *Die Frau im Fenster.* In: Hugo von Hofmannsthal: *Gesammelte Werke.* Hgg. von Bernd Schoeller. Band 1, Gedichte Dramen I, 1891–1898. Frankfurt a.M. 1979.
1899 Arthur Schnitzler: *Der grüne Kakadu. Eine Groteske in einem Akt.* In: Arthur Schnitzler: *Das Vermächtnis.* Dramen 1897–1998. Frankfurt a.M. 1994.
1900 Arthur Schnitzler: *Reigen. Zehn Dialoge.* In: Arthur Schnitzler: *Das Vermächtnis.* Dramen 1897–1998. Frankfurt a.M. 1994.
1911 Gerhart Hauptmann: *Die Ratten. Berliner Tragikomödie.* Frankfurt a.M., Berlin 1988.
1918 Georg Kaiser: *Gas. Schauspiel in fünf Akten.* Vorwort von Walter Huder. Berlin 1990.

1920 GEORG KAISER: *Gas. Zweiter Teil. Schauspiel in drei Akten.* Vorwort von Walter Huder. Berlin 1990.

1920 ARNOLD BRONNEN: *Vatermord.* Berlin 1920.

1922 HUGO VON HOFMANNSTHAL: *Das Salzburger Große Welttheater.* In: Hugo von Hofmannsthal: *Gesammelte Werke.* Hgg. von Bernd Schoeller. Bd. 3, Dramen III, 1893–1927. Frankfurt a.M. 1979.

1927 ERNST TOLLER: *Hoppla, wir leben. Ein Vorspiel und fünf Akte.* Mit einem Nachwort von Ernst Schürer. Stuttgart 1980.

1929 MARIELUISE FLEISSER: *Pioniere in Ingolstadt.* In: Marieluise Fleißer: *Gesammelte Werke.* Hgg. von Günther Rühle. Frankfurt a.M. 1994.

1930 BERTOLT BRECHT: *Die Maßnahme. Zwei Fassungen.* Frankfurt a.M. 1998.

1932 GERHART HAUPTMANN: *Vor Sonnenuntergang. Schauspiel.* Frankfurt a.M., Berlin 1996.

1933 ÖDÖN VON HORVÁTH: *Glaube Liebe Hoffnung.* In: Ödön von Horváth: *Gesammelte Werke.* Hgg. von Traugott Krischke. Bd. 6, Frankfurt a.M. 1986.

1949 BERTOLT BRECHT: *Mutter Courage und ihre Kinder. Eine Chronik aus dem dreißigjährigen Krieg.* Frankfurt a.M. 1949.

1953 MAX FRISCH: *Don Juan oder die Liebe zur Geometrie.* Berlin, Frankfurt a.M. 1953.

1956 FRIEDRICH DÜRRENMATT: *Der Besuch der alten Dame. Eine Tragische Komödie.* Neufassung 1980. Zürich 1985.

1958 MAX FRISCH: *Biedermann und die Brandstifter. Ein Lehrstück ohne Lehre.* Frankfurt a.M. 1958.

1964 PETER WEISS: *Die Verfolgung und Ermordung Jean Paul Marats dargestellt durch die Schauspielergruppe des Hospitzes zu Charenton unter Anleitung des Herrn de Sade.* Frankfurt a.M. 1964.

1966 PETER HANDKE: *Publikumsbeschimpfung.* In: Peter Handke: *Publikumsbeschimpfung und andere Sprechstücke.* Frankfurt a.M. 1966.

1972 FRANZ XAVER KROETZ: *Wunschkonzert.* Frankfurt a.M. 1972.

1974 THOMAS BERNHARD: *Die Macht der Gewohnheit.* In: Thomas Bernhard: *Stücke 1.* Frankfurt a.M. 1988.

1977 HEINER MÜLLER: *Die Hamletmaschine.* In: Heiner Müller: *Werke 4: Die Stücke 2.* Hgg. von Frank Hörnigk. Frankfurt a.M. 2002.

1981 BOTHO STRAUSS: *Kalldewey Frace.* München, Wien 1981.

1982 HEINER MÜLLER: *Verkommenes Ufer Medeamaterial Landschaft mit Argonauten.* In: Heiner Müller: *Werke 5. Die Stücke 3.* Hgg. von Frank Hörnigk. Frankfurt a.M. 2001.

1986 THOMAS BERNHARD: *Klaus Peymann kauft sich eine Hose und geht mit mir essen.* In: Thomas Bernhard: *Klaus Peymann kauft sich eine Hose und geht mit mir essen.* Drei Dramolette. Frankfurt a.M. 1990.

1990 ELFRIEDE JELINEK: *Wolken.Heim.* In: *Stecken, Stab und Stangl; Raststätte oder Sie machens alle; Wolken.Heim. Neue Theaterstücke.* Reinbek 1997.

1994 ELFRIEDE JELINEK: *Raststätte oder Sie machens alle.* In: *Stecken, Stab und Stangl; Raststätte oder Sie machens alle; Wolken.Heim. Neue Theaterstücke.* Reinbek 1997.

1999 DEA LOHER: *Blaubart – Hoffnung der Frauen.* In: Dea Loher: *Manhattan Medea. Blaubart Zwei Stücke.* Frankfurt a.M. 1999.

1999 DEA LOHER: *Manhattan Medea – Hoffnung der Frauen.* In: Dea Loher: *Manhattan Medea. Blaubart Zwei Stücke.* Frankfurt a.M. 1999.

2 Klassiker der Dramentheorie

Die folgende Liste ist chronologisch geordnet und nennt einige „Klassiker“ der Dramen- und Theatertheorie bis 1960. Die meisten der genannten Titel sind als Taschenbuchausgaben erhältlich. Zur Literatur ab 1960 vgl. Abschnitt 4.

um 335 vor Chr. ARISTOTELES: *Poetik*. Griechisch/deutsch. Übers. und hgg. von Manfred Fuhrmann. Stuttgart 1982.

vor 200 n. Chr. TERTULLIAN: *De spectaculis. Über die Spiele*. Lateinisch/deutsch. Übers. und hgg. von Karl-Wilhelm Weber. Stuttgart 1988.

1561 JULIUS CAESAR SCALIGER: *Poetices libri septem. Sieben Bücher über die Dichtkunst*. Hgg. und übers. von Luc Deitz. 5 Bde. Stuttgart-Bad Cannstatt 1994.

1624 MARTIN OPITZ: *Buch von der Deutschen Poeterey*. Brieg 1624. Hgg. von Cornelius Sommer. Stuttgart 1983.

1647 GEORG PHILIPP HARSDÖRFFER: *Poetischer Trichter [...]* Erster und zweiter Teil. Nürnberg 1647. Reprint: Darmstadt 1969.

1688 ALBRECHT CHRISTIAN ROTTH: *Vollständige Deutsche Poesie/ in drey Theilen...* Leipzig 1688. Hgg. von Rosmarie Zeller. 2 Bde. Tübingen 2000.

1707 ERDMANN NEUMEISTER: *Die Allerneueste Art, zur reinen und galanten Poesie zu gelangen...* Hgg. von Christian Friedrich Hunold. Hamburg 1707.

1727 FRANCISCUS LANG: *Dissertatio de actione scenica*. Hgg. und übers. von Alexander Rudin. Bern, München 1975.

1730 JOHANN CHRISTOPH GOTTSCHED: *Versuch einer Critischen Dichtkunst*. In: Johann Christoph Gottsched: *Ausgewählte Werke*. Bd. VI, 1–4. Hgg. von Joachim und Brigitte Birke. Berlin, New York 1973.

1756/57 GOTTHOLD EPHRAIM LESSING/ MOSES MENDELSOHN: *Briefwechsel über das Trauerspiel*. In: Gotthold Ephraim Lessing: *Werke*. Hgg. von Herbert G. Göpfert. Bd. 4, München 1973, 153–227.

1760 GOTTHOLD EPHRAIM LESSING: *Das Theater des Herrn Diderot*. In: Gotthold Ephraim Lessing: *Werke und Briefe in zwölf Bänden*. Band 5,1: Werke 1760–1766. Hgg. von Wilfried Barner. Frankfurt a.M. 1990.

1767 GOTTHOLD EPHRAIM LESSING: *Hamburgische Dramaturgie*. Hgg. und kommentiert von Klaus L. Berghahn. Stuttgart 1981.

1774 JAKOB MICHAEL REINHOLD LENZ: *Anmerkungen übers Theater*. Hgg. von Hans-Günther Schwarz. Stuttgart 1976.

1785 FRIEDRICH SCHILLER: *Was kann eine gute stehende Schaubühne eigentlich wirken?* In: Friedrich Schiller: *Werke und Briefe*. Bd. 8, Theoretische Schriften. Hgg. von Rolf-Peter Janz. Frankfurt a.M. 1992, 185–200.

1793 FRIEDRICH SCHILLER: *Vom Erhabenen; Über das Pathetische*. In: Friedrich Schiller: *Werke und Briefe*. Bd. 8, Theoretische Schriften. Hgg. von Rolf-Peter Janz. Frankfurt a.M. 1992, 395–422; 423–451.

1803 JOHANN WOLFGANG VON GOETHE: *Regeln für Schauspieler*. In: *Goethes Werke*. Hgg. im Auftrage der Großherzogin Sophie von Sachsen. Weimarer Ausgabe. Reihe I, Bd. 40, Weimar 1901. Reprint. Bd. 45, München 1987.

1808 AUGUST WILHELM SCHLEGEL: *Vorlesungen über dramatische Kunst und Literatur*. In: August Wilhelm Schlegel: *Kritische Schriften und Briefe*. Bd. 5 und 6. Hgg. von Edgar Lohner. Stuttgart u. a. 1966/67.

1835–38 GEORG WILHELM FRIEDRICH HEGEL: *Vorlesungen über die Ästhetik*.

Hgg. von Eva Moldenhauer und Karl Markus Michel. Frankfurt a.M. 1986.

1852 Richard Wagner: *Oper und Drama.* Hgg. und kommentiert von Klaus Kropfinger. Stuttgart 1984.

1863 Gustav Freytag: *Die Technik des Dramas.* In: Gustav Freytag: *Dramatische Werke.* Technik des Dramas. Leipzig o.J., 503–762.

1872 Friedrich Nietzsche: *Die Geburt der Tragödie aus dem Geiste der Musik.* In: Friedrich Nietzsche: *Sämtliche Werke.* Kritische Studienausgabe. Hgg. von Giorgio Colli und Mazzino Montinari. Bd. 1, München 1988.

1911 Edward Gordon Craig: *Über die Kunst des Theaters.* Hgg. von Dietrich Kreidt. Berlin 1969.

1929 Erwin Piscator: *Das politische Theater.* Hgg. von Ludwig Hoffmann. Berlin 1968.

1930 Bertolt Brecht: *Anmerkungen zur Oper „Aufstieg und Fall der Stadt Mahagonny“.* In: Brecht/Weill: *Mahagonny.* Hgg. von Fritz Hennenberg und Jan Knopf. Frankfurt a.M. 2006.

1949 Bertolt Brecht: *Kleines Organon für das Theater.* Frankfurt a.M. 1960.

1952 Dürrenmatt, Friedrich: *Anmerkung zur Komödie.* In: Friedrich Dürrenmatt: *Theater-Schriften und Reden.* Zürich 1966.

1956 Peter Szondi: *Theorie des modernen Dramas* (1880–1950). Frankfurt a.M. 1963.

1 Sammelausgaben von dramentheoretischen Schriften

Balme, Christopher/Lazarowicz, Klaus (Hg.): *Texte zur Theorie des Theaters.* Stuttgart 1991.

Brauneck, Manfred: *Theater im 20. Jahrhundert. Programmschriften. Stilperioden. Reformmodelle.* Reinbek 1986.

3 Wichtige Einführungen und Nachschlagewerke

1 Verzeichnisse von Theater-Aufführungen und überlieferten Dramen (chronologisch geordnet)

Bergmann, Rolf: *Katalog der deutschsprachigen geistlichen Spiele und Marienklagen des Mittelalters.* München 1986.
Verzeichnet die deutschsprachigen geistlichen Spiele bis ins 16. Jahrhundert, keine weltlichen Dramen, keine Reformationsdramen.

Neumann, Bernd: *Geistliches Spiel im Zeugnis der Zeit.* 2 Bde. München, Zürich 1987.
Enthält nach Spielorten geordnet alle Aufführungszeugnisse für das geistliche Spiel im deutschen Sprachraum bis ins 16. Jahrhundert hinein, jedoch keine weltlichen Dramen, keine Reformationsdramen.

Valentin, Jean-Marie: *Le Théâtre des Jésuites dans les pays de langue allemande. Répertoire chronologique des Pièces représentées et des Documents conservés* (1555–1773). 2 Bde. Stuttgart 1983/84.
Enthält die Nachweise aller Aufführungen von Dramen des Jesuitenordens im deutschen Sprachraum bis zum Verbot des Ordens, mehrere tausend Dramen.

Meyer, Reinhart: *Bibliographia Dramatica et Dramaticorum.* Kommentierte Bibliographie der im ehemaligen deutschen Reichsgebiet gedruckten und gespielten Dramen des 18. Jahrhunderts nebst deren Bearbeitungen und Übersetzungen und ihrer Rezeption bis in die Gegenwart. 1. Abt.: Werkausgaben, Sammlungen, Reihen. 3 Bde. Tübingen 1986; 2. Abt.: Einzeltitel. Tübingen 1993ff.

Enthält Nachweise aller im 18. Jahrhundert im deutschen Sprachraum aufgeführten oder für das Theater bestimmten Werke.

Deutsches Bühnen-Jahrbuch. Theatergeschichtliches Jahr- und Adressenbuch. Berlin. Erscheint jährlich ab 1889.
Jeder Band enthält die Uraufführungen an den deutschen Bühnen, die in der Vorjahressaison stattfanden. Außerdem ein für die entsprechende Saison aktueller Überblick über alle Theaterspielstätten in Deutschland und deren Ausstattung.

Deutscher Bühnenspielplan. Leipzig 1896/97–1943/44.
Enthält die Spielpläne der deutschen Bühnen für den genannten Zeitraum.

Dramenlexikon. Hgg. vom Deutschen Theatermuseum. München 1941ff.
Pro Jahr ein Band mit kurzen Artikeln zu den uraufgeführten Sprechtheater-Stücken.

2 Dramen- und Theatergeschichten

Brauneck, Manfred: *Die Welt als Bühne. Geschichte des europäischen Theaters*. 6 Bde. Stuttgart 1993–2007.

Fischer-Lichte, Erika: *Kurze Geschichte des deutschen Theaters*. Tübingen, Basel 1993.

Fischer-Lichte, Erika: *Geschichte des Dramas. Epochen der Identität auf dem Theater von der Antike bis zur Gegenwart*. 2 Bde., 2. Aufl. Tübingen, Basel 1999.

Kindermann, Heinz: *Theatergeschichte Europas*. 10 Bde. Salzburg 1957–1974.
Gewaltige, auch chaotische Materialsammlung. Gut für interessante Einzelfunde, nicht geeignet für den ersten Überblick.

3 Lexika und Nachschlagewerke

Brauneck, Manfred/Schneilin, Gérard (Hg.): *Theaterlexikon I: Begriffe und Epochen, Bühnen und Ensembles*. 5. Aufl. Reinbek 2007.

Brauneck, Manfred/Beck, Wolfgang (Hg.): *Theaterlexikon II: Schauspieler und Regisseure, Bühnenleiter, Dramaturgen und Bühnenbildner*. Reinbek 2007. (= Brauneck 2007a)

Dahlhaus, Carl/Döhring, Sieghart (Hg.): *Pipers Enzyklopädie des Musiktheaters. Oper, Operette, Musical, Ballett*. 7 Bde. München 1986–1997.
Enthält, nach Autoren geordnet, Artikel zu einzelnen Werken. Vermittelt einen guten Eindruck von der Vielfalt des Musiktheaters.

Fischer-Lichte, Erika/Kolesch, Doris/Warstat, Matthias (Hg.): *Metzler Lexikon Theatertheorie*. Stuttgart, Weimar 2005.
Liefert Artikel zu allen wichtigen Schlagwörtern im Zusammenhang mit neueren Theoriedebatten. Setzt umfangreicheres theoretisches Wissen voraus.

Frenzel, Elisabeth: *Stoffe der Weltliteratur. Ein Lexikon dichtungsgeschichtlicher Längsschnitte*. 10. Aufl. Stuttgart 2005.

Frenzel, Elisabeth: *Motive der Weltliteratur. Ein Lexikon dichtungsgeschichtlicher Längsschnitte*. 5. Aufl. Stuttgart 1999.
Für den ersten stoff- und motivgeschichtlichen Zugriff unentbehrlich.

Hinck, Walter: *Handbuch des deutschen Dramas*. Düsseldorf 1980.
Überblicksartikel zu den einzelnen Epochen des Dramas im deutschen Sprachraum.

Kosch, Wilhelm: *Deutsches Theaterlexikon: Biographisches und bibliographisches Handbuch*. Klagenfurt u.a. 1953ff.

SUCHER, BERND (Hg.): *Theaterlexikon.* 2 Bde. München 1999.

WEIMAR, KLAUS/FRICKE, HARALD/MÜLLER, JAN-DIRK (Hg.): *Reallexikon der deutschen Literaturwissenschaft.* 3 Bde. Berlin, New York 1997–2003.
Enthält Artikel zu allen wichtigen Begriffen im Zusammenhang mit dem Drama aus literaturwissenschaftlicher Perspektive.

4 Einführungen in die Dramenanalyse und Theaterwissenschaft

ASMUTH, BERNHARD: *Einführung in die Dramenanalyse.* 6. Aufl. Stuttgart, Weimar 2004.
Ideale Einführung für die Analyse kanonischer Dramen des 18. Jahrhunderts.

BALME, CHRISTOPHER: *Einführung in die Theaterwissenschaft.* 4. Aufl. Berlin 2008.
Gut gegliederte Einführung, die auch Literaturwissenschaftler gelesen haben sollten.

FISCHER-LICHTE, ERIKA: *Semiotik des Theaters. Eine Einführung.* Bd. 1: Das System der theatralischen Zeichen. 2. Aufl. Tübingen 1988.
Obwohl der semiotische Zugang zum Theater seine Probleme mit sich bringt, immer noch unumgängliches Standardwerk, auch für den Studienanfänger gut zu nutzen.

FISCHER-LICHTE, ERIKA: *Semiotik des Theaters. Eine Einführung.* Bd. 2: Vom „künstlichen" zum „natürlichen" Zeichen. Theater des Barock und der Aufklärung. 2. Aufl. Tübingen 1989.

FISCHER-LICHTE, ERIKA: *Semiotik des Theaters.* Eine Einführung. Bd. 3: Die Aufführung als Text. 2. Aufl. Tübingen 1988. (= 1988c)

HISS, GUIDO: *Der theatralische Blick. Einführung in die Aufführungsanalyse.* Berlin 1993.
Präsentiert, vom Theatertext ausgehend, ein Verfahren, das die Transformationen vom Text zur Aufführung beschreibt.

KOTTE, ANDREAS: *Theaterwissenschaft. Eine Einführung.* Köln, Weimar, Wien 2005.
Einführung in die Theaterwissenschaft mit starkem Akzent auf dem Theater der Frühen Neuzeit. Eignet sich als Parallellektüre zu Balme.

MÖHRMANN, RENATE (Hg.): *Theaterwissenschaft heute. Eine Einführung.* Berlin 1990.
Gute Überblicksartikel zu einzelnen Aspekten wie Theatergeschichtsschreibung, Musik- und Tanztheater, Ort des Theaters.

PFISTER, MANFRED: *Das Drama. Theorie und Analyse.* 7. Aufl. München 1988.
Für alle, die es genauer wissen wollen: strukturalistischer Ansatz, der subtile Differenzierungen ermöglicht.

PLATZ-WAURY, ELKE: *Drama und Theater. Eine Einführung.* 5. Aufl. Tübingen 1999.

4 Sekundärliteratur zur Theorie und Geschichte von Drama und Theater

ALEXANDER, ROBERT J.: *Das deutsche Barockdrama.* Stuttgart 1984.

ALT, PETER-ANDRÉ: *Tragödie der Aufklärung. Eine Einführung.* Tübingen, Basel 1994.

AUST, HUGO/HAIDA, PETER/HEIN, JÜRGEN (Hg.): *Volksstück. Vom Hanswurstspiel zum sozialen Drama der Gegenwart.* München 1989.

BARTON, BRIAN: *Das Dokumentartheater.* Stuttgart 1987.

BAYERDÖRFER, HANS-PETER (Hg.): *Vom Drama zum Theatertext? Zur Situation der Dramatik in den Ländern Mitteleuropas.* Tübingen 2007.

BÉHAR, PIERRE/WATANABE-O'KELLY, HELEN (Hg.): *Spectacvlvm evropævm. Theatre and Spectacle in Europe* (1580–1750). Wiesbaden 1999.

BIRGFELD, JOHANNES/CONTER, CLAUDE D. (Hg.): *Das Unterhaltungsstück um 1800. Literaturhistorische Konfigurationen – Signaturen der Moderne.* Hannover 2007.

BORCHMEYER, DIETER: *Weimarer Klassik. Porträt einer Epoche.* Weinheim 1994.

BRAUNGART, WOLFGANG: *Ritual und Literatur.* Tübingen 1996.

CARLSON, MARVIN: *Places of Performance. The Semiotics of Theatre Architecture.* Ithaca, London 1989.

COWEN, ROY C.: *Das deutsche Drama im 19. Jahrhundert.* Stuttgart 1988.

DENKLER, HORST: *Drama des Expressionismus. Programm – Spieltext – Theater.* 2. Aufl. 1979.

DIETL, CORA: *Die Dramen Jacob Lochers und die frühe Humanistenbühne im süddeutschen Raum.* Berlin, New York 2005.

DRESSLER, ROLAND: *Von der Schaubühne zur Sittenschule. Das Theaterpublikum vor der vierten Wand.* Berlin 1993.

ELM, THEO: *Das soziale Drama. Von Lenz bis Kroetz.* Stuttgart 2004.

FISCHER, GERHARD (Hg.): *The play within the play. The performance of meta-theatre and self-reflection.* Amsterdam 2007.

FISCHER-LICHTE, ERIKA: *Ästhetik des Performativen.* Frankfurt a.M. 2004.

GELFERT, HANS-DIETER: *Die Tragödie. Theorie und Geschichte.* Göttingen 1995.

GENNEP, ARNOLD VAN: *Übergangsriten (Les rites de passage).* Übers. von Klaus Schomburg und Sylvia M. Schomburg-Scherff. Frankfurt a.M. 1999.

GIER, ALBERT: *Das Libretto. Theorie und Geschichte einer musikoliterarischen Gattung.* Darmstadt 1998.

GOFFMAN, ERVING: *Rahmen-Analyse. Ein Versuch über die Organisation von Alltagserfahrungen.* Frankfurt a.M. 1977.

GREINER, BERNHARD: *Die Komödie. Eine theatralische Sendung. Grundlagen und Interpretationen.* Tübingen 1992.

GRIMM, REINHOLD (Hg.): *Deutsche Dramentheorien. Beiträge zu einer historischen Poetik des Dramas in Deutschland.* 2 Bde., 3. Aufl. Wiesbaden 1981.

GUTHKE, KARL: *Das deutsche bürgerliche Trauerspiel.* 4. Aufl. Stuttgart 1984.

HINCK, WALTER (Hg.): *Geschichte als Schauspiel. Deutsche Geschichtsdramen.* Interpretationen. Frankfurt a.M. 1981.

HOEFERT, SIGFRID: *Das Drama des Naturalismus.* 4. Aufl. Stuttgart 1993.

JAHN, BERNHARD: *Die Sinne und die Oper. Sinnlichkeit und das Problem ihrer Versprachlichung im Musiktheater des nord- und mitteldeutschen Raumes* (1680–1740). Tübingen 2005.

JAPP, UWE: *Das deutsche Künstlerdrama von der Aufklärung bis zur Gegenwart.* Berlin, New York 2004.

JAPP, UWE/SCHERER, STEFAN/STOCKINGER, CLAUDIA (Hg.): *Das romantische Drama. Produktive Synthese zwischen Tradition und Innovation.* Tübingen 2000.

JAPP, UWE: *Die Komödie der Romantik. Typologie und Überblick.* Tübingen 1999.

JAPP, UWE: „Kleist und die Komödie seiner Zeit." In: *Kleist-Jahrbuch 1996*, 108–120.

JESSING, BENEDIKT/KÖHNEN, RALPH: *Einführung in die Neuere deutsche Literaturwissenschaft.* 2. Aufl. Stuttgart, Weimar 2007.

KASTEN, INGRID/FISCHER-LICHTE, ERIKA (Hg.): *Transformationen des Religiösen.*

Performativität und Textualität im geistlichen Spiel. Berlin, New York 2007.

KESTING, MARIANNE: *Das epische Theater. Zur Struktur des modernen Dramas.* 8. Aufl. Stuttgart, Berlin, Köln 1989.

KOTTE, ANDREAS: *Theatralität im Mittelalter. Das Halberstädter Adamsspiel.* Tübingen, Basel 1994.

KLOTZ, VOLKER: *Bürgerliches Lachtheater. Komödie, Posse, Schwank, Operette.* 4. Aufl. Heidelberg 2007.

KLOTZ, VOLKER: *Geschlossene und offene Form im Drama.* 10. Aufl. München 1980.

KOŠENINA, ALEXANDER: *Anthropologie und Schauspielkunst. Studien zur ‚eloquentia corporis' im 18. Jahrhundert.* Tübingen 1995.

KRÄMER, JÖRG: *Deutschsprachiges Musiktheater im späten 18. Jahrhundert. Typologie, Dramaturgie und Anthropologie einer populären Gattung.* 2 Bde. Tübingen 1998.

LEHMANN, HANS-THIES: *Postdramatisches Theater.* 3. Aufl. Frankfurt a.M. 2005.

MAHAL, GÜNTHER: *Auktoriales Theater – die Bühne als Kanzel. Autoritäts-Akzeptierung des Zuschauers als Folge dramatischer Persuasionsstrategie.* Tübingen 1982.

MEHNERT, HENNING: *Commedia dell'arte. Struktur – Geschichte – Rezeption.* Stuttgart 2003.

MEIER, CHRISTEL/MEYER, HEINZ/SPANILY, CLAUDIA (Hg.): *Das Theater des Mittelalters und der Frühen Neuzeit als Ort und Medium sozialer und symbolischer Kommunikation.* Münster 2004.

MELCHINGER, SIEGFRIED: *Geschichte des politischen Theaters.* 2 Bde. Frankfurt a.M. 1974.

MÖNCH, CORNELIA: *Abschrecken oder Mitleiden. Das deutsche bürgerliche Trauerspiel im 18. Jahrhundert. Versuch einer Typologie.* Tübingen 1993.

NIEFANGER, DIRK: *Barock. Lehrbuch Germanistik.* 2. Aufl. Stuttgart 2006.

NIEFANGER, DIRK: *Geschichtsdrama der Frühen Neuzeit 1495–1773.* Tübingen 2005.

OSBORNE, JOHN (Hg.): *Die Meininger. Texte zur Rezeption.* Tübingen 1980.

PIKULIK, LOTHAR/KURZENBERGER, HAJO/GUNTERMANN, GEORG (Hg.): *Deutsche Gegenwartsdramatik.* 2 Bde. Göttingen 1987.

POLHEIM, KARL KONRAD (Hg.): *Die dramatische Konfiguration.* Paderborn u.a. 1997.

POSCHMANN, GERDA: *Der nicht mehr dramatische Theatertext. Aktuelle Bühnenstücke und ihre dramaturgische Analyse.* Tübingen 1997.

PÜTZ, PETER: *Die Zeit im Drama. Zur Technik dramatischer Spannung.* Göttingen 1970.

QUAST, BRUNO: *Vom Kult zur Kunst. Öffnungen des rituellen Textes in Mittelalter und Früher Neuzeit.* Tübingen, Basel 2005.

ROCHOW, CHRISTIAN ERICH: *Das bürgerliche Trauerspiel.* Stuttgart 1999.

SCHALK, AXEL: *Das moderne Drama.* Stuttgart 2004.

SCHECHNER, RICHARD (Hg.): *Ritual, Play and Performance.* New York 1977.

SCHINGS, HANS-JÜRGEN: „Constantia und Prudentia: Zum Funktionswandel des barocken Trauerspiels." In: *Daphnis* 12 (1983), 403–439.

SCHINGS, HANS-JÜRGEN: „Consolatio Tragödiae. Zur Theorie des barocken Trauerspiels." In: Reinhold Grimm (Hg.): *Deutsche Dramentheorien.* Bd. 1, Wiesbaden 1980, 19–55.

SCHÖNE, ALBRECHT: *Emblematik und Drama im Zeitalter des Barock.* 3. Aufl. mit Anm. München 1993.

SCHÖSSLER, FRANZISKA: *Einführung in das bürgerliche Trauerspiel und das soziale Drama.* Darmstadt 2003.

Schulz, Gerhard: „Zur Theorie des Dramas im deutschen Naturalismus.“ In: Reinhold Grimm (Hg.): *Deutsche Dramentheorien.* Bd. 2, Wiesbaden 1981, 83–110.

Schwind, Klaus: „Die Entgrenzung des Raum- und Zeiterlebnisses im ‚vierdimensionalen Theater‘. Plurimediale Bewegungsrhythmen in Piscators Inszenierung von Hoppla, wir leben (1927).“ In: Erika Fischer-Lichte (Hg.): *TheaterAvantgarde. Wahrnehmung – Körper – Sprache.* Tübingen, Basel 1995, 58–88.

Staiger, Emil: *Die Kunst der Interpretation.* München 1971.

Steinmetz, Horst: *Die Komödie der Aufklärung.* 3. Aufl. Stuttgart 1978.

Strässner, Matthias: *Das analytische Drama.* München 1980.

Turner, Victor: *Vom Ritual zum Theater. Der Ernst des menschlichen Spiels.* Übers. von Sylvia M. Schomburg-Scherff. Frankfurt a.M. 1995.

Warning, Rainer: *Funktion und Struktur. Die Ambivalenzen des geistlichen Spiels.* München 1974.

Ziegeler, Hans-Joachim (Hg.): *Ritual und Inszenierung: Geistliches und weltliches Drama des Mittelalters und der Frühen Neuzeit.* Tübingen 2004.

5 Nachweis der Abbildungen

Abb. 1.1: Die Zeichen des Theaters nach Fischer-Lichte. Aus: Fischer-Lichte, Erika: *Semiotik des Theaters. Eine Einführung.* Bd. 1: Das System der theatralischen Zeichen. 2. Aufl. Tübingen 1988, 28.

Abb. 4.1: Typologie der Theaterräume nach Carlson. Aus: Kotte, Andreas: *Theaterwissenschaft. Eine Einführung.* Köln, Weimar, Wien 2005, 72.

Abb. 4.2: Typologie der Theaterformen nach Pfister. Aus: Kotte, Andreas: *Theaterwissenschaft. Eine Einführung.* Köln, Weimar, Wien 2005, 73.

Abb. 4.3: Viergeteilte Bühne zu Nestroys *Das Haus der Temperamente* (Wiener Theaterzeitung 1838). Aus: Berthold, Margot: *Weltgeschichte des Theaters.* Stuttgart 1968, vor S. 385.

Abb. 4.4: Schema des Bühnenaufbaus für den 3. Akt von Tollers *Hoppla, wir leben.* Aus: Toller, Ernst: *Werke.* Bd. 3, München 1978, 78.

Abb. 4.5: Sebastiano Serlio: *Bühnenbildentwürfe für eine Tragödie, Komödie und ein Hirtenspiel.* Rechte beim Autor.

Abb. 4.6: „Die Ewigkeit kommet von dem Himmel“: Gryphius, *Catharina von Georgien*, Szenenkupfer von Johann Using, 1655. Aus: Bremer, Kai: *Literatur der Frühen Neuzeit.* München 2008, 205.

Abb. 6.1: Austauschprozesse zwischen Gesellschaft und Theater nach Turner. Aus: Turner, Victor: *Vom Ritual zum Theater.* Frankfurt a.M. 1989, 116.

Abb. 8.1: Martin Engelbrecht: *Figuren der Stegreifkomödie* (2. Hälfte 18. Jahrhundert). Aus: Baur-Heinhold Margarete: *Theater des Barock.* München 1966, 79.

Abb. 9.1: Drei Kommunikationsebenen im Theater. Rechte beim Autor.

6 Glossar

Das Glossar enthält wichtige Fachbegriffe zu Drama und Theater. Es dient zugleich als Sachregister.

Anagnorisis
Nach Aristoteles bildet die A. ein Handlungselement in der Tragödie. Sie ist ein Erkennen oder Wiedererkennen, durch das sich die Situation des Helden radikal ver-

ändert, zum Beispiel, wenn der Held erfährt, dass sein bisheriger Intimfeind eigentlich sein Bruder ist. **61**

analytisches Drama
Ein Drama, dessen Handlung sich ganz aus Geschehnissen heraus entwickelt, die zu Beginn des Dramas schon in der Vergangenheit liegen. **70 f.**

Antilabe
Verteilung eines Verses auf mehrere Sprecher. **96 f., 146**

Aufführungstext
Die je einmalige Aufführung eines Dramas. **7, 48, 52, 134, 149**

Beiseitesprechen (aparte, aside)
Darstellungskonvention, bei der die von einer Figur geäußerten Sätze deren Gedanken wiedergeben. Der Konvention entsprechend kann nur das Publikum das beiseite Gesprochene hören, nicht aber die auf der Bühne anwesenden Figuren. Vom → Monolog unterscheidet sich das B. durch seine Kürze. **98**

Botenbericht
Figurenrede, in der über ein vergangenes Ereignis berichtet wird. Beispiel: Ein Bote berichtet über den Ausgang einer Schlacht. **58, 72, 144**

Bühnenbearbeitung
Der für eine bestimmte Aufführung bearbeitete Theatertext. **17**

Bürgerliches Trauerspiel
Form des Trauerspiels ab der Mitte des 18. Jahrhunderts. Der Konflikt im B. T., meist eine verbotene Liebesbeziehung, ist gegenüber den staatspolitischen Konflikten der barocken Trauerspiele eher privater, d.h. nicht öffentlicher Natur. Er wird meist durch Standesgegensätze (bürgerlich-adlig) verschärft. **112**

Charaktere
Figuren in einem Drama, die im Gegensatz zu den → Typen stärker individualisiert angelegt sind. **103, 106**

Comédie larmoyante
→ weinerliches Lustspiel **39**

Commedia dell'Arte (Commedia italiana)
Eine aus Italien stammende Form des Theaters, die mit typisierten Figuren arbeitet, denen feste Handlungsmuster zugeschrieben werden, z. B. der Capitano, ein aus Neapel stammender, prahlender, aber gleichwohl feiger Soldat. **103 ff.**

Deus ex machina
Das Auftreten einer Figur, meist eines Gottes oder einer Göttin, am Ende des Dramas, um einen unlösbaren Konflikt zu schlichten oder ein tragisches Ende zu vermeiden. Vor allem im Musiktheater gern verwendet. **68**

Dialog
Wechsel der Figurenrede zwischen zwei oder mehr Figuren. Zentrale Form der Figurenrede neben dem → Monolog. **95 ff.**

Drama
Mit D. wird in diesem Buch der → Theatertext bezeichnet. Traditionellerweise werden die → Dialogform, das Vorhandensein von → Haupt- und → Nebentexten sowie das Fehlen einer Erzählinstanz als Merkmale des D.s angeführt. Doch diese Merkmale reichen nicht aus, um dramatische Texte von nichtdramatischen (epischen, lyrischen) Texten für alle Zeiten und Epochen abgrenzen zu können. Deswegen folgt hier eine pragmatische Definition: Ein D. ist das, was zu einer bestimmten Zeit und Epoche als D. bezeichnet wird. Als Signalwörter für ein D. können Gattungsbezeichnungen dienen wie etwa Spiel, Comoedia, Schauspiel, Komödie, Tragödie oder Stück.

Drei Einheiten
Einheit der → Handlung, der Zeit und des Ortes. Auf ARISTOTELES geht vor allem die Forderung nach der Einheit der Handlung zurück. Die Handlung muss in sich geschlossen (kausal) sein, einen deutlich markierten Anfang und ein klares Ende besitzen. Episoden oder Nebenhandlungen darf es nur geben, wenn sie eine Funktion für die Haupthandlung besitzen. Die Einheit der Zeit und des Ortes unterstützt dabei den Zusammenhang der Handlung. Die Handlung soll sich an einem Tag vollziehen, und möglichst ohne Schauplatzwechsel auskommen. **61**

Episches Theater
Form des Theaters, die eine vermittelnde → Kommunikationsebene einsetzt. Durch diese kann die → Handlung auf der inneren Kommunikationsebene kommentiert werden. Epische Elemente finden sich schon im antiken Theater. Der Begriff e. T. wurde von BERTOLT BRECHT in den 1920er Jahren geprägt. **114 ff.**

Exposition
In einem klassisch aufgebauten Drama werden in der Exposition die Hauptfiguren und/oder der Hauptkonflikt des Dramas eingeführt. **64**

Figurenkonfiguration
Alle Figuren, die in einer bestimmten Szene eines Dramas auftreten. **108 ff.**

Figurenkonstellation
Alle Figuren, die in einem Drama auftreten. **108 ff.**

Figurenrede
→ Haupttext **9**

geschlossene Form des Dramas
Dramen weisen dann eine geschlossene Form auf, wenn sie der Forderung der → drei Einheiten gemäß aufgebaut sind. Neben der Einheit von Handlung, Zeit und Ort bildet in der g. F. auch die Sprache eine Einheit, d.h. sie bewegt sich auf einer Stilebene.
→ offene Form des Dramas **65 ff.**

Handlung (Haupthandlung, Nebenhandlung)
Nach ARISTOTELES das Zentrum der Tragödie. Eine Handlung im Drama ahmt tatsächliche Handlungen der Menschen nach (→ Mimesis) und sollte auf eine bestimmte Weise konstruiert sein (→ drei Einheiten). **46, 60 f.**

Haupttext
Der von den Figuren eines Dramas gesprochene Text (= Figurenrede). → Nebentext **9, 86**

Illusionstheater
Theaterkonzept vor allem des 19. Jahrhunderts, das darauf abzielt, die Mittel des Theaters vergessen zu machen. So entsteht beim Zuschauer die Illusion, er belausche als Voyeur unbemerkt eine Handlung.
→ vierte Wand **117 ff., 132 f.**

Imaginationstheater, inneres Theater
Ein Theater, das nicht die äußeren Sinne (Sehen, Hören) anspricht, sondern die sogenannten inneren Sinne: das Vorstellungsvermögen und die Einbildungskraft. Der Zuschauer sieht eine Handlung oder einen Raum nicht, sondern muss sie sich vor seinem inneren Auge vorstellen. **46**

Inszenierungstext
Die vom Regisseur und seinen Mitarbeitern für die Aufführung erarbeitete Fassung eines Dramas. Bühnenbild, Kostüme, Bewegungen der Schauspieler werden im I. festgelegt, im Aufführungstext dann umgesetzt. **7**

Katharsis
gr. ‚Reinigung'. Zweck der Tragödie nach ARISTOTELES. Sie soll den Menschen von den

Leidenschaften → Phobos und Eleos reinigen. **35, 39**

Komödie (Lustspiel)
Dramatische Gattung. Comœdia kann bis zum Ende des 16. Jahrhunderts allgemein einen dramatischen Text bezeichnen. Ab 1600 verengt sich der Begriff zunehmend auf ein Schauspiel mit gutem Ausgang, das oft auch komische Elemente enthält. Je nach Epoche zahlreiche Binnendifferenzierungen. **24 ff., 37, 39 f., 47, 53, 86, 98, 101, 105, 115, 125, 130, 139 ff.**

Kommunikationsebenen
Die Kommunikationssituation bei einer Theateraufführung ist durch drei Kommunikationsebenen beschreibbar. Auf der inneren Kommunikationsebene (Bühne) kommunizieren die Figuren eines Dramas miteinander, auf der äußeren Kommunikationsebene das Publikum (Zuschauerraum). Meist findet sich noch eine dritte, vermittelnde Kommunikationsebene (→ episches Theater), auf der die Figuren direkt zum Publikum sprechen. **93, 114, 116, 119 ff.**

Lesedrama
Drama, dass nur für die Lektüre bestimmt oder geeignet scheint. Ein als Lesedrama angesehenes Drama gilt auf der Bühne seiner Zeit als nicht aufführbar. Die Bezeichnung L. bleibt jedoch unscharf, da letztlich jedes Drama aufgeführt werden kann. **7 ff.**

Melodrama (Monodrama)
Eine Form des Musiktheaters im 18. Jahrhundert. In einem M. tritt meist nur eine Figur auf, die zur Musik deklamiert. Das Melodrama ist eine Mischform zwischen Sprech- und Musiktheater. **72**

Metadrama
Ein Drama, in dem das Drama, seine Elemente und seine Konstruktionsprinzipien thematisiert werden. M. ist selbstreflexiv. **125 ff.**

Mimesis
gr.: ‚Nachahmung'. Nach Aristoteles eine zentrale Kategorie für die Tragödie bzw. das Theater im Allgemeinen, denn hier werden Handlungen nachgeahmt. **12, 33, 134 f.**

Monolog
Form der Figurenrede im Drama. Zwei Arten von M. treten auf: a) Eine Figur spricht zu einer anderen in Form einer längeren Rede. b) Darstellungskonvention im Drama, bei der eine Figur, für die anderen Figuren nicht vernehmbar, mit sich selbst spricht und den Zuschauern auf diese Weise ihr Denken enthüllt. **95 ff.**

Musiktheater
Sammelbegriff für unterschiedliche Formen von Theater, bei denen der Musik eine zentrale Rolle zukommt, vor allem die Oper. **9, 19 f., 47, 127**

narrative Vermittlung
Das Erzählen einer Handlung durch eine Figur auf der Bühne. → szenische Präsentation **71 f.**

Nebentext
All jene Textteile eines Dramas, die nicht aus der Figurenrede bestehen. Das sind mindestens die Namen der Figuren. Ferner kann der Nebentext Regieanweisungen und Bühnenbildbeschreibungen enthalten. **9 f.**

offene Form des Dramas
Ein Drama weist dann eine o. F. auf, wenn die Forderung nach den → drei Einheiten nicht beachtet wird. Die Einheit der Handlung kann durch mehrere, nicht linear-kausal geführte Parallelhandlungen ersetzt werden; die Einheit des Orts kann durch permanenten Schauplatzwechsel aufgehoben werden; die Einheit der Zeit durch große Zeitsprünge in der Handlungsführung. An die Stelle des Helden und seines Gegenspielers tritt eine Vielzahl von Figuren bis

hin zur anonymen Masse. In der Figurenrede werden verschiedene Stilniveaus einander gegenüber gestellt. → geschlossene Form des Dramas **65 ff.**

Parabase (Parekbase)
In der griechischen Komödie die direkte Ansprache an das Publikum, verbunden mit einem Illusionsbruch. In der romantischen Komödie wird die Parabase (nun meist als Parekbase bezeichnet) wieder aufgegriffen. Die Parabase ist ein → V-Effekt. **115**

Performanz, Performativität
Wesentlicher Bestandteil einer Theateraufführung. Mit P. wird die Aufführung einer Handlung bezeichnet. Je nach Definition ergibt sich ein enger oder weiter gefasster P.-Begriff. So kann P. jegliches (auch sprachliches) Handeln bezeichnen, oder aber nur solches Handeln, das auf sich selbst bezogen ist (wie etwa das Ritual). **11 ff.**

Performance
P. bezeichnet hier im Gegensatz zu der für jede Theateraufführung konstitutive → Performanz eine Spezialform von Handlung an der Grenze zwischen Theater und bildender Kunst. Wesentlich für die P. ist das Prinzip der Grenzüberschreitung sowohl im Hinblick auf die Künste wie auch im Hinblick auf die traditionelle Trennung von Theater und Alltag. Den Kern der P. bildet meist eine selbstreferentielle Aktion wie etwa das Bemalen eines Körpers. **14**

Peripetie
Im klassischen Drama ein Umschlagen der Handlung bezogen auf den Helden, vom Glück ins Unglück oder umgekehrt. **61 ff.**

Phobos und Eleos
gr. ‚Schrecken' und ‚Schaudern'. Von Lessing mit ‚Furcht' und ‚Mitleid' übersetzt. Nach Aristoteles jene Affekte, die durch die Tragödie beim Zuschauer hervorgerufen werden sollen. **34 f., 38**

Pyramidenform
Von Gustav Freytag geprägtes Schema zur Darstellung des Aufbaus eines klassischen Dramas. **63**

Rahmen, Rahmung
R. stellen Deutungsmuster für den Alltag bereit und erleichtern so das Handeln im Alltag. Erst durch eine entsprechende R. wird eine → Handlung zu Theater. **13 f.**

Redeactus
Vom 16. bis ins 19. Jahrhundert hinein eine Form des Schultheaters, bei der meist die Schüler Reden zu bestimmten Themen vortrugen. Diese Veranstaltungen konnten halbszenisch präsentiert werden. **11**

Regieanweisungen
→ Nebentext **9, 86**

Regiebuch
Bearbeitung eines Dramentextes für die Aufführung. Das R. kann zusätzliche Angaben zu Kostümen oder Bühnenbild enthalten, die Figurenrede kürzen oder verändern usw. **17, 22**

Reigen-Struktur, Reigenspiel
Aufbau eines Dramas aus in sich abgeschlossenen kleinen Handlungseinheiten. **67, 85**

Rolle
Die Gesamtheit der einer Figur zugeordneten Reden im Haupttext, wie auch die die Figur betreffenden Bemerkungen im Nebentext. **13 f.**

rührendes Lustspiel
→ weinerliches Lustspiel **39**

sächsische Typenkomödie
In den 1720er Jahren vor allem in Sachsen aufkommende Form der Komödie, bei der eine oder mehrere Figuren im Zentrum stehen, die eine ausgeprägte negativ zu bewertende Eigenschaft (Laster) besitzen. Indem

der Zuschauer dieses Laster verlacht, soll er selbst moralisch gebessert werden. **37, 105**

Schauspiel
Seit dem 16. Jahrhundert in Deutschland eingeführte Gattungsbezeichnung, um als Oberbegriff dramatische Texte zu kennzeichnen. Der Begriff kann in den einzelnen Epochen auch spezifisch zur Bezeichnung von Mischformen, etwa Tragödie und Komödie, oder von Sonderformen eingesetzt werden. **24**

Simultanbühne
Bühnenform, auf der mehrere → Handlungen gleichzeitig gespielt werden können, sei es, dass mehrere Bühnen in einem Raum (etwa auf einem Marktplatz) aufgebaut werden, oder dass die Guckkastenbühne geteilt wird. **48 ff., 69**

Spiel (spil, ludus)
übergeordnete Gattungsbezeichnung, vor allem auf die ritualisierten Formen mittelalterlichen Theaters bezogen, aber auch für zahlreiche Versuche im 20. Jahrhundert, das traditionelle Theater der Guckkastenbühne zu überwinden. **24 f.**

Stichomythie
Dialogform, bei der jeweils nach einem Vers ein Sprecherwechsel erfolgt. **90, 93**

synthetisches Drama (Zieldrama)
Im Gegensatz zum → analytischen Drama der Aufbau einer Dramenhandlung, die mit einem Minimum an Vorgeschichte auskommt. Die Handlung im s. D. vollzieht sich fast ausschließlich vor den Augen der Zuschauer. **70**

szenische Präsentation
das (körperliche) Vorführen einer → Handlung im Gegensatz zu ihrer bloß sprachlichen Darbietung.
→ narrative Vermittlung **71 f.**

Travestie
Auf das Theater bezogen ist die T. die Parodie eines Theaterstückes durch ein zweites Stück. **126, 131 f.**

Teichoskopie
gr. ‚Mauerschau'. Figurenrede, bei der eine Figur eine (meist im Hintergrund der Bühne situierte) → Handlung schildert, die während der Schilderung vor sich geht, von den Zuschauern aber nicht gesehen werden kann. **57 ff., 72, 144**

Texttheater (Literaturtheater)
Meist in abwertendem Sinne benutzte Bezeichnung für ein Theater, das ganz vom literarischen Text her gedacht wird. **9**

Theater
Bestimmte Formen des Handelns in einer Gesellschaft werden durch einen → Rahmen zu Theater. Theater setzt die körperliche Anwesenheit von Zuschauern und Schauspielern voraus, wobei diese beiden Gruppen nicht getrennt sein müssen. Zuschauer können gleichzeitig auch Schauspieler sein und umgekehrt. Theater erfordert Rollenspiel: Ein Schauspieler A verkörpert die Figur B vor den Zuschauern Z. Ohne das Rollenkriterium nähert sich die Theateraufführung einer Sportveranstaltung an. Im traditionellen abendländischen Theater werden → Dramen aufgeführt, wobei → Theatertexte als Grundlage dienen (Sprechtheater). Neben dem Sprechtheater finden wir seit der Frühen Neuzeit das Musik- und das Tanztheater.

Theatertext
Das aus sprachlichen Zeichen bestehende Drama, welches als Grundlage einer Aufführung benutzt werden kann. **7 ff., 17 ff.**

Theatrum mundi
Im 16. Jahrhundert geprägte Auffassung, das die Welt als ganzes eine Bühne sei, auf

der alle Menschen als Schauspieler gemäß ihrer von Gott zugeteilten Rolle handeln. **12, 99 ff.**

Tragödie (Trauerspiel)
Dramatische Gattung, die durch den negativen Ausgang der Handlung (meist der Tod des oder der Helden) bestimmt ist. Der Tragödie liegt eine Konfliktstruktur zugrunde, die nicht gelöst werden kann: etwa zwischen einem Helden und seinem Gegenspieler (Antagonisten) oder zwischen dem Einzelnen und der Gesellschaft. Die Motivation des negativen (tragischen) Ausgangs ändert sich je nach Epoche und deren anthropologischen Voraussetzungen. **24 f., 34 ff., 52 ff., 99, 141**

Typen
Figuren eines Dramas, die eindimensional angelegt sind und nur eine Haupteigenschaft besitzen, durch die sie ganz definiert werden können. Sie weisen keine Entwicklung auf.
→ Charaktere **102 ff.**

Unterhaltungstheater (Posse, Schwank, Singspiel, Operette)
Theater, das in erster Linie der Unterhaltung des Publikums dient. Die Unterscheidung zwischen hohem Theater (Bildungstheater) und U. prägt sich im 19. Jahrhundert aus. U. ist meist stark auf die Aufführung hin konzipiert, als bloßes Text-Theater unter Umständen nicht wirkungsvoll. **20, 42**

Verfremdungseffekt (V-Effekt)
Der von Bertolt Brecht geprägte Begriff beschreibt den Wechsel einer Figur von der inneren auf die vermittelnde → Kommunikationsebene. Er tritt aus seiner Rolle heraus, um sie zu kommentieren. V. im weiteren Sinne sind all jene Mittel, die einen Illusionsbruch beim Zuschauer bewirken. **20, 42, 47, 126 ff., 140 f.**

vierte Wand
Von Denis Diderot im 18. Jahrhundert geprägter Begriff, um die Illusionswirkung der Guckkastenbühne zu beschreiben. Das Spiel der Schauspieler soll sich so vollziehen, als ob sie in einem geschlossenen Kasten ohne Publikum spielten. Nur ist eine Wand des Kastens (die vierte Wand) entfernt, so dass die Zuschauer der → Handlung als Voyeure folgen können. **117**

weinerliches Lustspiel (Comédie larmoyante, rührendes Lustspiel)
Im 18. Jahrhundert aus Frankreich eingeführte Form der Komödie, bei der die Empfindungsfähigkeit der Zuschauer (z.B. Mitleid) angesprochen und verfeinert werden soll. **39**

Zieldrama
→ synthetisches Drama **70**

7 Namenregister